設例で学ぶ
行政法の基礎

大西有二 編著

石黒匡人／内藤 悟／秦 博美／福士 明／藤中敏弘

八千代出版

執筆者紹介および分担 （50音順）

石黒匡人 小樽商科大学教授（行政法）
　　　　　第1～4章
大西有二 北海学園大学教授（行政法）
　　　　　プロローグ、第18～20章、第27章、エピローグ
内藤　悟 東北公益文科大学准教授（環境法）
　　　　　第5章、第10章
秦　博美 北海学園大学教授（自治体法）
　　　　　第6～7章、第11～12章、第24～25章
福士　明 北海学園大学教授（行政法）
　　　　　第16～17章、第21～23章、第26章
藤中敏弘 東海大学准教授（租税法）
　　　　　第8～9章、第13～15章

　　　　　はじめに

　本書は、大学で行政法を学ぶ学生用の教科書である。同時に、行政法や廃棄物処理法に関心をお持ちの全てのみなさんにも役立つことを意識して書かれた。

　本書の特徴は、以下の点にあると考えている。

　①　実際に起きた産業廃棄物（産廃）処分場事件を素材に用いている。この事件を決着させた判決を、まず「プロローグ」で紹介し、この判決を理解するために必要な知識を、順を追って説明してゆく、という構成を意識的に採用した。

　②　本書の説明を具体的に理解してもらえるよう、各章の最初に「設例」を置き、最後に「解決のヒント」を示した。

　③　行政法の基礎を理解するために必要かつ十分な知識（専門用語、法制度、判例、論点）を提供している。

　④　大学の講義科目4ないし8単位に相当する内容を、約250頁というコンパクトな紙幅に収めている。

　⑤　判例を豊富に引用している。また、廃棄物処理法をはじめとして、多くの法制度・条文にも言及している。

　⑥　執筆者6名の中には、長く行政訴訟実務に携わった経験のある者1名を含め、3名の行政実務経験者が含まれている。

　⑦　執筆に際し、学問的な正確さ・厳密さを維持しながらも、簡潔さ・明確さを求めた。また、説明が立体的になるように（→○頁）を多用した。

　⑧　各章の執筆に際して、執筆担当者以外にサブ担当者を配置したほか、原則、全員が参加した読み合わせを数回実施し、細部にわたって修正を加えた。そのうえで、必要に応じ、また最後に、編者の大西がチェックし、内容の適切さを確保することに配慮した。それでもなお、不適切さが残っていることを怖れている。心あるご指摘には真摯に対応したい。

　以上の特徴を持つ本書であるが、行政法に限らず、法律学の学習には判例

と条文の知識が不可欠である。読者のみなさんには、本書で引用されている判例は『判例集』で、また条文は『六法』を開いて、それぞれ参照する努力を惜しまれないことを是非、お願いしたい。

　最後に、まことに失礼ながら、教科書という本書の性格上、執筆に際して参照させていただいた多くのご業績・文献を逐一引用することはかなわなかった。この点、みなさまのご理解とご海容を切にお願い申し上げる。

2015（平成27）年師走　氷点下の札幌

執筆者を代表して
大　西　有　二

目　　次

プロローグ──本書のねらい ……………………………………………1
　①　釧路市産業廃棄物処分場事件　1　　②　札幌地判平成 9 年 2 月 13 日判タ 936 号 257 頁　3　　③　その後の経緯　4　　④　この事件と判決から何を学ぶか？──本書のねらい　5

第Ⅰ部　基本原則と行政組織法・地方自治

第 1 章　行 政 と 法 …………………………………………………10
第 1 節　行政とその分類 ……………………………………………10
　①　行政とその意義　10　　②　行政の分類　11
第 2 節　法律による行政の原理──行政法の基本原理 ……………12
　①　法律による行政の原理の意義　12　　②　法律による行政の原理の内容　13　　③　法律の留保の原則の内容　14
第 3 節　法　　源 ……………………………………………………17
　①　法源の種類　17　　②　法の一般原則　18

第 2 章　行政上の法律関係の特色 ………………………………19
第 1 節　行政法と行政上の法律関係 ………………………………19
　①　行政法の定義と体系　19　　②　行政上の法律関係　20
第 2 節　行政上の法律関係と私法 …………………………………21
　①　行政上の法律関係における私法規定の適用　21　　②　行政法規違反の法律行為の私法上の効力　25

第 3 章　適 正 手 続 …………………………………………………27
第 1 節　適正手続の法理 ……………………………………………27
　①　適正手続の必要性　27　　②　適正な行政手続の要請とその憲法上の根拠　28　　③　行政手続法の制定とその概要　29
第 2 節　行政手続法の内容 …………………………………………30
　①　不利益処分手続　30　　②　届出　32　　③　意見公募手続（命令等制定手続）　33

第 4 章　行政組織法 …………………………………………………35
第 1 節　行 政 主 体 …………………………………………………35
　①　行政主体の種類　35　　②　行政主体性を論じる意味　36
第 2 節　行 政 機 関 …………………………………………………37

　　　　1　行政組織と行政機関　37　　2　行政機関の分類　38
　第3節　行政機関相互の関係 …………………………………………40
　　　　1　行政機関の権限行使　40　　2　行政機関相互の関係　41

第5章　地方自治と産業廃棄物処理 …………………………………43
　第1節　地方分権改革と地方公共団体 …………………………………43
　　　　1　地方自治の本旨と（旧）機関委任事務　43　　2　自治事務と法
　　　　定受託事務、国等による関与　44
　第2節　条例制定権 ………………………………………………………46
　　　　1　条例制定権の根拠　46　　2　土地利用と財産権　47　　3　条
　　　　例制定権の限界　47　　4　地方分権改革と条例制定　48
　第3節　産業廃棄物処理施設設置と条例 ………………………………48
　　　　1　廃棄物処理法における産業廃棄物処理施設の設置　48　　2　廃
　　　　棄物処理法の限界と土地利用規制——水道水源保護条例の制定　49
　　　　3　産業廃棄物処理施設と住民の合意形成　50

第Ⅱ部　行政作用法

第6章　行政指導 …………………………………………………………54
　第1節　行政指導の意義・種類・機能 …………………………………54
　　　　1　行政指導の意義　54　　2　行政指導の種類　55　　3　行政指
　　　　導の機能　56
　第2節　法的統制 …………………………………………………………56
　　　　1　実体的統制　56　　2　行政指導の形式的・手続的統制　60
　　　　3　行政指導の中止等の求め・行政指導の求め　60
　第3節　司法統制 …………………………………………………………61
　　　　1　行政事件訴訟　61　　2　国家賠償訴訟　62

第7章　申請処分手続 ……………………………………………………64
　第1節　理由の提示 ………………………………………………………64
　　　　1　申請拒否処分についての理由の提示　64　　2　意見聴取の必要
　　　　性　65　　3　利害関係者の利益の考慮　66　　4　手続の瑕疵　66
　第2節　審査基準の設定・開示 …………………………………………68
　　　　1　審査基準の設定　68　　2　審査基準の開示　68
　第3節　行政基準 …………………………………………………………69
　　　　1　行政法規範の多様性　69　　2　法規命令と行政規則　69　　3
　　　　法規命令の統制　70　　4　行政規則の統制　71

第8章　行政調査 …………………………………………………………73

目　　次

第 1 節　行政調査の意義 …………………………………………………73
第 2 節　行政調査の分類 …………………………………………………74
　　①　実力強制調査　74　　②　間接強制調査　74　　③　任意調査　75
第 3 節　行政調査の手続 …………………………………………………75
　　①　行政調査開始時の統制　75　　②　手続上の統制（その 1）——他目的
　　利用禁止原則　76　　③　手続上の統制（その 2）——令状主義・黙秘権
　　76　　④　行政調査の瑕疵　77　　⑤　その他の問題　78

第 9 章　行政による情報の収集・管理・利用 …………………………80
第 1 節　行政の情報収集活動 ……………………………………………80
　　①　情報収集と管理・利用の概要　80　　②　公務員の守秘義務　80
　　③　個人情報保護法　81
第 2 節　情報の管理 ………………………………………………………83
　　①　公文書管理法　83　　②　住基ネットとマイナンバー制度　84
第 3 節　情報公開制度 ……………………………………………………85
　　①　情報公開制度の概要　85　　②　情報公開法　85

第 10 章　行　政　契　約 …………………………………………………89
第 1 節　契約を利用した行政活動 ………………………………………89
　　①　行政契約とは　89　　②　行政契約の目的と種類　89　　③　行政契
　　約の法的根拠　90　　④　行政契約の規律　90
第 2 節　行政契約による環境保全——公害防止協定 …………………92
　　①　公害防止協定の意義　92　　②　協定方式が拡大した理由　92　　③
　　公害防止協定の法的論点　93　　④　公害防止協定の実効性確保　94

第 11 章　行　政　行　為 …………………………………………………96
第 1 節　行政行為とは ……………………………………………………96
　　①　行政行為の定義　96　　②　私人の行う行政行為　97　　③　行政行
　　為の分類　97
第 2 節　法律行為的行政行為 ……………………………………………98
　　①　下命・免除、禁止・許可　98　　②　特許・剥権　99　　③　認可　99
第 3 節　準法律行為的行政行為 …………………………………………100
第 4 節　行政行為の効力 …………………………………………………100
　　①　行政行為の成立と発効　100　　②　公定力　101　　③　不可争力
　　（形式的確定力）　103　　④　自力執行力　103　　⑤　不可変更力　104
　　⑥　違法性の承継　104

第 12 章　行　政　裁　量 …………………………………………………106

v

第1節　行政の裁量……………………………………………………106
　　① 羈束と裁量の区別　106　　② 行政行為における行政裁量と司法審査　107
第2節　行政裁量の構造………………………………………………108
　　① 羈束裁量と自由裁量　108　　② 要件裁量と効果裁量　108
　　③ 羈束と裁量の区別の相対化　109
第3節　裁量の司法統制………………………………………………110
　　① 判断代置的審査との比較　110　　② 裁量の司法統制の準則　110

第13章　職権取消しと撤回 ……………………………………115
第1節　職権取消しと撤回の異同……………………………………115
第2節　職権取消し……………………………………………………115
　　① 法律の根拠の要否　115　　② 取消権者　116　　③ 職権取消しの制限等　116
第3節　撤　　回………………………………………………………117
　　① 法律の根拠の要否　118　　② 撤回権者　118　　③ 撤回権の制限　118
第4節　撤回権の留保——附款………………………………………119

第14章　行政上の義務の実効性確保 …………………………121
第1節　義務履行の概要と類型………………………………………121
第2節　行政上の義務不履行に対する司法的執行と行政的執行……121
第3節　行政上の強制執行……………………………………………122
　　① 行政代執行　122　　② 執行罰　125　　③ 直接強制　125
　　④ 滞納処分（金銭強制徴収）　125
第4節　即　時　強　制………………………………………………125
第5節　行　　政　　罰………………………………………………126
　　① 行政刑罰　126　　② 秩序罰　127
第6節　その他の義務履行確保の制度………………………………128
　　① 公表　128　　② 勧告　128　　③ 給付拒否・行政契約　128
　　④ 課徴金　129　　⑤ 各種加算税（金）　129

第15章　不服申立て ……………………………………………130
第1節　不服申立ての概要……………………………………………130
　　① 総論　130　　② 不服申立ての種類　131
第2節　行政不服審査法………………………………………………132
　　① 行政不服審査法の目的　132　　② 不服申立ての対象　132
　　③ 審査請求の要件　132　　④ 審査請求期間　133　　⑤ 教示制

度 134　　⑥　審理員制度　134　　⑦　行政不服審査会等への諮問手続　134　　⑧　標準審理期間　135　　⑨　審査請求の審理　135
第 3 節　行政審判制度 ……………………………………………………136
第 4 節　各種苦情処理制度 ………………………………………………136

第Ⅲ部　行政救済法

第 16 章　行政事件訴訟の性質と種類 ……………………………………140
第 1 節　行政事件訴訟の性質 ……………………………………………140
　　①　行政訴訟制度の類型――大陸型と英米型　140　　②　「法律上の争訟」の意味　141　　③　行政事件に関する訴訟手続法の性格　142
第 2 節　行政事件訴訟の種類 ……………………………………………143
　　①　行政事件訴訟の定義　143　　②　行政事件訴訟の 4 種類　143　　③　主観訴訟と客観訴訟　145
第 3 節　抗告訴訟の種類 …………………………………………………145
　　①　抗告訴訟の概念　145　　②　法定抗告訴訟　146

第 17 章　取 消 訴 訟 ………………………………………………………148
第 1 節　取消訴訟の意義 …………………………………………………148
　　①　処分の取消訴訟と裁決の取消訴訟　148　　②　公定力排除訴訟　148
第 2 節　訴訟要件と本案勝訴要件 ………………………………………149
　　①　訴訟要件　149　　②　本案勝訴要件　149
第 3 節　取消訴訟の訴訟要件の種類 ……………………………………149
　　①　処分性　150　　②　原告適格　152　　③　訴えの利益　153　　④　被告適格　154　　⑤　管轄裁判所　155　　⑥　不服申立前置　155　　⑦　出訴期間　156
第 4 節　訴訟要件の教示 …………………………………………………156
　　①　教示制度の意義　156　　②　教示の内容　156
第 5 節　仮の救済――執行停止制度 ……………………………………157
　　①　仮の救済の意義　157　　②　執行停止の制度　157　　③　内閣総理大臣の異議の制度　158

第 18 章　住民（第三者）による取消訴訟 ………………………………159
第 1 節　第三者の原告適格が問題になる理由 …………………………159
　　①　不利益処分等の名あて人　159　　②　名あて人以外の第三者　159
第 2 節　学説・判例と行政事件訴訟法改正 ……………………………160
　　①　学説　160　　②　判例　160　　③　行政事件訴訟法 9 条 2 項の新設と判例の現状　161
第 3 節　類型的検討 ………………………………………………………163

1 第三者による訴訟の類型　163　　2 関連する判例　164　　3 団体訴訟　165

第 19 章　取消訴訟の審理……………………………………………167
第 1 節　取消訴訟の流れ……………………………………………167
第 2 節　取消訴訟における審判の対象……………………………168
　　　1 訴訟物　168　　2 関連請求と訴えの併合　168　　3 訴えの変更　169
第 3 節　審　理　手　続……………………………………………169
　　　1 民事訴訟の基本原則　169　　2 職権証拠調べ（弁論主義の修正）　170　　3 釈明権・釈明処分・釈明処分の特則　171　　4 訴訟参加　171　　5 証明責任（立証責任）　171　　6 主張制限・処分理由の差替え　173　　7 違法判断の基準時——処分時説・口頭弁論終結時説　175

第 20 章　取消判決の諸効力…………………………………………177
第 1 節　判決の意義と種類…………………………………………177
　　　1 判決の意義　177　　2 判決の種類　177　　3 事情判決　177　　4 取消判決　178
第 2 節　取消判決の諸効力…………………………………………178
　　　1 既判力　178　　2 形成力　179　　3 第三者効（対世効）　179　　4 拘束力　181

第 21 章　無効確認訴訟………………………………………………184
第 1 節　無効確認訴訟の意義………………………………………184
　　　1 取消訴訟による救済の限界　184　　2 処分の無効と無効確認訴訟　184
第 2 節　無効確認訴訟の訴訟要件…………………………………185
　　　1 訴訟要件の種類　185　　2 無効確認訴訟の原告適格　185　　3 無効確認訴訟と争点訴訟・当事者訴訟　188
第 3 節　本案勝訴要件………………………………………………188
　　　1 無効確認訴訟の本案勝訴要件　188　　2 取り消しうべき処分と無効の処分　189
第 4 節　審理・判決・仮の救済……………………………………190
　　　1 審理　190　　2 判決　191　　3 仮の救済　191

第 22 章　不作為の違法確認訴訟・義務付け訴訟…………………192
第 1 節　不作為の違法確認訴訟……………………………………192

1　不作為の違法確認訴訟の意義　192　　2　訴訟要件　193　　3　本案勝訴要件――「相当の期間」の経過　194　　4　審理・判決・仮の救済　194
　第2節　義務付け訴訟 ………………………………………………195
　　　1　義務付け訴訟の意義　195　　2　申請型義務付け訴訟　195　　3　非申請型義務付け訴訟　197　　4　審理・判決・仮の救済　197

第23章　差止訴訟・当事者訴訟 …………………………………199
　第1節　差　止　訴　訟 ………………………………………………199
　　　1　差止訴訟の意義　199　　2　訴訟要件　200　　3　本案勝訴要件　201　　4　審理・判決・仮の救済　202
　第2節　当　事　者　訴　訟 …………………………………………202
　　　1　当事者訴訟の意義　202　　2　訴訟要件　203　　3　本案勝訴要件　204　　4　審理・判決・仮の救済　204

第24章　国家賠償（1） ……………………………………………206
　第1節　国家賠償法 ……………………………………………………206
　　　1　国家賠償法の沿革　206　　2　国家賠償法の概要　206　　3　国家賠償責任の性質・根拠　207
　第2節　1条の責任の要件 ……………………………………………207
　　　1　公権力の行使　207　　2　公務員・国または公共団体　208　　3　職務を行うについて　210
　第3節　違法性、故意・過失 …………………………………………211
　　　1　違法性　211　　2　故意・過失　213　　3　具体的検討　213

第25章　国家賠償（2） ……………………………………………216
　第1節　行政権限の不行使 ……………………………………………216
　　　1　申請に対する不作為　216　　2　規制権限の不作為　217　　3　違法性の判断基準　217
　第2節　公の営造物の設置管理の瑕疵（2条） ………………………219
　　　1　公の営造物の設置または管理　219　　2　設置または管理の瑕疵　219　　3　道路　220　　4　河川　221　　5　機能的瑕疵（供用関連瑕疵）　222
　第3節　国家賠償法のその他の問題 …………………………………223
　　　1　費用負担者の賠償責任（3条）　223　　2　民法の適用（4条）　224　　3　その他　224

第26章　住　民　訴　訟 ……………………………………………226
　第1節　住民訴訟の沿革・目的 ………………………………………226

ix

1 住民訴訟の沿革　226　　2 住民訴訟の目的　226
第2節　住民訴訟提起の要件……………………………………………227
　　　1 住民監査の請求　227　　2 住民訴訟の対象　227　　3 出訴
　　資格　227　　4 出訴期間　228
第3節　住民訴訟の種類…………………………………………………228
　　　1 住民訴訟の4種類　228　　2 4号請求　229
第4節　住民訴訟の審理…………………………………………………230
　　　1 財務会計行為の違法性　230　　2 先行行為の違法とそれを原因
　　とする財務会計上の行為の違法　230

第27章　損失補償 ……………………………………………………234
第1節　損失補償とは……………………………………………………234
　　　1 損失補償の概念　234　　2 損失補償の根拠と対象　235　　3
　　憲法に直接基づく損失補償請求権　235
第2節　損失補償請求権の成立要件……………………………………236
　　　1 「公共のために」「用ひる」　236　　2 「特別の犠牲」と考慮要素
　　236　　3 判例に見る考慮要素　236
第3節　損失補償の内容…………………………………………………238
第4節　国家賠償と損失補償の谷間……………………………………239
　　　1 問題　239　　2 予防接種禍訴訟　240
第5節　職権取消し・撤回と損失補償…………………………………241

エピローグ ……………………………………………………………243
　　　1 本書の構成　243　　2 行政過程のイメージ　243　　3 行政
　　法における権利利益　244　　4 行政法における法律の特徴　245

　　参考文献　249
　　判例索引　251
　　事項索引　258

凡　例

1　判例の引用は、通常の例に従っている。
最高裁判所（大法廷）判決（決定）→最（大）判（決）、（札幌）高等裁判所判決（決定）→（札幌）高判（決）、（東京）地方裁判所判決（決定）→（東京）地判（決）、大審院判決→大判
　また、「大」、「昭」、「平」は、「大正」、「昭和」、「平成」を、数字は判決ないし決定の出された年月日を示す。

2　判例集の引用については、以下のように略記する。
最高裁判所民事判例集→「民集」、最高裁判所刑事判例集→「刑集」、最高裁判所裁判集民事編→「集民」、大審院民事判決録→「民録」、高等裁判所民事判例集→「高民集」、下級裁判所民事判例集→「下民集」、訟務月報→「訟月」、行政事件裁判例集→「行集」、判例時報→「判時」、判例タイムズ→「判タ」、判例地方自治→「判自」と略記。

3　判例・法令の引用の場合を除き、年号については、原則として西暦により表示し、必要に応じて（　）内に元号を記した。

4　事件名については、よく使われるものは適宜〔　〕内に記している。

5　引用の法令について、（　）内で条文番号を示す場合は、以下のように略称した。
　医薬　　医薬品、医療機器等の品質、有効性及び安全性の確保等に関する法律
　河　　　河川法
　行政個人情報　　行政機関の保有する個人情報の保護に関する法律
　行審　　行政不服審査法
　行組　　国家行政組織法
　行訴　　行政事件訴訟法
　行手　　行政手続法
　警職　　警察官職務執行法
　憲　　　日本国憲法
　建基　　建築基準法
　個人情報　　個人情報の保護に関する法律
　国公　　国家公務員法
　裁　　　裁判所法
　自園　　自然公園法
　自治　　地方自治法
　児童虐待　　児童虐待の防止等に関する法律
　収用　　土地収用法

消費安全	消費者安全法
消防	消防法
情報公開	行政機関の保有する情報の公開に関する法律
食品衛生	食品衛生法
生活保護	生活保護法
税徴	国税徴収法
税通	国税通則法
代執	行政代執行法
地公	地方公務員法
地財	地方財政法
鉄事	鉄道事業法
電波	電波法
道	道路法
道交	道路交通法
都計	都市計画法
内	内閣法
内閣府	内閣府設置法
入管	出入国管理及び難民認定法
廃棄物	廃棄物の処理及び清掃に関する法律
風俗	風俗営業等の規制及び業務の適正化等に関する法律
法務大臣権限	国の利害に関係のある訴訟についての法務大臣の権限等に関する法律
民	民法
民訴	民事訴訟法
明憲	大日本帝国憲法

プロローグ——本書のねらい

1 釧路市産業廃棄物処分場事件

　はじめに、本書が参考にしている釧路市産業廃棄物処分場事件を紹介しつつ、本書のねらいを説明しよう (以下、事実関係に関して、一部創作を含む)。

　(1) **事実 (その 1)**　日本では経済の発展に伴って廃棄物 (ごみ等) が増大したものの、本州方面においては廃棄物処分場が不足しつつあった。このため、A 県 N 市に事務所を置く廃棄物処理業者の X は、産業廃棄物を北海道で埋立処理する事業を計画した。X は、比較的安く建設できる安定型処分場 (受け入れる産業廃棄物は、廃プラスチック類・金属くず・ガラス陶磁器くず・ゴムくず・がれき類という、いわゆる安定 5 品目のみ) を設置することにし、北海道釧路市郊外のくぼ地に土地の使用権を設定したうえで、最終処分場を設置するための許可を「廃棄物の処理及び清掃に関する法律」(以下、廃棄物処理法という) に基づいて北海道知事に**申請**する準備を始めた。これが釧路市産業廃棄物処分場事件の発端である。

　さて、X は北海道の担当部局から、申請に先立って、北海道が独自に制定している**指導指針** (要綱) に基づく**事前協議**に応じるように**行政指導**された。手続を円滑に進めたい X は、とりあえず事前協議に臨むことにした。ところが、その事前協議において X は、廃棄物処理法には許可要件として規定されていない地元説明会の開催のほか、最終処分場の周辺 500 メートル以内に居住する住民から処分場の設置について同意書を取得すること、地元釧路市との間で**公害防止協定**を締結すること、処分場の立地点に関して住宅地、文教施設、医療福祉施設などから 500 メートル以上離れたところを選定すること、さらに周辺地域の景観に配慮することまで指導された。

　(2) **注目点**　本書はここに注目している。つまり、北海道 (地方公共団体) は、国会 (立法府) が制定した廃棄物処理法のほかに、北海道が独自に

作成した指導指針に基づいて行動している。行政はもちろん、国民・住民も法律には従わなければならない。しかし、廃棄物処理法は周辺**住民の同意**などを処分場設置許可の要件（基準）にはしていない。もしも、指導指針が、周辺住民の同意がなければ許可しないことを意味するなら、土地所有者が処分場としてその土地を利用するのはもちろん、その土地に住宅や事務所を建築することさえ拒否できる権利を周辺住民は手にすることになろう。

　(3)　**問題意識**　そもそも、廃棄物処理法だけでは何が、なぜ足りないのか。国会は、「生活環境の保全及び公衆衛生の向上を図る」（廃棄物1条）という**公共の福祉・公益**を実現するために、1991（平成3）年に、廃棄物処分場の設置について（それまでの**届出制**に代えて）**許可制**を導入した。そして、国会は設置許可の要件（基準）を決めるにあたり、一方で、処分場経営者の財産権や経済活動の自由を、他方で、生活環境の保全等という公共の福祉を考慮している。つまり、一方で、処分場周辺を含む地域における生活環境の保全等を実現するために、憲法29条の財産権保障を考慮しながら**許可要件**（基準）を規定する。これにより処分場経営者の財産権（の行使）が制約される。他方、処分場はまさしく生活環境の保全等を実現するために不可欠の施設であり、ある程度の数を確保しなければならない。許可要件が厳しくなりすぎると、処分場が不足するかもしれない。許可要件がどの程度厳しいと、処分場の数はどれくらいになるのか。廃棄物減量政策の進展とも関連して、これはきわめて難しい予測である。このように、公共の福祉を実現するには、しばしば、将来の予測を踏まえた、たいへん難しい判断を必要とする。こうした複雑で多様な事情を考慮したうえで、社会全体を拘束する決定を下す任務を負うのは国会である。なぜ、北海道は指導指針を必要とするのだろうか。

　こうした問題意識を持ちつつ、釧路市産業廃棄物処分場事件に話を戻そう。

　(4)　**事実**（その2）　Xは、住民や釧路市との話し合いを実施したものの、反対があまりに強く、話し合っても無駄だと考えるようになった。そこで、Xは話し合いを打ち切って、許可申請書の提出に踏み切った。申請から3カ月後、北海道知事は**不許可**処分をした。不許可の理由について担当者に説明を求めたところ、申請内容は法定の許可要件を満たしているものの、それだ

けでは処分場の周辺における生活環境の悪化は避けられず、また、説明会の中止は不誠実であること、さらに、施設周辺に複数の教育施設があり、処分場に出入りするトラック等による事故発生の危険性が高いことなどが理由である、と述べた。この説明に納得することができないＸは弁護士に相談すると、「許可要件が満たされているのに不許可にするのは違法だ」とのアドバイスを得た。Ｘは不許可処分は違法だと確信し、**行政事件訴訟法**に基づき、知事を被告にして（現行法では被告は北海道である）不許可処分の取消しを求める訴え、つまり**取消訴訟**を札幌地方裁判所に起こすことにした。

(5) 裁判の争点　　以下に見るように、札幌地方裁判所はＸの主張を認めて、本件不許可処分は違法だから取り消す、との判決（**取消判決**）を下した。判決は、Ｘの申請内容は法定の許可要件を満たしているにもかかわらず不許可にする**裁量権**が知事にあるのか、が争点だとする。判決の中心部分を次に引用するが、読者のみなさんは判決内容を、今理解できなくても気にする必要は全くない。この判決を理解できるようになることこそ、本書の最終的な目的だからである。なお、判決文中の行政機関の名称や法令の内容は、判決時点のものである。

② 札幌地判平成9年2月13日判タ936号257頁

【判旨】「本件処理施設が廃棄物処理法15条2項各号に適合していることは、当事者間に争いがない。

　そこで、このような場合においても産業廃棄物処理施設の設置許可申請を受けた知事が不許可にできるか否か、すなわち同法15条1項の許可に関する知事の裁量について検討する。

　廃棄物処理法は、15条1項において、産業廃棄物処理施設を設置しようとする者は知事の許可を受けなければならないとし、また同条2項において、知事は、申請にかかる産業廃棄物処理施設が『厚生省令（産業廃棄物の最終処分場については、総理府令、厚生省令）で定める技術上の基準に適合し』（同項1号）、かつ、『産業廃棄物の最終処分場である場合にあっては、厚生省令で定めるところにより、災害防止のための計画が定められているものであること』（同項2号）と認めるときでなければ、前

項の許可をしてはならないと規定している。このような許可制は、従前の届出制から平成3年の法改正（平成3年法律第95号）によって改められたものであって、本来は自由であるはずの私権（財産権）の行使を、公共の福祉の観点から制限するものであるから、右許可に当たって知事に与えられた裁量は、申請にかかる産業廃棄物処理施設が法律に定める要件、すなわち、廃棄物処理法15条2項各号所定の要件に適合するかどうかの点に限られ、右各号の要件に適合すると認められるときは、必ず許可しなければならないのであって、この点に関する裁量は覊束されていると解すべきものである。

　このことは次の点からも明らかである。すなわち、産業廃棄物処理施設の設置については、平成3年法律第95号による改正によって届出制から許可制に変更されたものであるが、右改正前から存するとともに、その文言が『許可の申請が次の各号に適合していると認めるときでなければ、同項の許可をしてはならない。』と、廃棄物処理法15条2項と全く同一である同法7条及び14条の許可の性質については、効果裁量がなく、所定要件に適合する場合は許可をしなければならないとの覊束裁量であるとするのが確立された解釈である（福岡高裁昭和59年5月16日判決・行裁集35巻5号600頁、名古屋地裁平成3年11月29日判決・判時1443号38頁、東京地裁昭和53年7月17日判決・判時908号62頁等）。そうだとすると、同一法律中の条文解釈としては、同法15条についても、所定要件に適合する場合は許可をしなければならないとの覊束裁量であると解するのが合理的である」

以上のように述べて、判決は、許可要件に適合した申請に対して、知事は本来、許可を与えなければならなかったとして、本件不許可処分を取り消したのである。

3　その後の経緯

控訴審札幌高等裁判所もまた札幌地裁判決を支持した。本件は上告されることなく、X勝訴判決は確定した。

(1) 取消判決の効果　　北海道知事は、敗訴確定から約半年後、1998（平

成10）年3月16日付で「通学時間帯（合計4時間）の道路使用を避ける」、「廃棄物をいったん搬入車両から降ろして広げ廃棄物の性状を目視で確認する展開検査を行うこと」等の**条件（附款）**をつけたうえで、最終処分場の設置許可を交付した。

　(2)　国家賠償　　Xは違法な不許可処分によって損害を被ったとして**国家賠償請求訴訟**を提起したところ、1999（平成11）年6月16日、名古屋地方裁判所は、Xの請求を一部認容する判決を下した。

　(3)　条件（附款）と行政不服審査　　Xは、1998（平成10）年4月24日付で、国家賠償請求とは別に、設置許可に付された「通学時間帯（合計4時間）の道路使用を避ける」という条件（附款）の取消しを求める審査請求を**行政不服審査法**に基づいて提起したところ、2001（平成13）年7月5日付で、審査請求を棄却する**裁決**が環境大臣によって下された。

　(4)　営業許可の申請　　1999（平成11）年末に、本件処分場は完成した。その後、使用前検査を経て、2001年5月、Xは産業廃棄物処理業の営業許可を求める申請を行った。

　(5)　条件（附款）の取消訴訟　　2001年7月11日付で、処分場設置許可の条件（附款）が、「道路使用を避ける」から、処分場への車両の出入り時間を制限する内容（通学時間帯を避ける）に新たに変更された。Xは、この新しい条件の取消しを求める訴えを提起したところ、2002（平成14）年6月24日、札幌地方裁判所は、新条件の目的は**法の趣旨**に沿うものであり、制限の程度も必要やむを得ない範囲にとどまっているとして、Xの請求を棄却する判決を下した。

　(6)　現在の状況　　現在、Xは限られた営業（車両の出入り）時間の中で廃プラスチック類、がれき類を中心に安定産業廃棄物を受け入れ、埋立てをしている。なお、1997（平成9）年、廃棄物処理法は改正され、翌年6月、施行されている。

4　この事件と判決から何を学ぶか？――本書のねらい

　(1)　専門用語を学ぶ　　読者のみなさんは、第1に、行政法上の専門用語を学ぶことになる。知事（担当部局）、（釧路）市、申請（権）、指導指針（要

綱）・事前協議・行政指導、住民の同意（書）、公害防止協定、「文教施設などから500メートル以上離れていること」、（不）許可・許可制（許可要件）、生活環境、景観への配慮、行政事件訴訟法、取消しの訴え（取消訴訟）、「不許可処分は違法だから取り消す」、取消判決（請求認容判決）、「判決が確定する」、裁量（権）、省令・府令、「本来は自由であるはずの私権（財産権）の行使を、公共の福祉の観点から制限する」、「裁量は羈束されている」、法の改正、届出制、効果裁量・羈束裁量、条件（附款）、国家賠償請求訴訟、行政不服審査法、「審査請求を棄却する裁決」、法の趣旨などが特に重要である。いずれも行政法を理解するうえでもっとも重要かつ基本的な専門用語であるか、あるいは言い回しである。これらをこの事件・判決を用いて具体的に学習する。

　(2)　行政法学の骨格を学ぶ　　第2に、読者のみなさんは、本書の各章で述べられている説明と関連判例を通じて、以上の専門用語や言い回しをいっそう深く学び、体系的に理解することができ、そうすることで、行政法学の骨格を身につけることになる。

　ところで、本書は、行政法が、行政組織に関する法（行政組織法）、行政活動の形式に関する法（行政作用法）、そして行政活動によって国民に生じた権利利益の侵害を救済する法（行政救済法）からなることを前提としている。行政作用法の中心は行政の行為形式等（許可制、行政指導、省令・府令、公害防止協定などの行政目的実現手段）にある。行為形式等は、要するに、どういう場合に行政活動は違法になるかを学ぶ場である。また、行政活動によって権利利益を侵害された国民は救済されなければならないが、行為形式等で学んだ違法（適法）性判断基準が行政不服審査法や行政救済法（国家賠償法、行政事件訴訟法など）で活用される。行政組織法は、行政作用法、行政救済法を理解するための前提になる。

　(3)　行政法の目的　　行政法はこれら3つの法を用いて公共の福祉（公益）を、国民の権利自由を尊重しつつ、公正かつ実効的に実現するための法分野である。

　(4)　変容を続ける行政法　　さて、第3に、行政法の動態（ダイナミズム）に触れる。廃棄物処理法はここ20年ほどの間、繰り返し改正されてきた。

プロローグ

釧路市産業廃棄物処分場事件に関しても、1991（平成3）年に処分場設置に関する届出制が許可制になり、1998（平成10）年に施行された改正法により、許可手続に専門家の関与などが盛り込まれることになった。その後も多数の事項に関して改正が施されてきた。廃棄物処理法のような個別法だけでなく、行政と国民との間における一般的な法律関係にとってきわめて重要かつ基本的な情報公開法、行政手続法、行政不服審査法、行政事件訴訟法をはじめとする多数の法律が新たに制定されたり、改正されたりしている。社会の変化に合わせて行政法の具体的内容は日々変化している。こうした行政法の動態に触れる。

　読者のみなさんはすでにお気づきのことと思う。そう、行政法という名の法律はない。以上に示した様々の法律群全体を行政法と呼んでいる。法律学としての行政法学は、こうした多様な行政法分野全体に通じる法原理や許可制のような法的仕組みの構造を探究する法律学である。

　では、エピローグでまたお会いしましょう。

第Ⅰ部

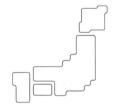

基本原則と行政組織法・地方自治

第1章　行政と法

> **設例**
> 　産業廃棄物処理施設を造ろうとしたが、それには知事の許可が必要で、自分の土地でも勝手に処理業を営むことはできない、という。そこで県庁に行ったところ、いろいろ面倒なことを要求され、有害なことも危険なことも一切ない、といくら説明しても、とりあってくれない。交渉で打開することはできないだろうか。

第1節　行政とその分類

1　行政とその意義

　(1)　**行政活動の多様さ**　　国や地方公共団体（都道府県や市町村など）は、様々な分野（医療、教育、環境など）で私人や他の団体の活動に介入し、また自らあるいは他者と共同して活動し、国民住民の福利向上を図っている。
　そして介入の仕方も、危険有害ほか好ましくない行為の規制・禁止や、望ましい行為の援助助長のほか多種多様であるが、特に特徴的な方式で広く行われているのは公権力による行政規制であり、その代表的なものが、プロローグにある産業廃棄物処理施設の設置にも採用されている許可制である。
　これは規制行政と呼ばれる行政活動であるが、行政活動についても、その基準に応じて様々な分類がある。教育行政、環境行政など、その活動分野に従った分類もその1つであり、これはよく耳にするであろう。そして、廃棄物処理施設の設置に関する行政は規制行政であるとともに環境行政でもあるというように、各種分類は、相互に排他的なものではなく、互いに重なり合いながら並立するものである。
　以下本節では、行政法学上しばしば言及されるいくつかの分類をとりあげる。

(2) 行政とは何か　ここでまず、行政とは何かについて簡単に触れておくと、かつて我が国を代表する行政法学者であった故田中二郎博士は、「法のもとに法の規制を受けながら、現実具体的に国家目的の積極的実現をめざして行われる全体として統一性をもった継続的な形成的国家活動」と行政を定義した。しかし、このような積極的な定義（積極説）の試みに対して、全ての国家作用のうちから立法と司法を控除したものを行政とする消極的な定義にとどまる（控除説・消極説）のが多数説である。行政については、その要素をあげ、いわば叙述することができるに過ぎないとの立場である。

以上の議論は実質的意味の行政概念に関するものであるが、これに対して、国の行政機関の作用を国の行政と扱う形式的意味の行政概念がある。

以下では、後者を前提に記述していくこととする。また、都道府県と市町村の場合は、議会を除く機関の活動を指して行政活動と呼んでいく。

2　行政の分類

(1) 規制行政と給付行政　国民の権利自由を制限してされる行政を**規制行政**、国民の生存に配慮して役務（サービス）や財貨を提供する形でされる行政を**給付行政**と呼んでいる。給付行政は、行政活動なしには人々の生活が成り立たない度合いが高くなり、人権として社会権が保障されるに至った現実を背景として広く展開されるようになったもので、道路、下水道、学校等公共施設の整備提供や社会保障行政などはその代表である。

(2) 権力行政と非権力行政　行政の一方的な認定判断によって相手方の法的地位を変動させたり自由や財産に侵害を加えたりする活動を**権力行政**、それ以外を**非権力行政**と呼んでいる。命令強制などは権力行政の代表であり、もちろんそれは法令に基づいてのみ認められるものである。

(3) 授益的行政（利益行政）と侵益的行政（不利益行政）　相手方としての国民にとって利益を受けるものか不利益なものかの違いによる分類であり、例えば職権取消しや撤回（→ 13 章）に関しては具体的な法的相違が認められている。

ただ、廃棄物処理施設の設置許可などは、申請者には授益的であると同時に付近住民には不利益である。このように、両面をあわせ持つ場合も多く

なっていることに注意が必要である（→98頁）。

(4) その他 以上のほか、例えば土地収用などのように、国民の権利自由を奪ったり義務を負わせたりする行政活動を**侵害行政**という。

また、行政活動に必要な土地や資金などを取得する活動を調達行政と呼ぶ場合もあり、これを(1)の中に加えて3分類で位置づけるものもある。さらに、規制や給付など様々な手法を用いて国民を一定の方向に誘導する誘導行政という類型の提示も見られる。

なお、以上の各種分類も、厳格な区別ではないという面があること、さらに、例えば土地収用は、権力行政、侵益的行政、かつ調達行政というように、排他的なものでないことに注意しなくてはならない。

第2節　法律による行政の原理——行政法の基本原理

1　法律による行政の原理の意義

前節で見たように、私たちの権利利益が行政によって大きく左右されていることは言うまでもない。したがって、行政権の恣意的な行使が許されるならば、国民の権利自由は守られないこととなる。

そこで、ドイツをモデルとして近代国家の建設を目指した明治時代の我が国で、自由主義を基盤とする**法治主義**の要請に基づく行政法の基本原理として、当時ドイツで確立されていた**法律による行政の原理**も受け入れられ、今日まで続いている。

なお、法に基づく統治とはいえ、英米法における**法の支配の原理**が手続の適正さと法の内容の正当性をもともと要求するものであるのとは異なり、かつての法治主義は、法の内容と手続に重きを置かず、法律という形式によることを重視するものであった。そのためもあって、結局、国家権力による国民の権利自由の侵害を抑止できないという結果に至ったのである。

そこで第2次大戦後、日独両国ともに法の支配の原理の内容を取り入れた憲法体制に転換し、法治主義は法の支配の原理とほぼ同内容のものとなっており、この変化を明確にするため、かつてのものを形式的法治主義、今日のものを実質的法治主義と両者を区別して呼ぶことも多い。

またこれに応じて、適正手続原則（→3章）や法の一般原則（→18頁）なども行政法の基本原理の1つと位置づける論者も多くなっている。

さらに、自由主義と並んで民主主義が国家統治の基本原理となっている現在、行政法の基本原理の内容も、後者の要請にも応えるものでなければならないことに注意が必要である。

2 法律による行政の原理の内容

法律による行政の原理の内容としては、①法律の法規創造力の原則、②法律の優位の原則、③法律の留保の原則、の3つの原則から構成されるものと理解されている。

これはドイツ行政法学の父と呼ばれるオットー・マイヤーの整理とされ、通説となったその内容の原理が、我が国でも行政法の基本原理として受け継がれている。

①**法律の法規創造力の原則**は、**法規**を作ることができるのは法律だけであるという原則である。法律の専権的法規創造力の原則と呼ぶこともある。

なお、ここでいう法規とは、人の権利義務に関する一般的抽象的定め、という古典的な法規概念を指すものであること、またこの原則は国を想定した命題であって、地方公共団体において条例で法規を創造することを否定するものではないこと、さらに第7章で見るとおり、法律の授権があれば行政による立法も認められること、に注意が必要である。

次に②**法律の優位の原則**は、いかなる行政活動も法律に違反することは許されないという原則である。

①と②の原則は、現憲法においては、国会を国の唯一の立法機関であり、国権の最高機関であると定める41条に含まれていると解されている。

これに対して、特に問題になることが多いのが③**法律の留保の原則**で、これは、一定の行政活動は法律に留保されているという原則である。すなわち、一定の行政活動には法律の根拠が必要であるという原則であり、その行政活動は法律の授権がなければ行えないということになる。以下、さらに見ていくことにする。

3 法律の留保の原則の内容

(1) 法規範の種類と必要となる法律の根拠　この原則に関する中心的な問題は、いかなる行政活動が法律に留保されているかということであるが、その前提として法規範の区別を確認しておくことが必要である。

規範の区別についても行為規範と裁判規範など、複数のものがあるが、行政法上重要なものとして、①組織規範、②根拠規範（授権規範）、③規制規範の区別がある。

①**組織規範**は、行政機関の組織、事務配分、所掌事務などを定めるもので、人の行為が行政の行為となるために不可欠の前提となる規範であり、組織法ともいう。

これに対して、②**根拠規範**は、組織規範の存在が前提となるものであるが、行政活動の実体的な要件と効果を定める規範であり、作用規範とか作用法とも呼ばれる。そして、法律の留保の原則によってある行政活動に法律の根拠が必要であるという場合は、この根拠規範としての法律の規定が必要なのである。最高裁も「警察法2条1項が『交通の取締』を警察の責務として定めていることに照らすと、交通の安全及び交通秩序の維持などに必要な警察の諸活動は、強制力を伴わない任意手段による限り、一般的に許容されるべきものである」として、警察法2条1項を組織規範と位置づけ、これだけでは強制的な自動車検問の根拠規定にはならないとの考えを示している（最決昭55・9・22刑集34巻5号272頁〔飲酒運転一斉検問事件〕）。

ただし、この判決は、当該検問は法的には強制力を伴わないものであって適法であるとしており、これに対しては、この検問に伴う事実上の強制性に鑑み、組織規範に基づく侵害的行政活動を許容する判決との見方や、疑問が提示されている。

なお、この①とも②とも異なるものとして、行政活動の仕方について規律し、その適正さを確保するための定めとして、③**規制規範**と呼ばれるものがある。目的規範や、行政手続法（→3章）や補助金適正化法などの手続規範がこれにあたる。

(2) 留保事項についての学説　そこで、この根拠規範としての法律の規

定が必要な行政活動は何かという問題であるが、以下のとおり見解の対立がある。

①**侵害留保説**は、人の権利自由を侵害するような行政活動には法律の根拠が必要であるが、それ以外には不要とする考え方であり、判例およびかつての通説の立場である。これは、もともと自由であった行政権と自由主義との調和という要請には適合的な考え方であったが、現憲法の下では不十分であるとの立場が大勢である。

そこで戦後まず、②**全部留保説**が主張された。国民主権を採用した日本国憲法の下では、国民の意思から自由な行政活動はありえないのであって、全ての行政活動に法律の根拠が必要であるとする考え方である。

しかし、状況の変化に伴って生じる行政需要に対応できない事態が予想されるという現実的問題と、議院内閣制や直接公選制をとる首長制の下での行政には一定の民主的正統性があるという理論面での問題から、広がりは見られない。

他に、③**社会留保説**は、社会権を人権として保障する憲法を受けて、社会保障給付などの給付行政にも法律の根拠が必要と解し、④**権力留保説**は、侵害的か授益的かを問わず、権力的な形式による行政活動は法律に留保されるとし、⑤**重要事項留保説**ないし**本質性理論**は、人の権利自由に大きな影響を及ぼしたり、例えば将来の国民生活を規定することになるような問題で、民主主義の観点から議会の事前承認が必要と考えられる重要な事項は、侵害的か授益的か、権力的か非権力的かにかかわらず、法律で定めるべきとする。各説の相違点は、侵害的な行政活動に加えて他にいかなる行政活動が法律に留保されるのかにある。

ドイツでは⑤重要事項留保説がとられるに至っており、我が国でも④権力留保説と⑤重要事項留保説が有力説といわれてはいるが、侵害的な行政活動には法律の根拠が必要であるとする点では争いがないものの、それ以外に通説はない状態にある。

③社会留保説には、給付行政に限る理由や全ての給付行政に法律の根拠を要求することの是非に、④権力留保説には、行為形式によって根拠規定の要

否を決めることの正当性や、補助金適正化法のような規制規範による権力的方式採用の許容性に、⑤重要事項留保説には、重要事項該当性の基準の不明確性に、それぞれ難点があるのである。

(3) 留保事項についての判例　判例および行政実務は今日でも①侵害留保説に立っていると解され、補助金の交付などは法律の根拠なしでも行われており、立法者もそれを前提にして規制規範を定めている（自治232条の2、地財16条）。

前掲最決昭55・9・22の他にも、最大判平7・2・22刑集49巻2号1頁〔ロッキード事件〕は、法律の明文の規定がなくても行政指導（→6章）ができることを明示している（→57頁）。

また最高裁は、河口近くの河川中に違法に打ち込まれたヨット係留用の鉄杭を、危険除去のために町長が強制撤去したのに対し、住民訴訟（→26章）で町長の損害賠償責任が争われた事案において、漁港管理規程があれば漁港管理者の管理権限に基づき撤去することができることを確認しつつ、その規程が制定されていない中で「漁港の管理者たる同町の町長として本件鉄杭撤去を強行したことは、漁港法の規定に違反しており、これにつき行政代執行法に基づく代執行としての適法性を肯定する余地はない」（最判平3・3・8民集45巻3号164頁〔浦安漁港ヨット係留用鉄杭強制撤去事件〕）として、法律の根拠なく行われた侵害的行政活動を違法としている。

ただし、最高裁は、町長の対応は緊急事態での緊急避難的措置であるとして、損害賠償責任に関しては費用の支出を違法とはいえないとして、結論としては町長の責任を否定している。

(4) 留保原則の限界　この1991（平成3）年の最高裁判決は、法律の留保の原則によって権利自由を保護するということも、緊急事態においては限界があることを示すものでもあり、また法的な強制ではないという前掲最決昭55・9・22には、事実上の強制については統制が及ばないという限界が認められよう。

さらに、法律の授権があっても行政に裁量が認められている場合が多く、これがかなり広範にわたることもあり、そこでもやはり権利自由の保護とい

う面で限界が明らかとなる（→12章）。

したがって、法律の留保の原則の意義とともに、その限界も認識し、根拠規範以外の例えば行政手続法などの規制規範によるほか、様々な側面での行政統制を組み合わせていくことが重要なのである。

第3節　法　　源

前節で見たのは行政は法律に従うべきとの原則であるが、従わなければならない法は他にもある。そこで、本節では行政法の法源をとりあげる。

法源とは、法の存在形式と定義される。これは法がどのような形で存在しているか、という問題である。

以下では、他の法分野と異ならない点をごく簡単に、行政法上重要な問題をやや詳しく、とりあげることとする。

1　法源の種類

法源は、法の内容が制定法として文章化された成文法源と、文章化されていない不文法源に分けられる。

成文法源には、国の基本法である憲法、国家間の文書による合意である条約、国会により制定される法律、行政機関により制定される命令、地方公共団体の議会の議決によって制定される条例と首長の制定する規則がある。

第2節で見たように、行政法の法源としては法律がとりわけ重要な位置を占めているが、条約も、行政にかかわり国内法的効力があるものは、行政法の法源となる。

また、前節で見た法律の法規創造力の原則の例外ともなるが、この原則の制約の下で行政による立法も認められており、これを**命令**と呼んでいる（行政基準　→7章3節）。

行政法においてはとりわけ成文法中心主義の度合いが高いのであるが、不文法源も重要で、慣習法、判例法、条理ないし法の一般原則がある。

法源の間では上位法が優先され、それに反する下位法は無効とされる。そして不文法は成文法より下位に位置づけられるが、法の一般原則だけは法律よりも優位性を持つという特別な性質が認められるもので、さらに説明を加

えることにする。

2 法の一般原則

行政法に限らず、およそ法である以上あらゆる法分野に一般的に妥当する原則を、法の一般原則ないし一般原理と呼ぶ。

行政法上認められている重要なものとして、平等原則、比例原則、信義則ないし禁反言の法理、がある。

これらに反している場合には、法令の規定には違反していなくても違法となるという点で、不文法源の中でも特別な地位にあるものである。

平等原則は、合理的理由なく差別的に扱うことを禁ずる原則で、古くから認められているものであり、**比例原則**は、行政目的とその実現のための手段との間に均衡が必要であるという原則で、警察行政の分野で早くから認められていたものである。

信義則ないし禁反言の法理は、**信頼保護の原則**と呼ぶこともあり、相手方に正当な信頼を形成させておきながら、後にその信頼を覆して不利益を与えることは許されないという原則である。民法では信義誠実の原則として明文で規定されている（民1条2項）が、古くは公法と私法を区別する考え方が強固で、行政法関係への信義則の適用には否定的な見解が有力であったものの、今日では学説判例ともに肯定するところとなっている。ただ、その適用についての制約には注意を要し、さらに次章（→24頁）でとりあげることとする。

　解決のヒント

　設例の許可制は法律に基づくもので、許可要件も法律と省令で決められている（→2頁）。行政活動は法律による行政の原理に従わなければならないので、許可をすべきかどうかはその要件に適合しているかどうかで決めなければならず、法律が取引の余地を認めない限り、交渉で決めることはできないのである。すべきことは、要件を満たしていることを示すことになる。

第2章 行政上の法律関係の特色

設例

産業廃棄物処理施設を造るのに必要な知事の許可を受けるために、県庁の担当者からの様々な指導に従った。その中には、法令には書かれていないこともあったが、許可を受けるために必要でかつこれを満たせば許可を受けられると説明された。ところが、その後さらに指導事項が追加され、これには応じられなかったところ、申請は不許可となった。しかし、当初の指導を信じてたいへんな負担を負ってきたわけで、不許可には納得がいかない。何とかならないだろうか。

第1節 行政法と行政上の法律関係

1 行政法の定義と体系

行政法は「行政の組織及び作用並びにその統制に関する国内公法」であるとの理解が、故田中二郎博士を代表とする伝統的な行政法学説のとるところであった。民法を中心とする私法は、法的に対等平等な私的利益を追求する私人間の利害調整のための法であり、そこでは契約の自由などを内容とする私的自治の原則が支配しているが、その原則は公共の利益（公益）の実現のためにのみ活動できる行政については基本的に妥当せず、全く異なる法としての**公法**によって規律されるというものである。

今日では**公法と私法の区別**についてはこれを否定する立場が有力であり、これをなお支持する場合も、行政法の範囲を、私法とされてきた民事法も含めて、行政に特有な法規範全体とするものが大勢である。本書も基本的に、**行政に特有な法**とはいかなるものかについて、展開している。

ただ、いずれの立場においても、行政法の体系が**行政組織法、行政作用法、行政救済法**の3分野から構成されるとするのは今日でも一般的である。そし

て、国家行政組織法、地方自治法、行政手続法、行政不服審査法、行政事件訴訟法など、かなりの広がりを持つ特定の事項に関する一般的な法律はあるものの、民法や刑法などのような全体にわたる通則的な統一的法典がないことが、行政法の特色の1つとなっている。無数ともいえるような多数の法令の中に散らばる共通の規範群により構成される法が行政法ということであり、わかりにくい法とされる原因の1つともなっている。

2 行政上の法律関係

(1) **権力関係・公法上の管理関係・私法関係**　前記の伝統的学説によれば、行政上の法律関係には公法関係と私法関係があり、さらに公法関係には本来的なそれ（権力関係・支配関係）と伝来的なそれ（管理関係）があるというように、3種類の関係があるとされてきた。**権力関係**は、優越的な地位に立つ行政が公権力をもって国民を支配する関係であり、法の一般原則や法技術的な約束事以外は民法などの私法規定の適用は排除されるとし、他方、公法上の管理関係は、行政が公的事業または公的財産の管理主体として活動する場合のもので、基本的には非権力的な私法関係と同様のものであり、したがってそこでは私法規定が適用されるのであるが、明文の規定や特別の公益上の必要がある場合に、私法規定の適用が排除される関係だとするのである。

しかし、例えば私法関係とされる私経済行政の場合にも特則（例えば競争入札など）があることも多く、管理関係との区別は明確とはいえず、この点でも伝統的学説は難点を抱えている。行政訴訟（→16章）が司法裁判所とは別の行政裁判所によって審理されていた戦前とは異なり、最高裁を頂点とする司法裁判所が行政事件の裁判もすることとなっている今日の我が国において、公法と私法を区別する実定法上の基盤が薄れていることもあり、この区別を否定する立場が有力ということはすでに記した。

ただ、全く異なる法関係だとはいえないとしても、少なくとも相対的な違いを認めることはでき、公法という表現も学説判例上依然としてよく目にするところである。

(2) **特別権力関係**　公務員の勤務関係、在監者の在監関係、国公立学校の学生生徒の在学関係、国公立病院の患者の在院関係などは、一般国民と行

政との間の一般的な権力関係とは異なる特別な権力関係であり、それは、包括的な支配服従の関係であって、そこでは人権保障や法治主義が及ばず司法審査が排除されるとかつては解されていた。つまり、行政は法律の根拠がなくとも命令強制することができ、これに対して裁判所に救済を求めることはできないというのである。これを**特別権力関係の理論**と呼ぶ。

　しかしながら、少なくとも日本国憲法下においては、そのような関係は認められないとするのが通説であり、例えば国家公務員法においても懲戒など不利益な処分は法定され、これに対する司法救済の途は明定されているなど、実定法上も通用しない状態になっている（74条以下、特に 90 条・92 条の 2）。

　ただ、かつて特別権力関係とされたところでは、行政に広い裁量が認められて司法審査が制約されていたり（→ 110 頁）、法律上の根拠が十分でない中での権利自由の制約が認められるなど、他の一般的な権力関係とは異なる扱いが認められている部分（部分社会論など）も残っていることは否定できないように思われ、この点に注意が必要である。

　(3)　**外部法関係と内部法関係（作用法関係と組織法関係）**　上級機関と下級機関の間の指揮監督関係（→ 41 頁）など行政機関間での権限行使にかかわる関係は、内部法関係（組織法関係）と呼ばれ、行政が一般国民に働きかけ、その権利義務に様々な影響を与える場合の関係である外部法関係（作用法関係）と区別されている。組織規範は国民の権利自由にかかわる法規（→ 14 頁）ではないとされるが、組織法関係の問題は組織内部的な問題であり、国民の権利自由に法的には関係しないという考えがとられ、特別な法律がない限り司法審査の対象にはならないとされるのである。

第 2 節　行政上の法律関係と私法

　今日の大勢とは異なるものの伝統的学説が公法と私法を峻別する考えに立っていたことは、前節で述べた。そこで本節では、この点に関する代表的な問題についての判例を確認する。

1　行政上の法律関係における私法規定の適用

　(1)　債権の消滅時効と会計法 30 条・地方自治法 236 条　　債権の消滅時効

に関して民法は、一般の債権について時効期間を10年と定める（167条1項）とともに、様々な短期消滅時効を規定している。また、商法や労働基準法など他に特別の定めを置いているものもある。

　これに対して会計法30条が、「金銭の給付を目的とする国の権利」と、「国に対する権利」とについて「時効に関し他の法律に規定がないもの」の消滅時効期間を5年と定め、地方自治法にも同旨の規定（236条1項）がある。

　かつては公法上の債権には会計法が適用されるとの理解が有力で、最高裁もその立場に立っていた。しかし、最判昭50・2・25民集29巻2号143頁は、会計法30条は「国の権利義務を早期に決済する必要があるなど主として行政上の便宜を考慮したことに基づくものであるから」そのような「便宜を考慮する必要がある金銭債権であつて他に時効期間につき特別の規定のないものについて適用されるもの」だとして、安全配慮義務違反を理由とする国家公務員の国に対する損害賠償請求権にはそのような考慮の必要がないとして、会計法30条の適用を否定した。

　債権が公法上のものか否かに依ることなく、会計法30条の趣旨に照らして判断するという、この最高裁のアプローチは、今日多数の支持するところとなっている。

　ただその後、最判平17・11・21民集59巻9号2611頁は、公立病院と私立病院で「行われる診療」に「本質的な差異はなく、その診療に関する法律関係は本質上私法関係というべきであるから、公立病院の診療に関する債権の消滅時効期間」も、民法（170条1号）により3年であるとしている。

　昔の判例に回帰したようにも読める判示であり、判例をどのように理解するかは未だ定まっていないが、最高裁は、争われている債権が、公法私法の議論とは別に、どのような性質のものなのかを問題にしているようにも見られること、また、従前の判例も債権が公法上私法上いずれのものかだけで判断していたわけではないとも考えられていることを指摘しておく。

　(2)　民法177条（不動産物権変動の対抗要件としての登記）　農地改革のための自作農創設特別措置法に関して、最大判昭28・2・18民集7巻2号157頁は、「政府の同法に基く農地買収処分は、国家が権力的手段を以て農地の強

制買上を行うものであつて、対等の関係にある私人相互の経済取引を本旨とする民法上の売買とは、その本質を異にするものである。従つて、かかる私経済上の取引の安全を保障するために設けられた民法177条の規定は、自作法による農地買収処分には、その適用を見ないものと解すべきである。されば政府が同法に従つて、農地の買収を行うには、単に登記簿の記載に依拠して、登記簿上の農地の所有者を相手方として買収処分を行うべきものではなく、真実の農地の所有者から、これを買収すべきものであると解する」としている。この説示は当時の支配的な学説に従ったものであった。

しかしながら他方で、私法規定の適用が排除されるとされた権力関係の代表である租税行政について、最判昭31・4・24民集10巻4号417頁は、「国税滞納処分においては、……滞納者の財産を差し押えた国の地位は、あたかも、民事訴訟法上の強制執行における差押債権者の地位に類するものであり、……滞納処分による差押の関係においても、民法177条の適用があるものと解するのが相当である」と判示し、「租税債権がたまたま公法上のものであることは、この関係において」、民法177条の適用を認める妨げにはならないとした。これは、前掲最大判昭28・2・18と一見すると矛盾している。実際、この判決に対して有力説からの批判もあった。

ただ、前掲最大判昭28・2・18は、先の説示に続けて、「そのことは、自作法1条に明らかにせられた前叙同法制定の趣旨からしても十分に理解せられるところであるのみならず、同法が農地買収についての基準を、……所有者とその農地との間に存する現実の事実関係にかからしめている等、自作法に定められた各種の規定自体から推しても、同法の買収は、真実の農地所有者について行うべきであつて、登記簿その他公簿の記載に農地所有権の所在を求むべきでないことが窺い知られるのである」と述べており、法律解釈の結果である旨が示唆されている。

私法規定の適用が排除されるのは個別法の解釈からその趣旨が認められる場合であるというのが判例の立場であると理解して、これを肯定し、両判決は矛盾しないとするのが今日の多数説である。

(3) 民法1条2項（信義則─信義誠実の原則）　民法に規定がある信義則は、

法の一般原則として行政上の法律関係にも適用がある（→18頁）ことは、学説と下級審判例（東京地判昭40・5・26行集16巻6号1033頁〔文化学院非課税通知事件〕など）では比較的早くから肯定されてきたが、最高裁が認めたのは遅く、最判昭62・10・30判時1262号91頁〔酒屋青色承認申請懈怠事件〕によってである。本判決は、「租税法規に適合する課税処分について、法の一般原理である信義則の法理の適用により、右課税処分を違法なものとして取り消すことができる場合がある」とした。なお、そこで適用が問題にされているのは、民法の規定ではなく、法の一般原則であることには注意が必要である。

ただ上記判決は、さらに続けて、租税法律関係では租税法律主義と公平主義が基本原則であり、法律どおりの課税がとりわけ強く要請されるため、「納税者の信頼を保護しなければ正義に反するといえるような特別の事情が存する場合に、初めて」信義則の法理の適用がありうるとして、法令に適合する課税が否定されるのはきわめて限定的な場合にとどまるとしている。同じ信義則といっても、私人同士の関係とは異なる制約があるといえる。

したがって、「密接な交渉を持つに至つた当事者間の関係を規律すべき信義衡平の原則に照らし、その施策の変更にあたつてはかかる信頼に対して法的保護が与えられなければならない」と判示して、村の工場誘致政策に基づく個別的な勧誘に応じて進出した会社に対し、政策変更により操業が困難になったことによる損害の賠償を村に命じた最判昭56・1・27民集35巻1号35頁〔宜野座村工場誘致政策変更事件〕のように、法律による行政の原理との抵触がない場合には、信頼保護法理の適用はより緩やかに認められている。

かつて民法や借家法が適用されるかどうかを、その利用関係が公法関係か私法関係かで決しようとする議論が優勢であった公営住宅について、最判昭59・12・13民集38巻12号1411頁は、公営住宅の「事業主体と入居者との間の法律関係は、基本的には私人間の家屋賃貸借関係と異なるところはな」く、公営住宅「法及び条例に特別の定めがない限り、原則として一般法である民法及び借家法の適用があり、その契約関係を規律するについては、信頼関係の法理の適用がある」としている。民事関係との同質性が高ければ、それだけ信頼保護法理の適用が認められやすくなることを示すものといえよう。

なお、最判平19・2・6民集61巻1号122頁〔在ブラジル被爆者健康管理手当等請求事件〕は、日本を離れたために健康管理手当の支給を打ち切られた被爆者による未支給分の支払請求に対し、地方自治法236条2項が時効の援用を不要としさらにその利益を放棄できないとさえしているにもかかわらず、消滅時効にかかったことが、行政自身が発した違法な通達とそれに基づく失権扱いの結果であるため、同条所定の消滅時効を主張することは、信義則に反して許されないとしており、信頼保護重視の傾向もうかがわれる。

2 行政法規違反の法律行為の私法上の効力

行政上の法律関係に関しては、法律行為が行政法規に違反してなされた場合に民事法上の効力はどうなるかという問題もある。

これについて判例は、行政法規を**統制法規**（ないし強行法規）と単なる**取締法規**に区別して、法律行為が前者に違反する場合には無効、後者に違反する場合には有効としてきた。

例えば、最判昭30・9・30民集9巻10号1498頁は、臨時物資需給調整法による配給統制の下、同法に違反する煮干いわし売買契約について、所定の機関等「以外の無資格者による取引の効力を認めない趣旨であって、右法令は此の意味に於ける強行法規であると解される」と述べて無効とし、最判昭35・3・18民集14巻4号483頁は、食品衛生「法は単なる取締法規にすぎないものと解するのが相当であるから、上告人が食肉販売業の許可を受けていないとしても、右法律により本件取引の効力が否定される理由はない」としている。

ただ、取締法規違反であってもそれが公序良俗違反とされれば無効とされるのであり、近年も最判平23・12・16判時2139号3頁は、建築基準法に違反する当該建物の建築が「著しく反社会性の強い行為」であるとし、違反建築物の建築請負契約を無効としている。

以上のとおり、判例は法律の趣旨目的によって区別しているわけであるが、法律の趣旨は必ずしも明らかでなく、解釈を必要とする場合が多いのであり、違反行為の反社会性・非難可能性の程度、契約の履行の進展状況、当事者間の公平などを総合考慮して決することが必要とされている。

第Ⅰ部　基本原則と行政組織法・地方自治

> **解決のヒント**
>
> 　不許可が法令に違反しているのであれば、不服申立て（→15章）や行政事件訴訟（→16章以下、特に17章）で、不許可の取消しが認められ、許可の義務付けもありうる。
> 　他方、不許可が法令には違反していなくても、設例では、信義則により不許可の取消しが認められるかどうかが問題になる（→23頁、110頁）。
> 　また、指導に問題があった場合には、損害賠償が認められうるが、そのためには国家賠償法の要件を満たすことが必要である（→24章）。

第3章　適正手続

> **設　例**
> 産業廃棄物処理施設の設置許可申請をしようと県庁に行ったところ、多くの点で省令の許可基準を満たしていない、と担当者から指摘された。しかし、省令の内容には大いに疑問がある。
> また、何とか基準を満たして許可を得られても、知事は許可の取消しができる（廃棄物15条の3）ようである。省令がおかしな基準を定めているように思われるだけに、納得できない理由で取り消されるのではないかと不信感をぬぐえない。大丈夫だろうか。

第1節　適正手続の法理

1　適正手続の必要性

行政権限の行使要件を事前に法律で明確に定め、行政活動がこれに違反して権利利益の侵害が生じた場合のために事後的な司法救済を確保する、という実体法的統制の重要性はいささかも減じられるものではないが、これだけでは権利保障として十分ではない。

事後的な救済制度（→15章以下）があるといっても、それには時間と費用を要するわけで、また生じた不利益の完全な回復は不可能であり、したがって権利侵害の発生を事前に防止することが重要なのであるが、それには正確な事実の把握のためなど、当事者の参加が不可欠な場合が多いのである。

さらに広範な行政裁量が認められる場合がある（→12章）点でも、行政活動に対する実体法的統制の限界と手続法的統制の必要性が認められる。

また今日では、手続的にも適正に対応されること自体が1つの権利であるとの考えも広まっている。

我が国の行政法学においても、戦後英米法の影響も受けて手続法的適正さ

に関心が高くなったことはすでに説明した (→ 12 頁)。

なお、**行政手続**という場合、広い意味ではいったん行政活動が行われた後にその是正や不利益の救済を図るためのもの (→ 15 章) も含まれるが、これは事後手続と呼ばれ、事前手続と区別される。事前手続は狭義の行政手続とも呼ばれ、単に行政手続という場合はこちらのみを指すことが多い。

さらに、以上のことは権利保護ないし自由主義的要請を考慮した手続の話であって、その他に、例えば都市計画分野で早くから見られる意見書提出や公聴会など、民主主義的要請に重きを置いた (参加) 手続もあり、その重要性も高まっているが、以下では主に前者を扱うこととする。

また、例えば労働委員会における不当労働行為事件の審査 (労働組合法 19 条以下) などのように、一定の中立性と独立性を持つ行政委員会などの行政機関により、準司法手続によって決定がなされる場合があり、これを行政審判という (→ 136 頁)。これには事前手続のものと事後手続のもの両方があり、制度ごとに違いはあるものの、特別な手続が定められている。

2 適正な行政手続の要請とその憲法上の根拠

最高裁は、法律が理由付記を要求する青色申告の更正処分に関しては、早くからその適確な運用を求めて手続的統制を及ぼしてきており、最判昭 46・10・28 民集 25 巻 7 号 1037 頁〔個人タクシー事件〕では、個人タクシー免許申請について道路運送法が求める聴聞に関して、「事実の認定につき行政庁の独断を疑うことが客観的にもっともと認められるような不公正な手続をとってはならないものと解せられる」。「免許の申請人はこのような公正な手続によって免許の許否につき判定を受くべき法的利益を有するものと解すべ」きであるとし、さらに最判昭 50・5・29 民集 29 巻 5 号 662 頁〔群馬中央バス事件〕では、路線バス事業の「免許の許否の決定は手続的にも適正でなければならない」として、その決定に際しての運輸審議会による公聴会手続にも適正手続の要請を及ぼしている (両判決につき →67 頁)。

このように、個別法に手続規定がある場合には、その運用の適正さが法的に要請されることは認められてきたものの、法令に手続規定がない場合には行政に広い裁量が認められるとともに、適正な手続の要請と憲法との関係に

ついては長く示されていなかった。

これに対して学説では、条文などの根拠をどこに求めるかは、31条説、13条説、13条31条併用説、手続的法治国説と分かれているものの、日本国憲法の下では行政手続の適正さは憲法上の要請であるとするのが、早くから大勢であった。

そして、適正な行政手続の原則的内容としては、①**告知・聴聞**、②**基準の設定・公表**、③**理由付記**ないし提示が一般にあげられる。①はなすべき行政決定の内容と理由を相手方に事前に知らせてその者の主張を聴くこと、②は行政決定の基準をあらかじめ設定し公表すること、③は行政決定に際してその理由を知らせることである。

その後ようやく最高裁も、最大判平4・7・1民集46巻5号437頁〔成田新法事件〕において、「憲法31条の定める法定手続の保障は、直接には刑事手続に関するものであるが、行政手続については、それが刑事手続ではないとの理由のみで、そのすべてが当然に同条による保障の枠外にあると判断することは相当ではない」として、31条説に立ち行政手続にもこれが及びうることを明示するに至ったのである。

ただ本判決は、「行政手続は、刑事手続とその性質においておのずから差異があり、また、行政目的に応じて多種多様であるから、行政処分の相手方に事前の告知、弁解、防御の機会を」常に必ず与えることを必要とするものではないとして、そのような機会なしに工作物使用禁止命令を認めるいわゆる成田新法3条1項の合憲性を結論としては認めている。

なお、最判平15・11・27民集57巻10号1665頁〔象のオリ訴訟〕では、行政処分のみならず行政活動一般にも憲法31条の保障が及ぶとの判断が示されている。

3 行政手続法の制定とその概要

個別法における手続規制は不備不統一な点が多く、また判例による統制にも前記のような限界がある中で、戦後長く一般的な**行政手続法**の制定が我が国行政法の課題であった。これが1993（平成5）年制定翌年施行の行政手続法によりようやく実現した。

この法律は、「行政運営における公正の確保と透明性」の向上を図り、これによって「国民の権利利益の保護に資することを目的とする」（行手1条）もので、民主主義的要請が盛り込まれていないことには注意が必要であるが、事前の行政手続に関する一般法として位置づけられている。また、我が国ではじめて透明性という言葉を用いた法律でもある。

　対象とされたものは、処分（→133頁・148頁）、行政指導および届出（→32頁）に関する手続で、2005（平成17）年の改正で命令等を定める手続（→33頁）も加えられたが、例えば行政調査（→8章）や即時強制（→125頁）などは規定されず、行政の行為形式全てが網羅されているわけではない。

　また、個別法により特別な手続が定められている場合以外にも、例えば公務員関係や国税に関する手続などのほか、本法においても適用除外とされているものも多く（3条1項・2項）、地方公共団体の機関のする手続で条例や規則に基づくものも地方自治尊重のため除外されている（同条3項）。ただ地方公共団体には、この法律の趣旨にのっとった必要な措置をとる努力義務が課されており（46条）、ほとんどの地方公共団体で条例が制定されるに至っている。

　さらに、行政不服審査法の改正に伴う2014（平成26）年の改正により、行政指導の中止等の求めと、処分や行政指導をなすことの求めが追加された。

　処分の求めについては、法令に違反する事実がある場合に、その是正のためにされるべき処分がされていないと考えるときに、その処分を求めることができるとするもので、何人でも可能とされている（行手36条の3）。その申出を受けた行政機関には調査義務と必要な場合の処分実施義務が生じるが、申出者に請求権を認めるものではなく、行政に対し適正な権限行使を促すものにとどまる手続とされる。

　行政指導に関する求めについては、第6章第2節3で説明する。

第2節　行政手続法の内容

1　不利益処分手続

　行手法は、処分を**申請に対する処分**と**不利益処分**に分かち、それぞれにつ

いて異なる手続を定めている。前者については第7章で扱い、本章では後者の手続の概要を見ていくが、以下のとおり適正手続の基本的な内容が盛り込まれたものとなっている。

(1) **不利益処分とは** 不利益処分は「行政庁が、法令に基づき、特定の者を名あて人として、直接に、これに義務を課し、又はその権利を制限する処分」(行手2条4号)と定義され、違法建築物の除却命令などが義務を課す処分の、許認可の取消処分や営業停止処分などが権利を制限する処分の、それぞれ代表的なものである。なお、いくつか除外されるものがあるが(2条4号ただし書)、特に、本法制定前には同じく不利益処分とも呼ばれていた不許可処分は申請に対する処分に位置づけられ、行手法のいう不利益処分には含まれないことに注意が必要である。

(2) **基本的な内容** まず、基準の設定公表 (12条) と**理由の提示** (14条) が、申請に対する処分と同様盛り込まれているが、こちらでは審査基準ではなく**処分基準**と呼ばれ、かつその設定公表は努力義務にとどめられている。不利益処分事由が多様であるため、一律の義務化は困難であり、処分に至らない違反・脱法行為や隠蔽行為を助長するおそれがあることなどが理由とされている。

また、理由の提示は、不利益処分を書面でするときは、書面により示さなければならない (14条3項)。理由提示の不十分さを理由に処分を取り消したものに、最判平23・6・7民集65巻4号2081頁〔一級建築士免許取消事件〕があるが、理由提示の程度と手続の瑕疵の問題は第7章で説明する (→63頁、66頁。また76頁も参照)。

不利益処分をする場合には、例外 (13条2項) を除き、事前に相手方に意見陳述のための手続として、**聴聞**の手続か、**弁明の機会の付与**の手続をとらなければならない (13条)。

(3) **聴聞** 聴聞が必要とされるのは、許認可等の取消しや、資格や地位のはく奪、法人の役員や会員などの解任や除名という重い不利益処分をする場合である (13条1項1号)。

聴聞に先立って、聴聞期日までに相当の期間をおいて、名あて人となるべ

き者に対し、予定される不利益処分の内容および根拠となる法令の条項、その原因となる事実、聴聞の期日および場所などが書面により通知 (15条1項) され、聴聞の通知を受けた者が当事者とされる。当事者には、口頭による意見陳述権や証拠書類の提出権 (20条2項) と文書等の閲覧請求権 (18条1項) が認められ、これは通知に教示される (15条2項)。また当事者は、代理人に任せたり (16条) 補佐人をつけたり (20条3項) することも認められる。

聴聞は、**聴聞主宰者**がこれを主宰し (19条)、行政庁 (処分庁) の職員が処分理由を説明し (20条1項)、当事者が質問し (同条2項)、証拠を提出して意見を述べるという手続で、口頭による審理である。主宰者は聴聞後に聴聞調書と報告書を作成し、報告書には処分原因となる事実に対する当事者等の主張に理由があるかどうかについての意見を記載する (24条)。そして処分庁はそれを十分に参酌して、処分を決定する (26条)。なお、主宰者は処分庁が指名する職員があたることになる (19条)。

(4) **弁明の機会** この手続は、比較的不利益が軽微な処分など聴聞手続が義務とされない処分 (13条1項2号) で、聴聞が実施されない場合にとられる、書面主義が原則の略式の手続である。具体的には、聴聞の場合と同様に通知がなされ (30条)、証拠書類等を提出することもできる (29条2項) が、聴聞とは異なり、弁明書の提出 (同条1項) により行われる。違法建築物の除却命令や営業停止処分などはこの手続の対象とされる。

2 届　　出

届出とは行政庁に対し一定の事項の通知をする行為であるが、行手法は、そのうち法令により直接に当該通知が義務付けられているものを対象に (2条7号) 1カ条からなる第5章を置いて、法令に規定する形式上の要件に適合する届出が提出先の事務所に到達したときは、届出者側の手続上の義務が履行されたものとしている (37条)。

このような規定が置かれた理由は、形式上の要件に適合した届出書が到達していても、まだ**受理**はされていないという理由で届出があったものとは認められない、というような取扱いを阻止するためである。そのような取扱いが認められるなら、一定の行為をする際に行政の許可 (→98頁) が必要とい

う許可制ではなく、行政に届出をすればよいという届出制が法令上とられているにとどまる場合であっても、行政庁が許可制に変えてしまうのと同じことになってしまうのであって、それは許さないとしたのである。行政庁の諾否を求めるものである**申請**（2条3号）とは異なるのである。

ただ、申請を受理せず握りつぶし状態にするというような申請への応答留保（→58頁）や、申請を拒否することなく返戻するという対応などでも、申請者の目的は実現せず、訴訟で争うことも難しいという類似の問題が生じうる。標準処理期間の設定について努力義務を課してそれを設定した場合の開示を義務とし（6条）、申請が事務所に到達したときに遅滞なく審査を開始し、形式上の要件に適合していない場合に速やかに補正を命じるか申請を拒否することを義務付けている（7条）のも、これに対応するものである。

ところで受理とは、行政庁が申請や届出など人の行為を有効な行為として受領することをいい、単なる到達や受付とは異なるものとされる。そしてこれに法的効果が付与されるものは、行政行為の1つとされてきたが（→100頁）、行手法上の申請と届出に関しては、**到達主義**が採用され、受理概念は否定されたといえる。

3 **意見公募手続**（命令等制定手続）

意見公募手続とは、内閣やその他の国の行政機関が命令等を定めようとする場合に、その案を公示し、広く一般から意見を公募する手続であり、具体的には次のようなものである。

命令等とは、政令や省令（→70頁）などのほか、処分の要件を定める告示、審査基準（→68頁）や処分基準（→31頁）、行政指導指針（→60頁）が含まれ、法規命令の他に行政規則（→70頁）も対象とされている。

そして命令等の案は、具体的かつ明確な内容で、その根拠法令を明示しつつ、関連資料とともに、原則として30日以上の意見提出期間を置いて公示すべきものとされ（行手39条）、命令等を制定する機関は、提出された意見を十分に考慮し（42条）、その結果を理由と合わせて公示しなければならない（43条）とされている。もちろん命令等は根拠法令の趣旨に適合するものでなければならず、また制定後も必要に応じ検討を加え、その適正を確保す

るようにする努力義務が制定機関には課されている (38条)。

　以上のような手続により、行手法は、行政運営の公正・透明性による国民の権利利益保護という前記の目的を行政による立法活動においても達成しようとしているのであるが、さらにこの手続には、行政過程への国民参加を進展させ、行政基準（行政立法）(→69頁) の内容の政策的な適正さも確保・向上させるという機能も期待されているところである。

　解決のヒント

　省令が法律に違反しているのであれば、省令に適合していないことを理由とする不許可や知事による許可の取消しは違法となる。

　法律違反ではないが不当であるという場合には、省令の改正があるときには、意見公募手続で意見を提出して十分な考慮を受けることはできる。ただし、採用される保証はない。

　知事による許可の取消しは不利益処分であり、聴聞手続が保障されるので、そこで理由の説明を受け、意見を陳述する機会は確保されるので、納得できるかどうかは別として、不透明な形で取り消されることはないはずの制度になっている。

第4章　行政組織法

> 設例
>
> 産業廃棄物処理施設を設置するために、県庁に出向き、担当部署の職員と何度もやりとりをした後に、とにかく申請書を提出したところ、結局不許可とされた。ところが、書類を見ると、不許可の決定をしたのは知事となっていた。産業廃棄物の専門家でない知事が果たして決定できるのだろうか？

第1節　行政主体

1　行政主体の種類

　ここまでは、国や地方公共団体が行政活動を行うことを前提にして説明してきた。ところで、行政法学上、行政活動の担い手を**行政主体**と呼んでいる。

　これは、行政を行う権能を与えられた法主体ということであり、行政権の帰属主体とか、行政上の権利義務の主体などと定義される。

　したがって、国や地方公共団体は行政主体だという前提で述べてきたということであり、それは憲法自身が認めているものと解されている。国の行政権について「行政権は、内閣に属する」とする65条や、地方公共団体が「行政を執行する権能を有し」ているとする94条はその表れである。

　また、この行政主体の行政活動を担当する組織が**行政組織**であり、これに関する法が行政組織法である。

　なお、行政主体との表現は、国民を行政客体と位置づけるものとしてこれを否定し、行政体など別の語を用いる者もあるが、最高裁も含め（例えば後掲最決平17・6・24判時1904号69頁〔東京建築検査機構事件〕など　→169頁、209頁）一般的に使われている。

　次に、国や地方公共団体以外にも行政主体が存在するかどうかが問題となる。この点ではかつては議論があったものの、国の行政事務事業を行うため

に設立される国から独立した法人である独立行政法人（独立行政法人通則法）が法定された今日、立法的に肯定されたと解されている。本来的な行政主体である国や地方公共団体以外のものを特別行政主体と呼ぶ者も多く、他に土地区画整理組合や健康保険組合のような公共組合などが含まれる。設立根拠としての法律の存在、行政の特別監督権、強制加入制、組合の公権力行使権限や費用強制徴収権などがその行政主体性の判定基準とされる。

2 行政主体性を論じる意味

ところで、行政主体と認められると、その組織のみならず活動に関しても、民事法などとは異なる部分が多い行政法規範に服することになると解されることがあり、ここに行政主体性を論じる意味がある。

確かに最高裁は、かつての鉄道建設公団がした成田新幹線工事実施計画の認可申請に対する運輸大臣の認可を、「本件認可は、いわば上級行政機関としての運輸大臣が下級行政機関としての日本鉄道建設公団に対し……てなす監督手段としての承認の性質を有するもので、行政機関相互の行為と同視すべきものであ」るとして、その訴訟対象性（処分性 →17章）を否定している（最判昭53・12・8民集32巻9号1617頁〔成田新幹線事件〕）。また、国民健康保険事業の保険者たる大阪市がした被保険者証交付拒否処分を取り消した大阪府国民健康保険審査会の裁決について、大阪市がその取消訴訟を提起したのに対して、その原告適格を否定して訴えを却下した判決（最判昭49・5・30民集28巻4号594頁）にも、行政主体については他の法人（民間企業、第三セクターなど）と異なる法的取扱いが認められるとの理解が表れているといえよう。

とはいえ、特別行政主体とそれ以外の団体との区別は必ずしも明確なわけではなく、また、適用される規範も行政主体であれば一律ともいえないこと、さらに、行政の指定を受けた法人（指定法人）などの民間団体に一定の行政活動を委任して実施させる、いわゆる委任行政が広く展開されている現状があること、などを踏まえておくことが必要である。民間企業が指定確認検査機関として建築確認を行う（→209頁）のも委任行政であるが、この会社は行政主体ではない。

最高裁の諸判決についても、当事者が行政主体であるか否かということよりも、個別具体的な関係する法規定ないし法的仕組みの解釈によって結論を導いているとの理解も有力であり、行政主体性は、ある法人制度の創設に際して、その組織やこれに対する規制をいかに組み立てるべきかを決定する場合の指導原理としては重要であるが、具体的な紛争の解決に際して結論を導くための基準としての意味は、さほど大きくはないように思われる。

第2節　行政機関

1　行政組織と行政機関

(1)　行政組織　　前節で説明した行政主体は、それ自体はあくまで観念的な存在であり、したがって、現実の行政活動は自然人によって行われることになるが、その行為を行政活動たらしめるためには行政組織が必要となる。その組織を構成する基礎的単位が行政機関であり、その最小単位を占める各公務員が、組織的に現実の行政活動を担うということになるのである。

よって行政機関は、いわば行政主体の手足であり、権利義務の帰属主体とはなりえない。機関が法律上行いうる行為の範囲を**権限**というが、これが付与されることになる。

議院内閣制をとっている国の行政組織としては、内閣（憲65条、内閣法）を頂点とし、さらに内閣府（内閣府設置法）と省、委員会、庁が置かれ（行組3条）、これらが内閣の統轄の下で行政事務を分担している。

これに対し、普通地方公共団体（都道府県と市町村）（自治1条の3）では、議会議員と首長（知事や市町村長）ともに直接住民から選挙で選ばれる大統領制的な首長主義ないし二元的代表制（憲93条）がとられており、議事機関とされる議会も一定の行政事務を担い（自治96条1項）、他方、首長も一定の自主立法権（規則制定権）を認められている（自治15条）。したがって、団体の組織全体の中で行政組織を分けることは難しいことになるが、中心的に行政を担うのは執行機関（首長や教育委員会ほか各種委員会など）であり、各執行機関が独立して権限を行使するものとされている（自治138条の2・138条の4）。これを**執行機関の多元主義**という。

(2) 行政機関概念　ただ、この行政機関の概念については、我が国の実定法上、内容の異なる以下の2種類のものが採用されていることに注意が必要である。

一方は、①**事務配分的行政機関概念**（ないし組織的行政機関概念）とも呼ばれ、担当する行政事務に着目し、その配分の単位を行政機関として扱うものである。これはまた、行政組織の中で活動する人々の集合を基準とするものでもあり、省庁そのものやその内部部局としての局部課等のそれぞれが行政機関と位置づけられる。

国家行政組織法ほか、国の行政組織に関する法律はこちらを採用している。

他方は、②**作用法的行政機関概念**（ないし人的行政機関概念）とも呼ばれ、行政機関と私人との関係に着目し、行政作用権限を配分する単位を行政機関として扱うものである。行政主体のために活動する人を基準とするものでもあり、大臣、知事、局長、課長、税務署長などが行政機関と呼ばれる。我が国の作用法律が基本的に採用するものであり、組織法としては地方自治法はこちらによっている。

なお、②作用法的行政機関概念の行政機関も①事務配分的行政機関概念を前提にするものであり、また①の機関は②の機関によって構成されているのであって、両者は密接に関係しているものである。

2　行政機関の分類

(1) 行政庁　行政法学は行政権の行使から国民の権利自由を守ることをその関心の中心に置いてきており、これに応じて、行政機関という場合に通常想定するのは作用法的機関概念である。そこで行政機関の分類としては、国民の権利自由とのかかわりという作用法的観点から、行政庁を中心に置き、これとそれ以外に分けるものが代表的である。

行政庁とは、行政主体のために意思を決定し、これを外部に表示する権限を持つ機関である。このうち国の行政庁を**行政官庁**という。産業廃棄物処理施設の設置許可権限を持つ知事（→3頁）、課税処分を行う税務署長、原子力発電所の設置を許可する経済産業大臣などがこれにあたる。知事の決定が北海道の意思決定、税務署長や大臣の決定が国のそれ、ということである。

第4章　行政組織法

　作用法上は知事など個別の機関名で規定され、これによって権限の所在と責任が明確にされるが、行政不服審査法や行政事件訴訟法などでは法律上、行政庁の語が用いられている。また、教育委員会などの行政委員会のように、合議制機関の場合もあるが、通常は独任制の形態をとる。

　法的行為を行えるのは行政庁だけであり、ある意味それ以外は単にこれを補助する機関、いわば黒子に過ぎないということで、行政外部の者にとっては、法律的には行政庁だけが問題であって、これが中心に位置づけられることになるのである。

　(2)　行政庁以外の機関　　行政庁以外の機関は通常さらに、①補助機関、②諮問機関、③執行機関、に分けられる。

　①　**補助機関**は、行政庁その他の行政機関の職務を補助する機関である。プロローグの知事の不許可決定も、知事が1人で行ったわけではなく、担当部署の部長、課長、係長らによって組織的に検討された結果であり、それらは全てそれぞれが補助機関とされる。日常的な事務を遂行するのはこの機関である。

　②　**諮問機関**は、行政庁の諮問を受けて、調査審議し、答申する機関であり、通常合議制の形態をとる。諮問なしで意見を具申する場合もある。

　なお、電波監理審議会（電波94条）のように、その答申に行政庁に対する法的拘束力が認められる例があり、その機関を参与機関と呼んで区別する場合もあるが、両者を截然と区別することはできないとして、特に区別しないことも多い。

　③　**執行機関**は、国民に対して実力行使を行う機関である。破壊消防（消防29条2項）をする消防吏員や警察官（警職6条など）などがこれにあたるが、事実行為によるものの、直接国民の権利自由を侵害しうるという特殊な機関という位置づけである。

　なお、地方自治法では首長などを執行機関と呼んでいる（→37頁）が、これは議事機関とされている議会と区別する趣旨のものであって、ここでいう執行機関とは別の意味である。

第3節　行政機関相互の関係

1　行政機関の権限行使

　行政機関の権限は、法令上それを与えられた機関が自ら行使するのが原則であるが、現実的な必要がある場合などに、以下のような方法で他の機関による行使が認められている。

　(1)　**権限の委任**　これは、行政機関がその権限の一部を他の機関に委譲して行使させることである。法令上は「行わせる」など**委任**以外の語も用いられる。委任機関はその権限を失い、受任機関が自己の名において権限を行使することになり、民法上の委任とは大きく異なる。委任された財務会計行為の権限行使が違法で、地方公共団体が損害を被った場合、住民訴訟（→26章）により賠償責任を負うのは、受任機関の地位にあって行為を行った職員自身である（最判平3・12・20民集45巻9号1455頁〔大阪府水道部事件〕）。

　委任は権限を移してしまうもので、委任機関は受任機関に対して指揮監督権は持たないが、実際の委任は下級機関に対してなされることが多く、その場合は上級機関としての指揮監督権は有している。

　法定の有権機関を変更することになるため、委任には権限の根拠規範と同等かそれ以上の法的根拠が必要とされており、法律により付与された権限の委任には、法律の根拠が必要となる。

　(2)　**権限の代理**　これは、権限を有する機関の名において、原則として**代理**であることを明示して、別の機関が権限を行使する方式であり、その効果は被代理機関の行為として発生する。委任の場合と異なり、権限の移動はなく、民法上の代理と基本的に同じである。

　法定代理と授権代理があり、後者に法律の根拠が必要か否かについて学説は分かれている。後者の場合、被代理機関は代理機関に対して指揮監督権を有するとされる。

　代理権の範囲としては、例えば衆議院の解散など、一身専属的な権限の代理は許されないと解されている。

(3) 専決・代決　これは、法令上権限を与えられている者とは別の者が行政組織内部的に事務を処理するという方式である。法律上権限の移転はなく、行政外部に対しては本来の機関が処理した形になっており、効果もそのように生じるため、行政の相手方の権利自由に影響は生じない。そこで、実際上の必要から実務上広く行われてきた。

ただ、その事務処理内容の違法性が住民訴訟で争われた際に、責任を負うのは誰かが問題となったが、以下のとおり、実際に財務会計行為を行った者が賠償責任を負うとされている。

「補助職員が、専決を任された財務会計上の行為につき違法な専決処理をし、これにより当該普通地方公共団体に損害を与えたときには、右損害は、自らの判断において右行為を行った右補助職員がこれを賠償すべきものである」る（前掲最判平3・12・20）。

また同判決は、本来権限を有している機関にあった者についても、「右補助職員が財務会計上の違法行為をすることを阻止すべき指揮監督上の義務に違反し、故意又は過失により右補助職員が財務会計上の違法行為をすることを阻止しなかったときに限り、普通地方公共団体に対し、右補助職員がした財務会計上の違法行為により当該普通地方公共団体が被った損害につき賠償責任を負うもの」としている。

2　行政機関相互の関係

(1) 上下関係（指揮監督関係）　行政の一体性、統一性、適法性などを確保するために、上級行政機関には下級行政機関の権限の行使に関し、これを指揮監督する権限（**指揮監督権**）が認められる。これは、組織法上当然に認められるものであり、原則として法律の根拠は不要と解されている。

その内容としては、①監視権、②訓令権、③許認可権、④取消し・停止権、⑤代執行権、⑥権限争議裁定権がある。

①　監視権は、下級機関に報告させ、書類帳簿を閲覧し、実地に視察するなどの権限で、指揮監督に不可欠な情報を得るための調査権である。

②　訓令権は、下級機関の権限行使について指示する権限であり、指揮命令権とも呼ばれる。

③　許認可権は、下級機関の一定の権限行使について、上級機関の許認可を要するとする権限であり、同意権、承認権ともいう。

④　取消し・停止権は、下級機関の行為を取り消したり停止したりする権限である（→ 116 頁）。

⑤　代執行権は下級機関に代わって権限を行使する権限である。⑤は明文の法根拠が必要とされているが、④については必要か否か説が分かれている。

⑥　権限争議裁定権は、下級機関の間での権限に関する争いを裁定する権限である。

(2)　対等関係　　行政機関は相互に権限を尊重して行政活動を行うことが原則であるが、複数の機関が協力して事務を処理する方式として、協議と呼ばれるものがある。権限行使に際して関係機関との間でなされる場合のほか、複数の機関が権限を持つ場合（共管）、それらが共同で行政事務を処理し権限を行使する際のものがある。

また、行政機関相互の援助を受けて権限が行使される場合（共助）や権限を持つ機関に対する勧告や要請が認められる場合、さらに権限行使に際して他の機関の同意が必要とされる場合など、様々な方式がある。

なお、知事の建築許可に際して必要とされる消防長の同意（消防 7 条）に関して、最判昭 34・1・29 民集 13 巻 1 号 32 頁〔東山村消防長同意取消事件〕（→ 150 頁）は、「知事に対する消防長の本件同意拒絶乃至同意取消」しは「行政機関相互間の行為たるに止まる」として、つまり行政内部的な行為であるとして、抗告訴訟（→ 143 頁）で争うことはできないとしている。

> 解決のヒント
> 　行政活動は組織的に行われているが、現実には補助機関を使いながらも、法律的（行政作用法的）には行政庁が決定するという扱いになっている。設例の場合は知事が行政庁であり、専門知識を有する者が補助機関となっている。この許可の法制度についてはプロローグを参照のこと。

第5章　地方自治と産業廃棄物処理

> **設 例**
> 　廃棄物処理法における産業廃棄物処理施設の設置については、届出制から都道府県知事の許可制となった後も、都道府県は要綱を策定して行政指導を行っていたが、産業廃棄物処理業者と住民の間の紛争は繰り返され、設置が困難な状況が続いていた。これに対して1997（平成9）年廃棄物処理法改正では、施設設置許可の申請に新たな手続が追加され、都道府県知事は許可に際して周辺環境に配慮することが可能となった。しかし、現在に至るまで産業廃棄物処理施設について都道府県および市町村が、要綱のみならず条例を定める例も多い。条例にはどのような内容を規定することができるのであろうか。

第1節　地方分権改革と地方公共団体

1　地方自治の本旨と(旧)機関委任事務

　日本国憲法は地方自治を保障し、「地方公共団体の組織及び運営に関する事項は、地方自治の本旨に基づいて、これを法律で定める」(92条)と規定する。これを受けて地方自治法により、「地方自治の本旨」とされる**住民自治**と**団体自治**を実現する制度が定められている。住民自治とは、地方自治が住民の意思に基づいて行われることであり、団体自治とは、国から独立した団体によって自治が行われることを意味する。

　しかし、1999（平成11）年の地方分権一括法による第1次地方分権改革以前においては、地方公共団体の長である都道府県知事等を国の下部機関として位置づける機関委任事務制度があった。当時、廃棄物処理法においては、産業廃棄物に関する権限は都道府県知事の機関委任事務であり、産業廃棄物処理施設設置について地方公共団体の条例による独自の対応は国により否定されていた。このため多くの都道府県では要綱を定め行政指導（→55頁）による対応が行われていた。

2 自治事務と法定受託事務、国等による関与

　第1次地方分権改革では機関委任事務が廃止され、地方公共団体の事務は自治事務と法定受託事務に再編された。

　(1) **自治事務と法定受託事務**　　**法定受託事務**とは、「法律又はこれに基づく政令により都道府県、市町村又は特別区が処理することとされる事務のうち、国が本来果たすべき役割に係るものであつて、国においてその適正な処理を特に確保する必要があるものとして法律又はこれに基づく政令に特に定めるもの」（第1号法定受託事務）、「法律又はこれに基づく政令により市町村又は特別区が処理することとされる事務のうち、都道府県が本来果たすべき役割に係るものであつて、都道府県においてその適正な処理を特に確保する必要があるものとして法律又はこれに基づく政令に特に定めるもの」（第2号法定受託事務）をいう（自治2条9項）。何が法定受託事務であるかは個別に定められており（自治別表第1・別表第2）、例として河川（河川法）や海岸（海岸法）のような公物管理、戸籍（戸籍法）、パスポート（旅券法）などに関する業務がある。廃棄物処理については、産業廃棄物処理業許可に関する事務（廃棄物14条1項・6項）、産業廃棄物処理施設設置に関する事務（15条1項）は第1号法定受託事務とされる。これらは、国の事務であった機関委任事務とは異なり、地方公共団体の事務である。

　一方、**自治事務**は、法定受託事務以外の事務（自治2条8項）とされ、都市計画決定（都市計画法）、飲食店営業許可（食品衛生法）、薬局開設許可（医薬品医療機器等法）、一般廃棄物に関する事務（廃棄物処理法）のように、個別法に規定されている事務と、それ以外に地方公共団体が独自に行う事務がある。

　(2) **国の普通地方公共団体に対する関与**　　これらの新たな事務区分とともに、国と地方公共団体との適切な役割分担の原則（自治1条の2）に基づき、国または都道府県の普通地方公共団体（都道府県および市町村〔自治1条の3第2項〕）に対する関与は、法定されることとなった（自治245条の2）。適切な役割分担とは、事務についてできる限り地方公共団体に配分されるべきとするだけではなく、配分された事務の処理について国の地方公共団体に対する関与等もできる限り小さなものとするべきとする国の関与等のあり方も意味す

る。関与の類型は、自治事務については、「助言又は勧告」「資料の提出の要求」「是正の要求」「協議」が基本となり、一方、法定受託事務については、「助言又は勧告」「資料の提出の要求」「同意」「許可・認可又は承認」「指示」「代執行」「協議」があげられる（自治245条以下）。

　これらのうち、自治事務については、各大臣からの是正の要求の指示に基づき都道府県知事が市町村に是正の要求をした例として、住民基本台帳ネットワークの接続について、総務大臣から都道府県知事に指示がなされ市町村に是正の要求がなされた例（245条の5第2項1号、東京都国立市、福島県矢祭町）があるほか、公立中学校の教科書の選定について、文部科学大臣が直接に市町村教育委員会に是正の要求をした例（245条の5第4項、沖縄県竹富町）がある。

　また、法定受託事務については、普天間飛行場の沖縄県名護市辺野古への移設をめぐって沖縄県知事が国（沖縄防衛局）に対する埋立承認（公有水面埋立法42条1項）の取消しを行ったことに対して、国土交通大臣は、沖縄県知事に対して取消しを違法として、是正するよう勧告、指示を行ったが、沖縄県知事がこれを行わなかったことから、福岡高等裁判所那覇支部に対して是正を行うべきことを命ずる旨の裁判を提訴した例がある（自治245条の8第3項）。

(3)　係争処理　　以上の国の関与をめぐって国と地方公共団体において係争が生じた場合、これを公正・中立な立場で審査する機関として、**国地方係争処理委員会**が総務省に設置された（自治250条の7第1項）。

　普通地方公共団体の長その他の執行機関（自治138条の4第1項）は、国の関与に不服があるときは、その関与を行った行政庁を相手方として国地方係争処理委員会に対して審査の申出をする。審査の対象は、上記の国の関与の中で、処分その他公権力の行使にあたるもの、国の不作為、協議である。これに対して国地方係争処理委員会は、審査の結果、当該国の行政庁による国の関与が、自治事務については違法または不当であると認めるとき、法定受託事務については違法であると認めるときは、相手方となった国の行政庁に対して理由を付し、かつ、期間を示して必要な措置について勧告を行う（250条の14第1項〜第3項）。これまで唯一の勧告が行われた例では、横浜市

が導入しようとした勝馬投票券発売税について総務大臣が不同意としたことについて、横浜市が審査の申出をしたところ、総務大臣が横浜市と協議を再開することが勧告された（国地方係争処理委員会平成13年7月24日勧告）。さらに、審査の結果または勧告に不服があるとき、勧告によって講じられた国の行政庁の措置に不服があるとき、高等裁判所に出訴できる（251条の5第1項）。この訴訟は、「法律上の争訟」（裁3条）ではなく機関訴訟（行訴6条）である（→144頁）。

　前述の沖縄県知事の埋立承認の取消処分について、沖縄防衛局長は、国土交通大臣に対して取消処分の取消しと執行停止を求める行政不服申立てをしたところ、国土交通大臣は執行停止（行審25条　→133頁）を決定した。これに対して沖縄県知事は、国地方係争処理委員会に対し審査の申出をしたが（自治250条の13第1項）、却下となったことから、国土交通大臣の決定の取消しを求めて福岡高等裁判所那覇支部に提訴している。

　このほかに、普通地方公共団体間の紛争等に関する調停、都道府県の市町村に対する関与について審査を行う**自治紛争処理委員**（251条1項）の制度がある。「農業振興地域の整備に関する法律」の農用地利用計画変更協議に関して、我孫子市の申出に対する千葉県知事の不同意を不服として、我孫子市長が総務大臣に自治紛争処理委員の審査を求める申出をした最初の事例では、千葉県知事に不同意の取消しと我孫子市長との協議再開が勧告された（自治紛争処理委員平成22年5月18日勧告）。

第2節　条例制定権

1　条例制定権の根拠

　憲法は「地方公共団体は法律の範囲内で条例を制定することができる」（92条）として地方公共団体の自主的な立法である条例の制定権を認め、これを受けて地方自治法は、「普通地方公共団体は、法令に違反しない限りにおいて、第2条第2項の事務に関し、条例を制定することができる」（自治14条1項）とする。また、「普通地方公共団体は、地域における事務及びその他の事務で法律又はこれに基づく政令により処理することとされるものを処

理する」(2条2項)とされている。このことから、条例制定は当該地方公共団体の事務の全体を対象とし、自治事務、法定受託事務のいずれについても条例制定は可能となる。これに対して1999(平成11)年の地方分権一括法以前においては、機関委任事務は国の事務であり条例制定は認められないものと理解されていた。

2 土地利用と財産権

条例の目的を実現するために私人の土地利用等を制限することが必要とされる場合がある。憲法29条2項は「財産権は法律でこれを定める」とするが、財産権の行使としての土地利用の内容を条例により制限できるかが問題となる。これについて、災害防止の観点から条例によりため池の堤とうでの土地利用の規制が認められることを前提とした判例がある(最大判昭38・6・26刑集17巻5号521頁〔奈良県ため池条例事件〕)。現在では、条例による土地利用規制は、都市計画、環境等の分野において幅広く行われている。

3 条例制定権の限界

条例は、その目的と地域の実情に応じて、規制内容が法律の内容より厳しいものとなる場合、あるいは法律の対象外の事項を規制対象とする場合があり、これらが法律に抵触するかが問題となる。かつて1960年代まで、法律が明示的または黙示的に対象としている事項については、法律の明示的委任なしに同一目的の条例は制定できないとする「法律先占論」が通説とされていた。しかし、公害環境問題の悪化により、法律による全国一律の規制では住民の生命身体を保護するためには不十分となり、法律よりも厳しい規制を規定した公害防止条例が全国の地方公共団体に制定されることで、法律先占論は後退した。

判例も法律先占論を否定している。徳島市公安条例判決(最大判昭50・9・10刑集29巻8号489頁)は、「条例が国の法令に違反するかどうかは、両者の対象事項と規定文言を対比するのみでなく、それぞれの趣旨、目的、内容及び効果を比較し、両者の間に矛盾抵触があるか否かによって決しなければならない」とした。そのうえで、条例が法令と同一対象を異なる目的で規律することは可能であるが、法令の目的、効果を妨げるような条例は法令に違反

すると見なされる。次に法令と同一の対象で同一目的による規律（上乗せ）の場合、法令が地方公共団体ごとの別段の規律を容認する趣旨と解される場合には、条例に特別の意義と効果があり合理性があれば、法令と条例の抵触はないとする。また、法令の規律対象外の規律（横出し）について、法令が放置する趣旨ではなく条例による規律が法令の規律と均衡を失する場合には法令に違反すると見なされる（最判昭53・12・21民集32巻9号1723頁〔高知県普通河川条例事件〕）。

4 地方分権改革と条例制定

　自治事務と法定受託事務に再編された後、第2次地方分権改革においては、個別法によって定められている地方公共団体に対する一定種類の活動の「義務付け」、地方公共団体の活動の組織、手続、判断基準などの「枠付け」の見直しが行われた。これにより地方公共団体が法律に根拠を持つ基準や手続等を条例により定める法定事務条例も増え、法令に基づかない自主条例とともに、地方公共団体が定める条例の内容、種類、制定数は拡大・増大している。また、地方公共団体が自らの地方自治の基本的なあり方を条例として定めた自治基本条例の制定も見られる。

第3節　産業廃棄物処理施設設置と条例

1 廃棄物処理法における産業廃棄物処理施設の設置

　産業廃棄物処理施設の設置は、廃棄物処理法1991（平成3）年改正により届出制から機関委任事務として都道府県知事の許可制となった。しかし、増加する廃棄物処理業者と施設周辺住民らとの紛争に対応して多くの都道府県等は要綱を定め行政指導（→55頁）を行っていたが、施設設置は困難な状況にあった。これに対して廃棄物処理法1997（平成9）年改正では、これら都道府県等の手続を法律に取り入れることを目的として新たな手続が導入された。産業廃棄物処理施設の設置許可申請に際して、設置者は当該産業廃棄物処理施設を設置することが周辺地域の生活環境に及ぼす影響についての調査結果を記載した書類を添付しなければならず（15条3項）、この調査結果は申請書とともに縦覧され（同条4項）、関係地域の市町村長および利害関係者は

行政庁（→38頁）である都道府県知事に意見を提出することができるとされた（同条6項）。

　これに対して、都道府県知事の許可基準は、①施設基準、②配慮基準、③能力基準、④欠格要件基準の4つである（15条の2第1項1号〜4号）。このうち配慮基準は、「産業廃棄物処理施設の設置に関する計画及び維持管理に関する計画が当該産業廃棄物処理施設に係る周辺地域の生活環境の保全及び環境省令で定める周辺の施設〔当該施設の利用者の特性に照らして、生活環境の保全について特に適正な配慮が必要であると認められる施設（廃棄物則12条の2の2）（筆者補足）〕について適正な配慮がなされたものであること」とされている（同2号）。

② 廃棄物処理法の限界と土地利用規制——水道水源保護条例の制定

　以上により産業廃棄物処理施設設置の許可申請は都道府県知事により許諾が判断されるが、産業廃棄物処理施設設置について住民・市町村等が反対してきた理由の1つに、住民の生命・身体（人格権）に直結する飲料水が、廃棄物に汚染されることに対する不安がある。しかし、廃棄物処理法には、都市計画法や自然公園法にあるような、指定された地域内における一定の行為を規制する法的仕組みはない。これに対して、水道事業を持つ市町村を中心に水道水源の保護を目的として水道水源保護条例が制定されている。

　(1) 水道水源保護条例　　水道水源保護条例は、水道水源の枯渇や汚濁を防止するために水道水源保護地域を指定して、その地域内における産業廃棄物処理施設など、水道水源に影響を及ぼすおそれがあるとされる施設の建設や行為について市町村長らによる許可制、届出制などとする。国の廃棄物処理法に基づく法的仕組みにはない産業廃棄物処理施設に対する土地利用規制が、条例により規定されることになる。

　(2) 水道水源保護条例の合法性　　水道水源保護条例は、上記の廃棄物処理法改正にもかかわらず、産業廃棄物処理施設の建設適地を抱える市町村では制定されている。これにより、都道府県知事の廃棄物処理法における施設設置許可を受けても、市町村の水道水源保護条例により施設設置ができない状況も生じることとなり、廃棄物処理法と水道水源保護条例の関係が訴訟で

問われることとなった。これに対する裁判所の判断は下級審では分かれていたが、最高裁では、条例制定時の事情から当該地方公共団体の長（町長）は産業廃棄物処理業者に対する配慮義務があり、この義務に違反してなされた処分は違法となるとされた例がある（最判平16・12・24民集58巻9号2536頁〔紀伊長島町水道水源保護条例事件〕）。明示されていないが、この判断の前提として条例を適法と判断しているものと考えられる。

③ 産業廃棄物処理施設と住民の合意形成

(1) 住民投票　地方公共団体には、国には見られない直接民主主義による制度が採用されているが、近年増加してきた住民投票については、その法的根拠において様々なものが存在する。

地方自治法が規定する直接請求制度である、条例の制定・改廃請求（12条1項）、事務監査請求（同条2項）、議会の解散請求（13条1項）、議員・長・役員等の解職請求（同条2項）、住民監査請求（242条1項）および住民訴訟（同条2項　→226頁）の中で、議会の解散、議員・長の解職は住民投票に付されなければならない。

このほか、「市町村の合併の特例に関する法律」では、住民発議により合併協議会設置について請求があった場合、住民投票が行われる場合がある。ただし、合併には関係市町村の議会の議決が必要となる。また、大都市地域特別区設置法では、道府県の区域内に特別区を設置する場合、道府県議会、特別区が設置される市町村議会の承認を経て、その市町村の住民投票で過半数の賛成が必要とされる。これによる住民投票が2015年5月大阪市で実施されたが反対多数となった。さらに、憲法95条が規定する一の地方公共団体のみに適用される地方自治特別法の制定には、住民による住民投票の過半数の同意が必要とされている（自治261条）。ただし、伊東国際観光温泉文化都市建設法の一部改正における伊東市（1952〔昭和27〕年）の例を最後に最近の事例はない。

これら憲法・法律の規定によるほか、近年、社会的に注目される問題について、地方公共団体の判断を条例に基づく住民投票により行う例が増えている。産業廃棄物処理施設については、岐阜県御嵩町、宮崎県小林市（1997

〔平成9〕年)、岡山県（旧）吉永町、宮城県白石市、千葉県（旧）海上町（1998〔平成10〕年)、高知県日高村（2003〔平成15〕年）で実施された例がある。また、「平成の市町村合併」において、合併の是非、合併の枠組みについて条例に基づく住民投票が実施された市町村も多い。このほか、住民投票の対象事項、方法をあらかじめ条例で定めておく常設型の例もある。なお、これらの条例に基づく住民投票の結果については、法的拘束力を持たない諮問型とされており、法的拘束力を持つ住民投票が条例により可能かどうかについては見解が分かれている。

(2) 事前手続、同意制　住民投票の他にも、住民の合意形成を進めるため条例により独自の住民参加手続を定める例もある。廃棄物処理法に基づく知事の許可の前に、事業計画等の提出、説明会開催、住民の意見書提出など、事業者と住民の間の調整の状況について知事が判断を行い、これら条例による事前手続の終了を施設設置許可の審査基準（→ 68 頁）の１つとする例がある（鳥取県廃棄物処理施設の設置に係る手続の適正化及び紛争の予防、調整等に関する条例)。一方で、施設設置許可において周辺住民の同意を義務付ける同意制は、施設設置について住民に拒否権を与える過剰な規制であり、比例原則に違反し違法になるものと考えられる。

|解決のヒント|
　廃棄物処理法においては、特定の地域における産業廃棄物処理施設の設置を規制することはできないことから、法律に基づく手続に並行して、条例により水道水源の上流域や取水井戸周辺の地域を指定して、この地域内で水道水源に影響を与える行為を許可制とすることが考えられる。また、廃棄物処理法が規定する施設設置手続だけでは、住民の合意形成には十分でないことから、市町村意見の形成方法や、事業者と住民の協議会の開催など、廃棄物処理法による設置許可に関連づけた手続を条例により具体化、詳細化して整備することも考えられる。

第Ⅱ部

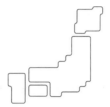

行政作用法

第6章　行政指導

> **設　例**
> 　産業廃棄物処分場の設置許可申請書を県庁の窓口に提出したところ、担当者から、この件については地元住民の強い反対運動があるので、処分場の周辺住民から同意書を手に入れて窓口に提出するよう、口頭で指導を受けた。また、同意書を提出できない場合は、埋立容量を半減する必要があると伝えられた。
> 　この行政指導に納得できない場合、法的にどのように対処したらよいのか。

第1節　行政指導の意義・種類・機能

1　行政指導の意義

　(1)　**ソフトな行政**　　行政指導は、相手方の任意の協力に基づいて行政の目的を達成するために行われ、法的効果は当然にはなく、**非権力的な事実行為**とされる。規制行政（→11頁）においても「ソフトな行政」スタイルが用いられることが多く、その手段が行政指導である。行政指導という行為形式は外国においても存在するが、我が国では法令の根拠の有無にかかわらず広範に行われており、様々な法的問題を生じさせている。

　(2)　**権限なき行政**　　他方、高度成長期に日本各地で宅地の乱開発が進められ、地方公共団体は、生活環境の悪化の防止と、学校、道路、上下水道などの公共施設の整備に追われた。多くの地方公共団体は、条例制定権の限界論（→47頁）の下で、法制度の不備を補うため、「権限なき行政」の手段として、行政指導の指針を定めた**要綱**に基づく**要綱行政**で対応してきた。

　しかし、要綱は行政の内部的規範であり、私人に対する法的拘束力を持たない行政規則にあたる（→70頁）。そして、要綱の中には、開発業者に対して土地や金銭の提供を要求して公共施設整備の負担を一部負わせたり、一定の基準を満たす道路や公園の整備を求めることを内容とするものがあり、業

者が従わない場合に開発行為を認めないという行政指導が行われたところもあったため、各地で紛争が生じた。

　(3)　行政手続法の定義　　行政手続法2条6号は、行政指導を「行政機関がその任務又は所掌事務の範囲内において一定の行政目的を実現するため特定の者に一定の作為又は不作為を求める指導、勧告、助言その他の行為であって処分に該当しないもの」と定義している。つまり、行政指導は、①組織法上の根拠が必要であること、②一定の行政目的の実現を目指すものであること、③特定人に向けられたものであること、④処分に該当せず、法的拘束力のない事実行為であることがわかる。したがって、例えば、法令の解釈に関する照会に対する回答は②の要件を、また、国民一般への省エネの呼びかけや集中豪雨への警戒の呼びかけは③の要件をそれぞれ満たさないので、行政指導ではない。

2　行政指導の種類

　(1)　機能による分類　　行政指導はその機能に着目して、①規制的行政指導、②助成的行政指導、③調整的行政指導に分類される。①は、違法行為を是正する行政指導のように、相手方に対する規制目的でなされるもので、典型的な行政指導である。②は、相手方を援助助成するためになされるもので、営農指導、保健指導、税務相談などが代表的である。単なる情報提供は含まれないが、何らかの行政目的を実現するための手段として働きかけるものは該当する。③は、私人間の紛争を解決する目的でなされる行政指導であり、要綱行政が典型的である。紛争当事者にとっては規制的なものとして機能することも多い。なお、1つの、あるいは一連の行政指導が、上記3種類のうちの複数の性格を同時に持つことがありうる。

　(2)　法令の根拠の有無による分類　　行政指導は法令・条例の直接の根拠の有無に照らして、①法定の行政指導と②法定外の行政指導に分けることができる。①の例として、水資汚濁防止法13条の4や宅地建物取引業法71条の指導・助言・勧告、ストーカー規制法4条1項の警告、児童福祉法19条1項・2項の指導などがある。②の例として、行政規則（→70頁）である指導要綱に基づく行政指導がある。

3 行政指導の機能

(1) **メリット**　「法律の留保の原則」についての侵害留保説（→15頁）によれば、法律の根拠がない場合でも、行政需要に機敏に対応し弾力性を確保できる点が、行政指導のもっとも大きな利点である。また、行政指導は、命令強制ではなく、相手方の任意の協力を求めるソフトな手法であるため、相手方との対立を回避して、行政目的を円滑に達成することが可能となる点もメリットとしてあげることができる。

(2) **デメリット**　一方では、不服従の場合の公表や不利益取扱いなどのおそれから、私人の側で、行政指導を拒否することが実際には困難で、事実上の強制として機能することが少なくないこと（法治主義の空洞化）、行政権限や責任の不明確性などから、不透明性・密室性を伴いがちで、違法不当な指導を抑止しにくく、不利益発生における救済を難しくするという問題がある。第3節で説明するように、抗告訴訟（→143頁）の処分概念に行政指導は含まれないと一般に解されており、また、国家賠償請求でも、指導に従ったのは任意ではないことを立証するのが難しい。さらに、監督官庁と業界の癒着を生むおそれがあるなど、多くのデメリットも伴っている。

第2節　法的統制

1 実体的統制

(1) **根拠規範の要否**　まず、行政指導もおよそ行政活動であるためには、行政組織法上の根拠（**組織規範**　→14頁）を必要とする。行政手続法は「行政機関がその任務又は所掌事務の範囲内において」なす行為（行手2条6号）と定義し、また、「当該行政機関の任務又は所掌事務の範囲を逸脱してはならない」（32条1項）と規定して、この点を明らかにしている。

問題は、作用法上の**根拠規範**（→14頁）の要否である。判例は不要説に立っていると思われる。例えば、最判昭59・2・24刑集38巻4号1287頁〔石油ヤミカルテル事件〕は、旧通商産業省が石油ショックの際に石油業界に対し行った、石油業法に直接の根拠を持たない石油価格の抑制のための行政指導について、これを必要とする事情があり、社会通念上相当と認められる方

法によって行われ、独占禁止法の究極の目的に実質的に抵触しない限り、なされた行政指導を違法とすべき理由はない、と判示している。

また、最大判平7・2・22刑集49巻2号1頁〔ロッキード事件〕は、民間航空会社に対して、特定の機種の航空機を選定購入するように勧奨する行為について規定した明文の根拠はないが、行政機関(当時の運輸大臣)は、「その任務ないし所掌事務の範囲内において、一定の行政目的を実現するため、特定の者に一定の作為又は不作為を求める指導、勧告、助言等をすることができ、このような行政指導は公務員の職務権限に基づく職務行為である」と判示している。

(2) 任意性の確保　行政指導の適法要件としてもっとも重要で、判例の蓄積もあるのが、相手方の任意性の確保である。行政指導は、その「内容があくまでも相手方の任意の協力によってのみ実現されるもの」(行手32条1項)でなければならず、強制の契機があってはならない。教科書検定における改善意見は、文部大臣(当時)の「助言、指導の性質を有するものと考えられるから、教科書の執筆者又は出版社がその意に反してこれに服さざるを得なくなるなどの特段の事情がない限り、その意見の当不当にかかわらず、原則として、違法の問題が生ずることはない」(最判平9・8・29民集51巻7号2921頁〔教科書検定改善意見〕)。

武蔵野市の宅地開発指導要綱(1971(昭和46)年制定)をめぐって2つの事例がある。最決平元・11・8判時1328号16頁〔武蔵野市水道法違反事件〕は、水道事業者が指導要綱に従わない事業主との給水契約の締結を拒むことは許されず、給水契約の締結を拒む正当理由(水道法15条1項)はないとし、当時の市長を水道法違反で有罪(罰金10万円)とした。また、最判平5・2・18民集47巻2号574頁〔武蔵野市教育施設負担金事件〕は、「水道の給水契約の締結の拒否等の制裁措置を背景として」、「教育施設負担金の納付を事実上強制しよう」とする行為は、「本来任意に寄付金の納付を求めるべき行政指導の限界を超えるものであり、違法な公権力の行使である」とした。

相手方国民の任意性を確保する、という行政指導の一般原則の要請を受けて、次に説明する(3)と(4)の規制がある。

(3) 不利益な取扱いの禁止　「行政指導に携わる者は、その相手方が行政指導に従わなかったことを理由として、不利益な取扱いをしてはならない」(行手32条2項)。**不利益な取扱い**とは、行政指導に携わる者が、行政指導に従わなかった者に対して、制裁的な意図をもって、差別的な扱いをすることである。(2)で述べた給水契約の締結を拒む行為はその例である。

　法律上、勧告等の行政指導に従わない場合にその旨を**公表**することができると規定しているものがある。例えば、国土利用計画法は、売買などにより土地の権利を取得した者に対し、都道府県知事が土地利用目的の変更を勧告することができ (24条1項)、勧告に従わない場合にはその旨およびその勧告の内容を公表することができると規定している (26条)。この場合は、公表という不利益措置が法律上予定されている行政指導であると解され、行政手続法32条2項違反の問題は生じない。特別法による適法化ともいえる。

　問題は、相手方の自発的な措置を促すため、法律の根拠なく事実上行われる公表である。この場合、国民に対する情報提供機能を有する一方で、行政指導の相手方に経済的な損失などを生じさせる社会的制裁として機能する面があり、何を公表するのかにもよるが、「不利益な取扱い」にあたる場合もあることに留意すべきである (→128頁)。

(4) 許認可権限に関連する行政指導　「申請の取下げ又は内容の変更を求める行政指導にあっては、行政指導に携わる者は、申請者が当該行政指導に従う意思がない旨を表明したにもかかわらず当該行政指導を継続すること等により当該申請者の権利の行使を妨げるようなことをしてはならない」(行手33条)。この条文は、最判昭60・7・16民集39巻5号989頁〔品川マンション事件〕を基礎にして制定された。本判決は行政手続法の解釈に際しても常に参照されなければならない。

　事案は、建築主がマンションの建築確認申請をしたところ、付近住民の反対を理由に東京都の担当職員から話合いによる円満解決をするよう行政指導を受け、当初はこれに従っていたが解決に至らなかったものである。判決は、「いったん行政指導に応じて建築主と付近住民との間に話合いによる紛争解決をめざして協議が始められた場合でも、右協議の進行状況及び四囲の客観

第6章 行政指導

的状況により、建築主において建築主事に対し、確認処分を留保されたままでの行政指導にはもはや協力できないとの意思を真摯かつ明確に表明し、当該確認申請に対し直ちに応答すべきことを求めているものと認められるときには、他に前記〔行政指導に対する不協力が社会観念上正義の観念に反するような（筆者補足）〕特段の事情が存在するものと認められない限り、当該行政指導を理由に建築主に対し確認処分の留保の措置を受忍せしめることの許されないことは前述のとおりであるから、それ以後の右行政指導を理由とする確認処分の留保は、違法となる」と判示した。判決では、東京都建築審査会に対する審査請求の提起をもって、上記の建築主の真摯かつ明確な意思の表明と認められるとしている。

本判決の趣旨と行手法33条の条文から、申請者から真摯かつ明確な意思が表明されるまでは、行政指導中であることを理由に許認可処分を留保することも直ちには違法とはいえず、さらにそうした意思が表明されたとしても客観的状況によっては許認可処分を留保することが違法ではないとされる余地もあることになる。

最判昭57・4・23民集36巻4号727頁〔中野区特殊車両通行認定事件〕は、行政指導という言葉を用いていないが、住民とマンション建築業者との実力による衝突の危機を回避するため、建設資材搬入用車両についての「特殊車両通行認定」（車両制限令12条）が5カ月余り留保されたことについて、その留保によって損害を生じたとして国家賠償法に基づく損害賠償請求がなされた事案である。判決は、同法1条1項の定める違法性はないとした。

また、許認可権限ないしその取消権限その他関連する権限を有する行政機関が、その権限を行使できない場合などに行使できる旨を殊更に示すなどして行政指導に従わせるようなことも、違法となる（行手34条）。

(5) 行政法上の一般原則　　行政指導にも「法律の優位の原則」（→13頁）は適用され、法令の定めに抵触することはできない。また、行政指導が平等原則や比例原則など法の一般原則（→18頁）に違反する場合には違法と評価される。例えば、教員に対して退職勧奨（肩たたき）を執拗に行ったことが違法とされた最判昭55・7・10判タ434号172頁〔下関市立商業事件〕は、行

政指導が比例原則に反するとしたものである。この事件では、教員が違法な行政指導により精神的苦痛を受けたとして、市に対する慰謝料請求が認められた。助成的行政指導を信頼して行動した結果不測の損害が生じた場合、その信頼が保護に値する限り、被害者には信義則違反を理由として損害賠償が認められるであろう（→24頁）。

2 行政指導の形式的・手続的統制

(1) 行政指導の明確化原則　　行政手続法は、行政指導に関する形式的および手続的統制のための一般的な規定を設けている。最初に、**行政指導の明確化原則**として、行政指導の相手方に当該行政指導の①趣旨、②内容、③責任者を明確に示さなければならない（35条1項）。さらに、行政指導をする際に、許認可権限あるいは許認可の取消し・停止などの権限を行使できる旨を示すことがあるが、その場合には、相手方に①当該権限の根拠法令の条項、②当該条項の定める要件、③当該権限の行使が当該要件に適合する理由を示さなければならない（同条2項）。また、口頭による指導の場合には、同条1項・2項に規定する事項を記載した書面の交付を求められたときは、行政上特別の支障がない限り、書面を交付しなければならない（同条3項）。

(2) 行政指導指針　　要綱行政に代表されるように、単発的に行われるのではなく、一定の方針に基づいて系統的になされる行政指導については、行政指導指針（行手2条8号ニ）を策定し、それを公表する原則的な義務が課されている（36条）。行政指導指針は命令等（2条8号）に該当し、それを定める場合は、広く一般の意見を求めなければならない（39条以下の意見公募手続〔いわゆるパブリックコメント手続〕）。また、その実施状況や社会経済情勢の変化などを勘案し、その内容について検討を加え、その適正を確保する努力義務が課されている（38条2項）。

3 行政指導の中止等の求め・行政指導の求め

法律を根拠とする行政指導について、次のような法令違反行為の是正を求める申出制度が2014（平成26）年の行政手続法の改正によって設けられた。

(1) 行政指導の中止等の求め　　行政指導の相手方が、当該行政指導が根拠法律に規定する要件に適合しないと思料するときは、行政指導をした行政

機関に対し、所定の申出書を提出して、当該行政指導の中止その他必要な措置をとることを求めることができる(行手36条の2第1項・2項)。例として、個人情報の保護に関する法律(以下、個人情報保護法という)34条1項の個人情報取扱事業者に対する違反行為の中止などの措置をとるべき旨の勧告がある。

申出を受けた行政機関は、必要な調査を行い、法定要件に適合しない行政指導の中止その他必要な措置をとらなければならない(行手36条の2第3項)。これは、行政指導にあっては、公表により社会的信用が損なわれることをおそれて不本意ながら行政指導に従うなど、相手方に大きな事実上の不利益が生ずるおそれがあることに鑑み、相手方の権利利益の保護を図る観点から制度化されたものである。

(2) 行政指導の求め　何人も、法令に違反する事実があるにもかかわらず、その是正のための行政指導がなされていないと思料するときは、当該行政指導をする権限を有する行政機関に対し、所定の申出書を提出して、当該行政指導をすることを求めることができる(行手36条の3第1項・2項)。例として、食品表示法6条の不適正な表示に対する内閣総理大臣などの指示、雇用機会均等法29条1項の厚生労働大臣の助言・指導・勧告がある。

申出を受けた行政機関は、必要な調査を行い、必要があると認めるときは当該行政指導をしなければならない(行手36条の3第3項)。これは、行政指導をする権限を有する行政機関が、法令に違反する事実を知る者からの申出を端緒として、その是正のための行政指導を可能とするものである。

第3節　司法統制

1　行政事件訴訟

行政指導の相手方が、その違法を裁判で争う場合、どのような争訟手段を用いることができるであろうか。

(1) 取消訴訟　行政指導の取消しを求める取消訴訟(行訴3条2項)については、行政指導が法効果のない非権力的事実行為であることから、原則として**処分性**が認められない(→150頁)。ただ、最判平17・7・15民集59巻6

号 1661 頁〔病院開設中止勧告事件〕のように、関連する許認可やその他の権力的行為との関係で行政指導が事実上有している効果などに鑑みて、処分性が認められるとする判例も登場している（→ 151 頁）。

(2) **当事者訴訟** 行政指導への不服従に対する措置として、給付の停廃止や業務停止命令が定められている指示（生活保護 62 条 1 項・3 項、宅地建物取引業法 65 条 1 項・2 項など）のように、それが事実行為（行政指導）なのか行政行為（処分）なのか判別困難なものがある。これについて、仮に取消訴訟が認められないとすれば、当事者訴訟としての行政指導の違法確認訴訟（行訴 4 条）の活用が考えられる（→ 143 頁以下、202 頁以下）。

2 国家賠償訴訟

「公権力の行使」に関する広義説（→ 206 頁以下）によれば、行政指導は国家賠償法 1 条 1 項の「公権力の行使」に該当し、違法な行政指導によって損害が生じていれば、同項に基づいて損害賠償請求訴訟を提起することができる。その場合、行政指導に任意に従うという相手方の意思が介在するのであれば、損害との間の因果関係が否定されかねない。そこで、行政指導への服従の「任意性」が主たる違法性判断基準になっており、最高裁判例は比較的厳格に解している。例えば、前掲最判平 5・2・18 は、給水契約の締結拒否などの制裁措置を背景とした教育施設負担金の納付を求める行政指導について、「本来任意に寄付金の納付を求めるべき行政指導の限界を超えるものであり、違法な公権力の行使である」と判示した。

| 解決のヒント |

地方公共団体の機関がする行政指導については、行政手続法は適用除外となっており（行手 3 条 3 項）、行政手続条例が適用されることになる（同 46 条）。各地方公共団体の行政手続条例は、行政指導について、同法とほぼ同趣旨の規定を設けているので、以下では同法の条項を用いて説明する。

行政指導が担当者から口頭でなされているので、まず、35 条 3 項に基づき、行政指導の根拠条項・要件などを記載した書面の交付を要求することができる。次に、「周辺住民の同意書の提出」は追加措置を、また、同意書を提出できない場合の「埋立容量の半減」は申請内容の一部変更を、それぞれ求めていることになる。したがって、「当該行政指導に従う意思がない旨を表明」すること

第6章　行政指導

により、原則として、それ以後の行政指導を理由とする許可申請の留保を違法とすることができる（33条）。また、不服従に対する不利益取扱いが禁止される（32条2項）。

第7章　申請処分手続

> **［設　例］**
> 　処分場設置許可申請は残念ながら不許可になった。県から届いた不許可処分通知書の理由欄には、「廃棄物処理法15条の2第1項の許可基準を満たしていないため」と記載されていたが、これだけではなぜ不許可になったのか、理由はわからない。
> 　これは行政手続法上、問題があると考え、県が条例で設置しているオンブズマン（→136頁以下）に苦情を述べたところ、1カ月後に「行政内部の許可基準を充たしていない」ことを理由とする「処分理由補充書」が郵送されてきた。これで当初の処分の問題は解消される（瑕疵の治癒）のであろうか。

第1節　理由の提示

1　申請拒否処分についての理由の提示

　(1)　**総　説**　行政手続法上、行政庁が申請により求められた許認可等を拒否する処分をする場合には、処分と同時にその理由を示さなければならない（8条1項本文）。この理由提示制度の目的は、①判断の慎重と公正妥当を担保してその恣意を抑制すること、②不服申立てに便宜を与えることにある（最判昭60・1・22民集39巻1号1頁〔旅券発給拒否処分理由付記事件〕）。それに加えて、相手方に対する説得機能、決定過程公開機能をあげる学説もある。

　(2)　**理由の提示の程度**　行政庁としては後に争われても言い訳できるように漠然とした理由しか示さないかもしれない。そこで、どの程度具体的に処分理由を提示しなければならないのかが問題となる。行手法は特段の規定を置いていないため、この問題の解決は判例・学説に委ねられている。

　前掲最判昭60・1・22は、一般論として、「どの程度の記載をなすべきかは、処分の性質と理由付記を命じた各法律の規定の趣旨・目的に照らしてこれを決定すべきである」とし、「いかなる事実関係に基づきいかなる法規を

適用して一般旅券の発給が拒否されたかを、申請者においてその記載自体から了知しうるものでなければならず、単に発給拒否の根拠規定を示すだけでは、それによって当該規定の適用の基礎となつた事実関係をも当然知りうるような場合を別として、旅券法の要求する理由付記として十分でない」と判示している。また、不利益処分の事案であるが、最判平23・6・7民集65巻4号2081頁〔一級建築士免許取消事件〕は、処分の原因事実および根拠法条に加えて、複雑な当該処分基準をどのように適用したのか、具体的に示すことを求めている。

2 意見聴取の必要性

　行手法は、不利益処分（2条4号）については、聴聞または弁明の機会の付与という意見陳述のための手続を規定しているものの（13条）、申請（2条3号）に対する処分については意見陳述規定はない。また、廃棄物処理法にも処分前に申請者から意見聴取を行う旨の規定はない。その理由は、申請者に対する処分である以上、拒否処分であっても不意打ちとなることはないと考えたからであろう。そこで、行政庁としては、特段の意見聴取手続をとることなく、不明な点があれば申請者に質問や照会をするものの、基本的には、廃棄物処理法15条2項・3項の申請書・添付書類に基づいて審査することになる。なお、申請に対する処分についても意見聴取手続を定めている立法例もある（道路運送法89条など）。

　ところで、更新制をとる許認可制度において、更新拒否も形式的には申請拒否に他ならない。しかし、その実質がそれまで付与されていた許認可の取消しと変わらない場合には、意見聴取手続を要すると解すべきであろう。例えば、最判昭43・12・24民集22巻13号3254頁〔東京12チャンネル事件〕は、放送局開設の再免許は当初の免許を前提としており、「当初の免許期間の満了と再免許は、たんなる形式にすぎず、免許期間の更新とその実質において異なるところはないと認められる」としたが、本事案で再免許の拒否が免許の取消しと変わらないと評価できる場合には、再免許拒否に先立って、意見聴取手続がとられるべきことになろう。なお、許可等の更新拒否の場合には弁明および有利な証拠の提出の機会を与えなければならない旨を規定してい

る立法例（医薬 76 条）もある。

3　利害関係者の利益の考慮

　行手法は、専ら行政庁と行政行為の相手方の二面関係の手続を定めているが、例外的に 10 条は、行政処分の相手方以外の第三者の権利利益を考慮し、公聴会の開催などをする努力義務を規定している。第三者とは、「申請者以外の者の利害を考慮すべきことが当該法令において許認可等の要件とされている」場合における「当該申請者以外の者」である。明文でその旨が定められている場合に限らず、そのように解釈しうる場合も含むと解されている（建築確認など）。また、鉄道運賃の認可申請に際しての鉄道利用者のように、判例で原告適格（行訴 9 条）が否定されている者も含まれる。

　廃棄物処理法 15 条 6 項は、産業廃棄物処理施設の設置許可申請にかかる知事の同条 4 項の告示があったときは、「当該産業廃棄物処理施設の設置に関し利害関係を有する者」は、知事に対し、「生活環境の保全上の見地からの意見書を提出することができる」旨規定している。ここでいう「利害関係を有する者」は、行手法 10 条の第三者の要件を満たしていると解される。

　なお、同条の義務は努力義務にとどまっているが、法律上、公聴会の開催が義務付けられているものとして、自転車競技法 4 条 3 項、土地収用法 23 条 1 項（利害関係者から請求があった場合）などがある。

4　手続の瑕疵

　行政行為の瑕疵には、法律の定める要件を欠いたり（違法）、裁量の行使を誤り公益に反したりする場合（不当）などの実体的な瑕疵のほか、次に述べる手続の瑕疵がある。

　(1)　手続の瑕疵とは　手続の瑕疵としては、廃棄物処理法 15 条 4 項の知事の告示・縦覧、5 項の関係市町村長への通知・意見聴取、15 条の 2 第 3 項の専門的知識を有する者からの意見聴取などの手続の不履行があげられる。これらの不履行が行政処分の独立した取消事由になるとすると、処分に実体的な瑕疵がない場合、手続を無駄に繰り返すことになるように思われる。ただ、15 条の 2 第 1 項 2 号は、許可基準として「計画が当該産業廃棄物処理施設に係る周辺地域の生活環境の保全……について適正な配慮がなされたも

のであること」を掲げているので、例えば、専門家からの意見聴取手続の不履行は、実体的判断に影響を及ぼすおそれがある。

　(2)　**手続の瑕疵の効果**　　行手法および廃棄物処理法は、手続の瑕疵の効果について規定していないため、どのような効果があるかという問題の解決は判例・学説に委ねられている。

　最判昭46・10・28民集25巻7号1037頁〔個人タクシー事件〕は、申請者に主張と証拠の提出の機会を与え、その結果を斟酌したとすれば、先に行政庁がした判断と異なる判断に到達する可能性がなかったとはいえないから審査手続には瑕疵があり、却下処分は違法である（→28頁）、とした。また、最判昭50・5・29民集29巻5号662頁〔群馬中央バス事件〕は、一般論として「行政処分が諮問を経ないでなされた場合はもちろん、これを経た場合においても、当該諮問機関の審理・決定（答申）の過程に重大な法規違反があることなどにより、その決定（答申）自体に法が右諮問機関に対する諮問を経ることを要求した趣旨に反すると認められるような瑕疵があるときは、これを経てなされた処分も違法として取消をまぬがれない」と判示する。ただ、本件では、審議会の諮問およびそれに基づく処分自体に瑕疵はないと認定した（→28頁）。

　これらの判例は、手続が適法に実施されたとしても、結果が変わらないと認められるときは、処分を維持しているように見える。しかし、前掲最判昭60・1・22は、理由付記の瑕疵は、それ自体、処分の取消事由となるとしていることに留意する必要がある。

　(3)　**瑕疵の治癒**　　行政行為がなされた時点において、例えば、理由の提示が不十分で適法要件が欠けていたが、事後に理由が追加されて当該要件が充足された場合、当初の瑕疵が治癒されたとして行政行為の効力を維持するのが**瑕疵の治癒**である。これは、法律の根拠はないが、判例・通説によって認められてきた法理である（最判昭36・7・14民集15巻7号1814頁）。しかし、法律による行政の原理の重大な例外であるから、認めるにしても、厳格に限定して認めるべきである。

　判例は、所得税法・法人税法上の青色申告関連の不利益処分では、処分後、

審査裁決の段階などで、ようやく処分の具体的理由が相手方に通知されたとしても、瑕疵は治癒されない（理由の追加は許されない）としている（最判昭47・12・5民集26巻10号1795頁〔大分税務署法人税増額更正事件〕）。税法以外の分野では、判例は一般に、行政不服審査や訴訟の段階での理由の追加・差替えを認めている（→174頁以下）。

第2節　審査基準の設定・開示

1　審査基準の設定

　行手法上、行政庁は、申請により求められた許認可等をするかどうかを法令の定めに従って判断するために必要な基準（2条8号ロの**審査基準**）をできるだけ具体的に設定する義務を負う（5条2項）。審査基準には、法令の解釈を統一するため、上級行政機関が下級行政機関に対して発する**解釈基準**と、法令により与えられた裁量権の行使の公正・透明性を確保するための**裁量基準**がある。これらの性質はいずれも行政規則（→70頁）である。したがって、国民や裁判所を法的に拘束するものではない。

　審査基準に関する重要判例である前掲最判昭46・10・28は、当時の道路運送法「6条は抽象的な免許基準を定めているにすぎないのであるから、内部的にせよ、さらに、その趣旨を具体化した審査基準を設定し、これを公正かつ合理的に適用すべく、とくに、右基準の内容が微妙、高度の認定を要するようなものである等の場合には」、その適用過程において申請人に主張と証拠の提出の機会を付与すべきだと述べた。これは行手法5条を先取りする判示である。

2　審査基準の開示

　行手法5条3項は、行政上特別の支障がある場合を除き、審査基準を**公にする**義務を規定している。これは36条の**公表**と異なり、秘密扱いをしないという趣旨であり、積極的な周知義務までは意味していないが、ホームページへの掲載などが望ましい。前掲最判昭46・10・28は審査基準の開示までは求めていなかったので、5条3項は従来の判例法理を前進させるものである。

第3節 行政基準

1 行政法規範の多様性

　行政の守備範囲（仕事の範囲）が著しく拡大し、質的にも高度の専門技術性を帯びる行政活動が少なくないことを踏まえ、議会は基本的な事項のみを法律の形式で定め（憲41条参照）、実施細目の定めを行政機関の手に委ねる（憲73条6号）傾向が生じた。例えば、廃棄物処理法15条の2第1項は、産業廃棄物処理施設の設置許可基準の制定を次のように環境省令に委ねている。

　1号「その産業廃棄物処理施設の設置に関する計画が環境省令で定める技術上の基準に適合していること」(施設基準)、2号「その産業廃棄物処理施設の設置に関する計画及び維持管理に関する計画が当該産業廃棄物処理施設に係る周辺地域の生活環境の保全及び環境省令で定める周辺の施設について適正な配慮がなされたものであること」(配慮基準)、3号「申請者の能力がその産業廃棄物処理施設の設置に関する計画及び維持管理に関する計画に従って当該産業廃棄物処理施設の設置及び維持管理を的確に、かつ、継続して行うに足りるものとして環境省令で定める基準に適合するものであること」(能力基準) など、である。

　15条の2第1項の1号〜3号の委任を受けて、環境大臣は環境省令を制定するが、行政機関が策定するこうした一般的基準を**行政基準**（行政立法）という。

2 法規命令と行政規則

　法律の留保の原則からは、国民の権利自由を侵害する権力的作用については、行政機関の判断だけで行政基準を定立することは許されず、**法律の授権**が必要となる。上記の環境省令は重要な許可基準（要件）として、施設の設置を申請する国民の権利自由を左右するから、法律が授権しているのである。

　さて、行政基準について、法律の留保の原則という法治主義の要請を満たすために、法規命令と行政規則という区別が行われている。

　法規命令は、行政機関（職員）の内部規範として作用するだけでなく、国民や裁判所を含む国家機関をも拘束する**法規**たる性質を有する。法規とは、

一般私人の権利義務に関する一般的・抽象的規律をいう。上記の環境省令は、法規命令である。内閣が制定する政令（憲76条6号、内11条。○○法施行令）、総理大臣が制定する内閣府令（内閣府7条3項。○○法施行規則）、各省の大臣が制定する省令（行組12条1項。○○法施行規則）、地方公共団体では長の制定する規則（自治15条1項。○○法施行細則）、行政委員会規則（自治138条の4第2項）などは、法規命令を定める受け皿（法源）として想定されている。

他方、**行政規則**は、国民の権利義務に関係する法規の性質を有しない行政内部の規範であり、それゆえ法律の授権を要せず、訓令・通達（内閣府7条6項、行組14条2項）、告示、要綱、基準、内規などの形式で定めることができる。

3 法規命令の統制

(1) 委任命令と執行命令　法規命令は、一般私人の権利義務に関する規制を内容とすることから、法律の委任の濃淡により委任命令と執行命令に分類される。**委任命令**は、対象事項につき法律の個別的・具体的な委任に基づいて新たに国民の権利義務の内容を変動せしめる法規命令である（大気汚染防止法3条1項など）。国民を拘束するためには、官報によって公布されることを要する。また、国会の立法権（憲41条）を国会自ら侵すような、行政への広範な委任や白紙委任は許されない。

他方、**執行命令**は、権利義務の内容を実現するのに必要な手続や様式類を定める法規命令であり、国民の権利義務の内容を新たに変動せしめるものではない（道交89条など）。一般的包括的な法律の委任に基づいて制定することができ（内閣府7条3項、行組12条1項）、適当な方法で**告知**すれば足りる。

(2) 委任命令の限界　委任命令の内容は、委任した法令の趣旨に適合したものでなければならない（行手38条1項）。最判平2・2・1民集44巻2号369頁〔サーベル登録拒否事件〕は、銃砲刀剣類所持等取締法14条1項が美術品として価値のある刀剣類については登録すれば所持できると規定しているところ、その鑑定基準として日本刀に登録対象を限定している銃砲刀剣類登録規則（省令）について、これを制定した行政機関の専門技術的裁量を重視し、適法と判示した。

他方、最判平 3・7・9 民集 45 巻 6 号 1049 頁〔幼児接見不許可事件〕は、14 歳未満の幼年者には在監者との接見を許さないと規定する旧監獄法施行規則 120 条について、旧監獄法 50 条の委任の範囲を超えた違法なものと判示し、また、最判平 14・1・31 民集 56 巻 1 号 246 頁〔児童扶養手当打切事件〕は、児童扶養手当法施行令 1 条の 2 第 3 号について、父から認知された婚姻外懐胎児童を児童扶養手当の支給対象から外す部分を法の委任の趣旨に反し無効とし、さらに、最大判平 21・11・18 民集 63 巻 9 号 2033 頁〔東洋町・町議会議員リコール署名無効事件〕は、公務員が地方議員の解職請求（リコール）の代表者になることを禁止する地方自治法施行令の関係規定が、参政権行使の見地から地方自治法 85 条 1 項に基づく政令の定めとして許容される範囲を超えていると判示している。

4 行政規則の統制

(1) 原　則　　行政規則には、行政内部における法令の解釈を統一するための解釈基準、審査基準・処分基準のような裁量基準（行手 2 条 8 号ロ・ハ）、行政指導指針（同号ニ）の 3 種がある。解釈基準を除き、制定手続を行手法 38 条以下が規制している。

行政規則は、行政組織内部でしか効果を有せず、一般国民も裁判所も拘束しない。最判昭 43・12・24 民集 22 巻 13 号 3147 頁〔墓地埋葬通達事件〕は、通達自体によって国民が直接的に不利益を受けるわけではないとして、通達の処分性（→ 151 頁）を否定するとともに、「通達は、元来、法規の性質をもつものではないから、行政機関が通達の趣旨に反する処分をした場合においても、そのことを理由として、その処分の効力が左右されるものではない」こと、「裁判所がこれらの通達に拘束されることのないこと」、「裁判所は、法令の解釈適用にあたつては、通達に示された法令の解釈とは異なる独自の解釈をすることができ」ることを判示している。

(2) 行政規則の外部効・外部化　　行政規則は、一般国民に対する法的拘束力を有しないはずであるが、行政組織内部における指揮監督権の行使である行政規則は行政職員を拘束し、このことを通して実質的に国民の法的地位に重大な影響を及ぼしている。法令の改正ではなく、通達の変更によってな

された課税処分の適法性が争われた事例で、最判昭33・3・28民集12巻4号624頁〔パチンコ球遊器課税事件〕は、10年来非課税措置がとられてきたパチンコ球遊器に対する課税処分について、同処分が「たまたま所論通達を機縁として行われたものであっても、通達の内容が法の正しい解釈に合致するものである以上、本件課税処分は法の根拠に基く処分と解するに妨げがな」いと判示している。この判決に対しては、租税法律主義に基づく批判に加えて信義則・信頼保護原則からも批判がある。

(3) **個別事情考慮義務**　今日では、行政規則による裁量基準の設定に基づく行政裁量の統制が重要な意味を有し（前掲最判昭46・10・28参照）、裁量基準を定めた以上、基本的には基準に従った判断をすることが要請される。

裁量基準は、「本来、行政庁の処分の妥当性を確保するためのものなのであるから」、処分が裁量基準に「違背して行われたとしても、原則として当不当の問題を生ずるにとどまり、当然に違法となるものではない」（最大判昭53・10・4民集32巻7号1223頁〔マクリーン事件本案訴訟〕）が、場合により平等原則違反となることがある。他方、事情の変化や、特有の事情が個別事案にある場合は、自ら定立した裁量基準からの離脱が許されるのみならず、逆に要請されることさえある。裁量基準はあくまでも基準であり、行政庁には、機械的な適用ではなく当該事案の個別的事情を審査判断して行動する義務がある。当然考慮すべき事項を十分に考慮しない場合は、裁判所の裁量審査において考慮不尽と評価される（→111頁以下）。

> **解決のヒント**
>
> 行手法8条1項ただし書は、事後の理由の提示を例外的な場合に限定している。加えて、判例法理は、理由の提示（理由付記）について、いかなる事実関係に基づきいかなる法規を適用して申請が拒否されたかを申請者においてその記載自体から了知しうるものでなければならない、とする（前掲最判昭60・1・22）。また、処分の原因事実および根拠法条に加えて、処分基準の適用関係を示すことをも求めている（前掲最判平23・6・7）。以上から、瑕疵は治癒されない、と解される。

第8章　行政調査

> **設　例**
> 産業廃棄物処理施設が操業を始めたが、住民は大気や悪臭、騒音や振動など業者が法令を守って操業しているか不安に思っている。行政は私的な経済活動に対し業者の実態を調べたり、司法の力を借りずに法令を遵守させたりすることができるのであろうか。

第1節　行政調査の意義

　廃棄物処理法は、産業廃棄物の適正な処理を図るために、都道府県知事らに施設のある土地や建物に立ち入り、廃棄物の処理、施設の構造基準・維持管理について帳簿や書類、その他の物件を検査することができると規定している（廃棄物19条）。このように、行政機関が行政目的を達成するために必要な情報収集や調査活動を行うことを一般に**行政調査**と呼んでいる。

　旧来このような行政活動は、**即時強制**（→125頁）の一種として理解していたが、現在では行政調査という概念で論じられている。即時強制とは、行政上の目的を達成するため、直接身体や財産に対し有形力を行使することで、行使の前提として義務の存在は不要とされるものである。例えば、延焼防止のため建物を処分（破壊消防：消防29条1項・2項）するとか、不法入国者を強制収容（入管39条1項）し強制送還（入管52条1項）するような行政機関の活動である。行政調査は、事前に調査を行うことを予告すると行政目的を達成することができないため、あらかじめ義務を命ずることなく無予告で調査を行うという点で即時強制との共通性がある。しかし、行政調査と即時強制の目的や緊急性は異なっており、両者は別の制度と理解すべきであろう。

　行政調査の典型的なものとしては、税務行政分野における質問検査（税通74条の2～6）、国勢調査（統計法5条）、警察官が行う職務質問（警職2条）が

あげられるが、その他の行政調査としては次のようなものがある。

立入検査（建基12条4項）、本人（関係者）からの報告の徴収（食品衛生28条）、本人以外からの報告の徴収（生活保護28条2項、29条）、臨検検査・出頭要求（児童虐待8条の2・9条の3）、資料提出要求（消費安全14条）、死体見分・検案（死体解剖保存法8条）、収去（廃棄物19条）などであり、これらの行政調査は行政手続法の適用を除外される（行手3条1項14号）。また立入検査のような事実行為は不利益処分とはいえない（行手2条4号イ）。

第2節　行政調査の分類

行政調査には様々な形態のものがある。例えば国民に報告を求めるような調査や、行政機関が自ら調査を行うものというような分類も考えられる。しかし、法律の根拠や強制力といった観点からは、一般的に次の3つの形態に分類できる。

1　実力強制調査

行政機関が調査の相手方の抵抗を実力で排除することが可能な調査で、通常裁判官の許可状の取得が要件とされている。例えば、国税査察官は国税犯則取締法により、脱税者の居宅や事業所を裁判官の許可を得て臨検・捜索・差押えを行うことができる（犯則調査：国税犯則取締法2条）。出入国管理及び難民認定法、児童虐待の防止等に関する法律などにも同様に裁判官の許可を得て居宅等の立入り（臨検調査）や捜索ができる（入管31条、児童虐待9条の3）とする規定がある。

2　間接強制調査

罰則などの不利益を受けることを担保として、受忍義務が課せられている調査である。例えば、国税通則法に規定する質問検査権は調査の拒否、妨害、虚偽答弁をした場合には懲役または罰金に処せられ（税通127条2項）、生活保護法では要保護者の調査協力が得られなかった場合には、同人の申請の却下・保護の停廃止（生活保護28条5項）といった不利益を課している。間接強制調査は任意調査との関係上強制調査と呼び、税務調査に関しては犯則調査との関係上、任意調査という呼び方をする場合がある。

3 任意調査

　上記の2つの形態の行政調査は、具体的な法律の根拠を必要とする調査である。しかし、行政機関は行政目的を達成するために臨機応変に国民の任意の協力を得て行政調査を行う場合がある。この場合は具体的な法律の根拠は不要とされているが、行政組織法における行政機関の権限の範囲内での行使に限られると解すべきであろう。警察官は挙動不審者に対し職務質問をすることができる（警職2条）。その際、任意調査として所持品検査をすることは可能であるが（最判昭53・6・20刑集32巻4号670頁〔米子銀行強盗事件〕）、本人の承諾がないのに上衣のポケットに手を差し入れるような行為は任意調査の許容範囲を逸脱しているといえよう（最判昭53・9・7刑集32巻6号1672頁〔所持品検査事件〕）。また、挙動不審者に限定せず、無差別に自動車を一斉検問する行為は警察官職務執行法の職務質問には該当しない。しかし、組織法である警察法2条1項を根拠として任意調査として行うことは許容されよう（最決昭55・9・22刑集34巻5号272頁〔飲酒運転一斉検問事件〕）。

第3節　行政調査の手続

1 行政調査開始時の統制

　行政調査は行政目的を達成するために行うものである。したがって、条文上「必要があるとき」という文言がない場合においても、行政調査が客観的に必要と判断される場合にのみその行使が認められると解すべきである（**客観的必要性の原則**）。税務調査においては客観的な必要性があると判断される場合に質問検査権を行使する権限が認められる（最決昭48・7・10刑集27巻7号1205頁〔荒川民商事件〕）。しかし調査の必要があるかどうか、どのような方法で何を調査するかは専門技術的な判断を必要とすることから、行政機関の必要性の判断が違法とされる場合は実際には少ないといわれている。

　行政調査は事前に調査を行うことを告知すると、調査を円滑に進めることはできる。しかし調査資料が改ざん・隠匿され行政目的を達成することができない場合もある。国民の私生活の平穏や事業の妨げ、人権侵害やプライバシーの問題にもかかわることから事前通知や意見書の提出が個別法で規定さ

れている場合もある。例えば、国税通則法は税務調査に際し、納税者や税理士に調査の開始日時、開始場所、調査対象税目、調査対象期間を事前通知することを規定し (74条の9)、自然公園法は指定決定のための実地調査に先立ち、土地の所有者に意見書を提出する機会を与えている (62条2項)。しかし、このような事前手続きは個別法の規定にとどまり、憲法上の要請 (31条) としては消極的に解されている。荒川民商事件においても、最高裁は事前通知・調査理由の開示は調査にあたっての一律要件ではないと判示している。

2 手続上の統制（その1）──他目的利用禁止原則

　行政調査は法律に規定された目的とは異なる目的で調査を行ってはならない。行政調査以外の利用が問題となるのは、犯罪捜査を目的とするような場合である。犯罪捜査と行政調査とでは憲法上の手続的統制が異なり、手続的統制が弱い行政手続を利用して、刑事手続を行うことは憲法上の要請を潜脱することになる。個別法においては、国税通則法74条の8や食品衛生法28条3項が行政調査は、犯罪捜査のために認められたものと解釈することを禁止している。

　しかし、職務質問がその後の犯罪捜査の端緒となり、税務調査が犯則事件 (いわゆるマルサ) の端緒となる場合がある。このような場合、行政調査が犯罪捜査や犯則調査の手段とされることは許されないが、職務質問や税務調査で取得した証拠資料が後に犯罪捜査や犯則調査の証拠として利用されることが想定できただけでは、犯罪捜査等の手段とはいえない (最判平16・1・20刑集58巻1号26頁〔今治税務署職員税務調査資料流用事件〕)。逆に、捜査機関が課税庁に課税通報を行い、刑事手続で収集した資料を元に課税処分を行うことは許容される (最判昭63・3・31判時1276号39頁)。

3 手続上の統制（その2）──令状主義・黙秘権

　憲法35条は住居侵入、捜索・押収に関し令状主義を規定し、38条は自己に不利益な供述を拒否できる権利 (黙秘権) を規定している。これらの規定が行政調査にも及ぶかどうかが問題となる。

　個別法上、行政調査においては出入国管理及び難民認定法のように、臨検・捜索・押収時には裁判官の令状を要するとする規定が置かれているもの

もある。しかし、国税徴収法上の滞納者宅の捜索（税徴142条）のように、裁判官の発する令状を要することなく執行することができるとする規定も少なくない。一般的に、憲法35条1項は刑事手続を想定して規定されているが、行政手続が刑事責任追及を目的とするものでないとの理由のみで令状主義の保障の枠外にあると判断することは相当ではない（最大判昭47・11・22刑集26巻9号554頁〔川崎民商事件〕）。さらに川崎民商事件では、間接強制調査である質問検査権への令状主義の適用を否認していることから、行政調査において令状主義の適用の可能性があるのは実力強制調査だけであると考えられている。また、新東京国際空港（成田空港）に設置された通称「横堀要塞」という工作物の立入りに関しても令状主義の法意は及ばないとされている（最大判平4・7・1民集46巻5号437頁〔成田新法事件〕）。

黙秘権の保障は、間接強制調査としての国税通則法上の質問検査権には及ばないとされているが、実力強制調査（犯則調査）における国犯法上の質問検査権にはその保障が及ぶとされ、一般論として行政調査への適用可能性は否定していない（最判昭59・3・27刑集38巻5号2037頁〔尼崎所得税法違反事件〕）。

4 行政調査の瑕疵

行政調査は「調査自体が目的となっている調査」と「調査にもとづきそれに引き続く行政行為が予定されている調査」がある。前者の場合、情報収集それ自体が行政目的で、例えば、警察官が興行場や旅館・料理屋・駅などに犯罪予防のため立ち入る行為（警職6条）である。この場合、行政調査が完了してしまえばその違法性や懈怠（けたい）が国家賠償の問題となり、調査が継続していれば差止めなどの問題が発生する。後者の場合、調査に引続く行政行為の効果が問題となる。この点については学説・判例は2つの考え方が存在する。1つは行政調査とそれに引き続く行政行為を別個独立の行為であるとする考え方である。したがって、原則的には行政調査の瑕疵は、引き続く行政行為とは峻別される。例えば税務調査と課税処分をめぐる問題において、調査に重大な瑕疵がある場合でも更正・決定処分は違法とはならないとする裁判例（大阪地判昭59・11・30行集35巻11号1906頁）である。もう1つの考え方は、行政調査を行政行為に至る一連の手続と見る考え方である。したがって、行

政調査が公序良俗に反し社会通念上相当の限度を超えている場合は後続の行政行為は取り消される（東京高判平3・6・6訟月38巻5号878頁）。また、行政調査に違法があるとき、収集した資料を排除することによって後続の行政行為の効果を制限する考え方もある（東京地判昭61・3・31判時1190号15頁）。

5 その他の問題

(1) **調査理由の告知**　行政調査にあたって調査対象者に調査理由を告知しなければならないか、という問題がある。裁判例は一般的に消極的に解しているが、調査理由によって、行政調査の違法や濫用が評価されることになるから、立法・執行上の配慮がなされるべきであろう。

(2) **第三者の立会い**　また、調査にあたって第三者の立会いを認めるべきかどうかについても議論がある。公務員は職務の執行にあたり、知りえた事実についての守秘義務（国公100条、地公34条など）があることから、調査相手が第三者の立会いを認め自己の秘密について第三者に知られることを承諾したとしても、調査において相手先の親族や取引先に対しての守秘義務が維持されないことから学説上の対立はあるものの、判例は第三者の立会いに関しては消極的に解している。

(3) **身分証明書等の携行**　調査を行う者について身分証明書や検査証を携帯し、関係者の請求があったときは提示を義務付けている規定がある。このような規定は訓示規定ではなく強行規定と解すべきである。裁判例としては、このような規定に違反した調査は違法で調査の応答義務ないし受忍義務はないとされている（最判昭27・3・28刑集6巻3号546頁）。しかし、調査担当者がたまたま身分証明書を携帯しなかった場合で相手方が提示を求めていなかった場合は、行政調査が身分証明書の携帯のみで支えられているわけではないことから、この一事のみをもって調査全体が無効になるかどうかは見解の分かれるところである。

(4) **犯罪事実の告知と守秘義務**　最後に公務員が調査の最中に犯罪事実を知った場合、公務員の守秘義務と告発義務（刑事訴訟法239条2項）が衝突することになる。この場合、どちらを優先するべきかという問題が生ずる。一般的には守秘義務が優先されると理解されているが、それぞれの法益を比

第8章 行政調査

較衡量し判断すべきものと考える。

　|解決のヒント|
　2001（平成13）年に設置された環境省（同年廃棄物処理行政を厚生省から移管）は、産業廃棄物に関する立入検査・指導の強化を各都道府県に指示している（平成2年4月24日衛産30号）。その実施要領は、立入検査等に関する年間計画を立て、検査対象の事業所を選定し無予告で行うこととしている。その際、立入検査表という書類を作成し、公正な検査の実施・内容の徹底・記録の保存を確実に行うようにしなければならないことになっている。また、第三者通報等があった場合は計画外の臨時・緊急の行政調査も行っている。これら、一連の調査は廃棄物処理法19条を根拠とするもので、立入検査を行う職員は身分証明書を携帯し、立入検査は犯罪捜査のために認められたと解してはならないとされている（廃棄物19条4項）。さらに立入検査や収去を拒否、妨害、忌避したときは30万円以下の罰金に処せられる（廃棄物30条）ことから、立入検査は間接強制調査であり対象者にはこのような行政調査の受忍義務がある。

第9章　行政による情報の収集・管理・利用

> **設　例**
> 産業廃棄物処理業者の監督や指導を行政はきちんと行っているか地域住民は知ることができるのであろうか。また行政は産業廃棄物処理業者に関するどのような情報を持っているのだろうか。その情報を入手するためにはどのような手続が必要で、行政はどのように情報を管理統制しているのだろうか。

第1節　行政の情報収集活動

1　情報収集と管理・利用の概要

　産業廃棄物処理業者は開業にあたって、行政庁に様々な情報を提供し行政庁はこれを管理、保管、活用する。開業後、処理業者は各種の報告や届出が義務付けられ、さらに不足の情報は行政調査、行政共助という形で行政庁が収集する場合もある。特に**行政共助**は法令に基づかないで行政間で情報の収集を行うもので、情報提供を要請された行政庁は公益上の必要があり公共の利益に関する事実がある場合でも内容をわきまえず、手段・方法を選ばず、みだりに他官庁に情報を公開するような場合は違法性を帯びることになる（京都地判昭 57・3・26 訟月 28 巻 11 号 2088 頁）。また、特殊な情報収集方法として、内部告発という方法がとられることもある。アメリカにおいては、ホイッスルブロワー（警笛を鳴らす人）法（Whistleblower Protection Act）により、行政機関が報奨金を出し情報を入手している。我が国においても、出入国管理及び難民認定法 62 条 1 項が不法滞在者通報制度を規定し、同法 66 条で通報者には 5 万円以下の報奨金を交付する規定を置いている。

2　公務員の守秘義務

　行政官署の情報を取り扱う公務員には**守秘義務**（国公 100 条 1 項、地公 34 条 1 項）が課せられている。さらに、防衛や外交に関する秘匿事項については、

2013（平成25）年に特定秘密の保護に関する法律が成立した。

公務員の守秘義務の対象は「職務上知ることのできた秘密」とされており、その内容は「職務上の秘密」と「職務執行上知りえた秘密」を含むものとされている。さらに秘密とは行政機関がいわゆるマル秘と称して秘密扱いしているもの（指定秘）を秘密事項とする（形式秘説）か、実質的に秘密として保護されるべきものが秘密事項となる（実質秘説）かについては争いがある。最高裁は形式的に秘密扱いの指定をしただけでは足りず、秘密とは非公知の事項であって、実質的にもそれを秘密として保護するに値すると認められるものをいうとしている（最判昭52・12・19刑集31巻7号1053頁〔徴税トラの巻事件〕）。

③ 個人情報保護法

行政が保有する個人情報は、プライバシーの問題として保護されなければならない反面、行政の保有する情報として国民共有の財産として公表・利用されることも重要である。この問題に関し、我が国においては公的部門も民間部門も個人情報の保護に関する法制の整備がなされていなかった。そこで、2003（平成15）年に個人情報保護法を含めた関係5法が制定された。

個人情報保護法も公務員の守秘義務も、個人の情報を保護するという点に関しては同じであるが、個人情報保護法はプライバシーという観点から個人情報の流失や不正利用を防止し、さらに情報提供者の個人情報をコントロールする権利が認められているという点から、守秘義務とは法益の保護対象が異なっている法律と理解することができる。

(1) **個人情報保護法** 個人情報保護法の構成は、公的部門と民間部門に適用される基本法的な部分と、民間部門にのみ適用される一般法的な部分からなっている。同法による個人情報とは、生存する個人に関する情報で、当該情報に含まれる氏名、生年月日その他の記述などにより特定の個人を識別することができるもの（**個人識別情報**）である（2条1項）。

(2) **行政機関個人情報保護法** この法律は1988（昭和63）年に制定された「行政機関の保有する電子計算機処理に係る個人情報の保護に関する法律」を改正し、電子計算機処理に限定することなく、国の行政機関における

個人情報全般の保護を目的に基本事項を定めたものである。

適用となる行政機関は、国の全ての行政機関（会計検査院を含む）である（行政個人情報2条1項）。対象となる個人情報に関しても、個人情報保護法と同様、生存する個人に関する情報（外国人の情報を含む）である。この個人情報は個人識別情報を含み（同条2項）、プライバシー情報に限定されない。これを受けて、本法の「保有個人情報」とは情報公開法に定める「行政文書」に記録された個人情報ということになる（同条3項）。

本法の個人情報の取扱いに関しては、利用目的範囲での保有制限（3条）、書面による情報取得時の利用目的の明示（4条）、正確性の確保（5条）、漏えい等の防止など安全確保措置（6条）、行政機関職員等の義務（7条）、利用・提供の制限（8条）などが定められている。例えば、警察がイスラム教徒らのモスクへの出入り状況などの個人情報を収集・保有・利用する行為は同法3条には違反しない（東京地判平26・1・15判時2215号30頁）。

なお、個人情報ファイル（行政個人情報2条4項）に対しては、特に厳格な保護規定が定められている（10条・11条・53条・54条・55条など）。

(3) **本人関与**　行政機関個人情報保護法の特色として、**本人関与**の仕組みがとられている。その仕組みは、行政機関の保有する個人情報に関し行政機関の長に対し、「開示請求」「訂正請求」「利用停止請求」の権利が行使できるということである。

「開示請求」は情報公開法と同様の仕組みとなっているが、行政機関個人情報保護法と情報公開法は異なる制度であり、開示請求者に関し行政機関個人保護法が本人確認を要する（13条2項）のに対し、情報公開法は開示請求者が誰であるかを問わないため本人確認は不要である。開示請求の対象も情報公開法が行政文書であるのに対し、行政機関個人保護法が行政文書に記録された「保有個人情報」で行政文書中の他の情報は開示請求の対象外である（12条1項）。不開示情報の類型は、両法とも共通しているが行政機関個人保護法は本人に開示することによる支障の有無（14条）、情報公開法が公にすることによる支障の有無（情報公開法5条）で判断される。

「訂正請求」に関しては、自己の受診した歯科診療レセプト開示請求後、

訂正請求しそれを拒否したことを容認した事例がある（最判平18・3・10判時1932号71頁〔京都市レセプト訂正請求事件〕）。しかし、訂正には開示請求前置主義が採用され、訂正請求に理由があれば行政機関の長は利用目的の達成に必要な範囲で訂正義務がある（29条）。訂正の対象は事実に限られ、評価や判断には及ばない。

「利用停止請求」は個人情報について、不適当な取得、保有、利用、提供があった場合、その利用停止を求める権利である。利用停止請求に理由がある場合は行政機関の長は必要な限度で停止義務を負うが、業務の適正な遂行に著しい支障を及ぼすおそれがある場合は、その義務が免除される（38条）。利用停止請求も、開示請求前置主義がとられている。

第2節　情報の管理

① 公文書管理法

我が国における公文書の管理は、各行政機関が訓令等により文書管理規定を設け、統一した作成、保存および廃棄の規定がなかった。また、歴史や学術等の価値がある公文書については1987（昭和62）年制定の公文書館法等の法律があったものの、文書管理は各省庁の裁量で管理されていたため、文書の不作成、誤廃棄などが相次いでいた。さらに、情報公開と文書管理は車の両輪に例えられるように、統一的な文書管理法の制定の必要性があった。そのため2009（平成21）年に公文書管理法（公文書の管理に関する法律）が制定された。

公文書管理法にいう公文書等とは行政文書、独立行政法人の法人文書等、特定歴史公文書等（2条8項）であり、現用文書（保存年限満了前の文書）と非現用文書（保存年限経過後の文書）を包括する。同法は作成、整理、保存、廃棄または移管に関する一般法であり、情報の管理・公開という関係から情報公開法は現用文書を利用する公文書管理法の特別法といえる。

公文書の管理規定としては、文書主義による文書作成義務（4条）、レコードスケジュール制の採用と、関連する行政文書をまとめた「行政ファイル文書」の作成による分類整理（5条）、文書保存（6条）、文書の移管と廃棄（8

条）などがある。また、特定歴史公文書等は永久保存とし（15条）、情報公開類似の利用も認められている。その他、内閣府に公文書管理委員会を設置し（28条）、諮問事項の調査審議等を行わせ、公文書の管理に関するコンプライアンス確保のため、内閣総理大臣への報告や資料提出要求、廃棄同意、勧告など公文書の管理を徹底した。

2 住基ネットとマイナンバー制度

　住民基本台帳ネットワークシステム（住基ネット）は、1999（平成11）年に住民基本台帳法の改正により導入され、2002（平成14）年に稼働した。翌年には住基カードの交付が始まったが、交付率は5パーセント程度で税金の電子申告や年金の現状確認ぐらいにしか使い道はない状況であった。

　2013（平成25）年に「行政手続における特定の個人を識別するための番号の利用等に関する法律（マイナンバー法）」が成立した。いわゆる「共通番号制（国民ＩＤ制）」と称されるもので、個人や法人に番号を付与して税、社会保障、災害対策等の行政手続に利用するものである。この番号制には、①フラットモデル、②セパレートモデル、③セクトラルモデルの3様式がある。①はアメリカやスウェーデンで採用している方式で個人の全ての情報が簡単に結びつけられ、情報漏えいやなりすまし等の問題が生じている。②はドイツで採用しているもので、行政分野ごとに番号が異なり汎用共通番号を持たないものである。これは、ドイツ連邦裁判所が1983年の国勢調査において、汎用共通番号は「人格の尊厳」に反し違憲であると判断していることが根拠となっている。③はオーストリアで採用しているもので、行政分野ごとの番号は異なっているが暗号変換により他の分野の情報を入手できるシステムである。ただし政府の情報の一元管理を避けるため個人情報の集積ができないシステムであり、日本は部分的ではあるが③に近いシステムを採用している。また、イギリスでは共通番号制は人権侵害であるとして、制度の廃止を決定した。

　マイナンバー制度は、行政の効率化・国民の利便性・生活保護の不正受給や脱税の防止などに利便性が求められるが、情報漏えいやシステムの維持管理、人格権（プライバシー）の問題を抱えている。

第3節 情報公開制度

1 情報公開制度の概要

　行政機関が保有している情報については、法令等が公開することを義務付けている場合は収集・利用自体が公開を目的とする活動であるが、ある行政目的のため行政機関が情報を収集・利用する場合、その保有は公開を前提としていない。しかし、行政活動が密室で行われることは行政への参加、監視を阻むもので民主主義・国民主権の観点からは望ましくない。また、国民の知る権利や、行政の説明責任（アカウンタビリティー）からも情報提供の制度が必要となってくる。制度としては、開示請求権制度、情報提供制度、情報公表制度などが考えられるが情報公開制度は開示請求権制度の1つである。我が国における情報公開制度は自治体が先行する形で進められ、1999（平成11）年に情報公開法が制定され、2001（平成13）年に独立行政法人等の保有する情報の公開に関する法律が追加制定された。

2 情報公開法

　(1) 情報公開法の目的　　情報公開法の目的は、国民主権の理念から行政文書の開示請求権を定め、それをもって政府の説明責任を全うし、公正で民主的な行政の推進に資することである（1条）。このように本法は国民に対する説明責任を実定法化したが、知る権利についての条文化は行われなかった。

　(2) 対象機関・対象文書　　情報公開の対象となる機関は国の行政機関と会計検査院である（2条1項）。国会、裁判所、地方公共団体は対象機関になっていない。しかし、国会の議院行政文書や裁判所の司法行政文書の情報公開は要綱・通達、取扱規程等を制定し実施しており、行政機関同様の方法で情報公開の請求をすることができるようになっている。

　対象となる文書は、行政文書である。行政文書とは行政機関の職員が職務上作成し、または取得した文書・図画・電磁的記録で、組織的に用いるものとして行政機関が保有しているもの（組織共用文書）である（同条2項）。組織共用文書は、組織における業務上の必要性により利用保存するもので、例えば個人が事務処理の要領などを記載したメモ（個人メモ）であっても、組織

として利用している実態があれば開示の対象となる。しかし、個人メモのような文書はその存在を特定しなければならず、情報開示には困難が伴う場合が多い。その他、行政機関が保有するものであっても、不特定多数者への販売目的で発行された白書・新聞・雑誌・書籍等や特定歴史公文書等は行政文書にはあたらない。

　(3)　**開示請求**　　開示請求のできる者は国民主権の観点からすると、日本国民に限定すべきと考えることもできようが、外国人にも認められている。また、自然人に限らず、法人等にも認められている (3条)。開示を請求するにあたっては、書面で請求し行政文書を特定するに足る事項の記載が必要であるが (4条1項2号)、請求理由、目的は不要である。

　(4)　**開示決定**　　開示決定は原則請求がなされてから30日以内に行わなければならない (10条1項)。事務処理上の困難や大量の請求があった場合は開始決定の期間を延長することもできる (同条2項・11条)。開示請求に対しては原則開示しなければならないが (5条)、例外的に開示しないとされている6項目がありこれを不開示情報という (5条1号～6号)。開示請求文書の一部のみ不開示情報が含まれている場合は、部分開示を行う。また、不開示情報に該当する場合であっても公益上の理由から裁量的開示を行うこともできる (7条)。さらに、通院記録や逮捕歴など当該文書が存在しているか否かを答えるだけでも不開示規定による権利保護を害する場合、**グローマ拒否**といって行政文書の存否を明確にすることなく開示請求を拒否できる (8条)。

　(5)　**不開示情報**

　①　**個人情報** (1号情報)　　本号における個人情報とは、特定の個人を識別することができる情報である。個人情報の不開示の規定の仕方については本号が採用する個人識別型 (特定の個人を識別できる情報を不開示) とプライバシー保護型 (個人のプライバシーを侵害するおそれのある情報を不開示) がある。前者は判断基準が明確であるが運用上不開示の範囲が広くなるおそれがあり、後者は不開示の範囲がプライバシーに限定されるが判断基準の明確性を欠く。その他、単独では個人情報とはならない情報であっても他の情報との照合により個人を識別することができるような場合 (**モザイク・アプローチ**) は不開

示となる。個人情報であっても公にされている情報・公にすることが予定されている情報（公領域情報）や、人の生命、健康、生活または財産を保護するために必要な情報（公益上の義務的開示情報）、公務員情報は不開示情報の例外とされている（5条1号イ・ロ・ハ）。したがって、公務員個人が個人であるというだけでは不開示情報であるとはいえない（最判平15・11・11民集57巻10号1387頁）。

② 法人情報（2号情報）　本号における情報のうち不開示となるものは、任意提供情報（公にしないとの条件で法人等から任意に提供された情報）や当該法人等の権利、競争上の地位その他正当な利益を害するおそれがあるものに限られる。以上の情報であっても公益上の義務的開示情報に該当する場合は開示しなければならない。なお個人の事業活動に関する情報は法人情報として扱われる。

③ 国の安全に関する情報（3号情報）　国防上、外交上の国家機密に関する情報は不開示情報とされる。その判断にあたって行政機関の長は不開示とする「相当の理由」の有無を判断する裁量が付与されている。

④ 公共の安全に関する情報（4号情報）　警察当局も行政機関として情報公開の対象に含められているが、犯罪の予防や捜査、公共の秩序維持に関する情報（公安情報）は不開示情報とされる。例えば警察費の偽名領収書に関し情報開示により情報提供者が明らかになるような場合は不開示とされる（最判平19・5・29判時1979号52頁）。本号も情報開示の判断につき前号と同様、相当性の判断の裁量が行政機関の長に付与されている。

⑤ 審議・検討または協議に関する情報（5号情報）　本号の情報はいわゆる「意思形成情報」といわれるものである。開示することにより率直な意見の交換や意思決定の中立性を損なわれ、国民の利益を害することとなる場合には不開示とする。したがって、条文上の「不当」にという要件は開示することにより国民が受ける利益と不利益を比較衡量し、「意思形成情報」であることのみで当然に不開示とする趣旨ではない。

⑥ 事務または事業に関する情報（6号情報）　本号の不開示とされる情報は、行政運営情報や行政執行情報のように国の機関や地方公共団体等が行

う事務・事業に関する情報で、開示することにより事務・事業の目的が損なわれ適正な遂行に支障が出るおそれのある情報である。

(6) **不開示に対する救済手続** 行政機関の行う不開示決定あるいは部分開示決定に対し争う場合、不服申立前置は義務付けられていない。不服申立てによる場合は、行政機関の長は内閣府に置かれている情報公開・個人情報保護審査会に諮問を行い (18条)、その答申を受けて裁決または決定しなければならない。審査会は不開示とされた行政文書の提示を要求し、実際に見分して審理することができる (**インカメラ審理**)。また、行政文書に記録された情報の内容を審査会の指定する方法で分類整理した資料 (ヴォーン・インデックス) の作成・提出を求めることもできる。

情報公開訴訟と呼ばれる行政訴訟 (取消訴訟・義務付け訴訟) による場合は、特定管轄裁判所で審理することも可能である (21条)。また、不服申立てで認められていたインカメラ審理は、民事訴訟法の基本原則に反し明文の規定がなければ許されない (最決平21・1・15民集63巻1号46頁)。その他、開示決定により自己の利益を侵害される個人や法人はその開示決定処分の取消訴訟を提起できるが (最判平13・11・27判時1771号67頁)、地方公共団体が行った開示決定に対し国が開示を差し止めるための訴訟は「建物の所有者として有する固有の利益」を根拠として「法律上の争訟」であることは認められたものの、原告適格は否定され、開示を差し止めるための取消訴訟は提起することができないとされた (最判平13・7・13判自223号22頁〔那覇市自衛隊基地情報非公開請求事件〕)。

|解決のヒント|

国民が情報を入手する場合、行政が率先して情報を公開しているものもある。例えば2011 (平成23) 年4月1日から施行された優良産廃処理業者認定制度は優良事業者を公開する制度でインターネットなどを通じその情報を入手できる。しかし、一般的に公開される情報は詳細さ、新しさという観点からは問題もある。そのため、産業廃棄物処理施設の近隣住民らは自分たちの住環境にかかわる最新の情報を入手するには情報公開制度を利用するしかない。情報公開は、環境政策への住民参加の役割も果たすことになるが、不開示となる情報も多く今後の課題として議論していかなければならない。

第10章　行政契約

> **設例**
> 産業廃棄物最終処分場の建設計画が明らかとなった釧路市では、釧路市が産業廃棄物処理業者Xと公害防止協定を締結することにより環境保全を図ることとした。環境保全の実効性を高めるためには釧路市においてはXとどのような協定を締結する必要があるのだろうか。

第1節　契約を利用した行政活動

1 行政契約とは

現代の行政活動においては、一方的権力的に行われる行政行為（→96頁）とは異なり、当事者の合意に基づく契約の形式が用いられる場合がある。国や地方公共団体などの行政主体（→35頁以下）が一方の当事者となって締結される契約を総称して**行政契約**と呼ぶ。具体的には、契約、協定、申し合わせなど、様々な名称が使われている。

2 行政契約の目的と種類

行政契約の目的と種類は多様である。①給水契約等の**公営企業**に関する契約など、給付行政として行政サービス提供に関するもの、②物品納入や公共事業請負の政府契約、私人の所有地を公共用地として使用するための**公用負担契約**等、行政の手段の調達に関するもの、③公有財産の売払い、貸付契約に関するもの、④規制行政の手段として、公害環境法令による事業場等に対する規制を補うための**公害防止協定**（環境管理協定）のほか、地域整備のための個別法を根拠とする、建築協定（建基69条）、緑化協定（都市緑地法45条）、調整池管理協定（特定都市河川浸水被害対策法27条）、景観協定（景観法81条）、風景地保護協定（自園31条）などがあげられる。

さらに、国と地方公共団体、地方公共団体間の行政主体間の契約、一般廃

棄物の処理や庁舎の清掃・警備のような行政上の業務についての民間事業者との委託契約も行政契約として整理できる。

3 行政契約の法的根拠

　行政契約は、内容が私人に義務を課し権利を制限するものであっても、当事者の意思の合意によって成立することから、一般には法律の根拠を要しないと考えられる。上記の公営企業等に関する契約、政府契約については、公営企業等の根拠法が存在しても、行政契約そのものに法律の根拠は必要とされない。その他に、地方公共団体が要綱（→54頁）などに基づき宅地開発業者と締結する宅地開発協定や、後述する公害防止協定（環境管理協定）についても法律の根拠は必要ないものと考えられる。

4 行政契約の規律

　以上のような行政契約は行政手続法の対象外である。しかし、行政活動の一部として「法律の優位の原則」（→13頁）に従い、以下のような一定の制約が認められる。

　第1に、法律に違反する行政契約は締結できない。固定資産税などの納税について、納税義務の成立、内容は、もっぱら法律によって定められ、行政と納税者側との間の合意によって、これを変更できないとされた例がある（最判昭49・9・2民集28巻6号1033頁）。また、原則として民法の契約に関する条項は適用される。地方公共団体が行う契約に双方代理の禁止（民108条）、無権代理の追認（民116条）が類推適用されるとした例がある（最判平16・7・13民集58巻5号1368頁〔名古屋市世界デザイン博覧会事件〕）。契約違反に対しては、民事手続により履行を強制することが可能となる。

　第2に、行政法の一般原則による規律である。行政契約には、私人間の契約における契約自由の原則が全てあてはまるものではなく、行政が関与することにより、契約の相手方の選択、契約内容において制約がある。平等原則に関して契約の相手方による差別的取扱いが禁止されたものとして、別荘居住者との給水契約を他の町民との契約よりも割高に設定した町の給水条例が違法・無効とされた例がある（最判平18・7・14民集60巻6号2369頁〔高根町簡易水道事業給水条例事件〕）。

また、行政契約は財政上の歳出歳入に関係することから、効率性の原則、説明責任の原則、透明性の原則も求められることになる。これらの原則の一部は、公共サービス改革法においても条文化されている。

　第3に、個別法による規律である。水道の給水は水道法の規定により水道事業者である市町村に契約締結義務が課され、給水区域内の需要者から給水契約の申込みを受けたときは、「正当な理由」(15条) がない限りは契約しなければならない。これについて水道法とは関係のない、市のまちづくり政策にかかる開発指導要綱に基づく行政指導に従わないことを理由に、市が水道供給契約の締結を拒否したことが違法とされた例がある（最決平元・11・8判時1328号16頁〔武蔵野市水道法違反事件〕→57頁）。一方で、町の水道供給計画では対応できないような水道供給を必要とするマンション建設に対する町の契約締結拒否が適法とされた例もある（最判平11・1・21民集53巻1号13頁〔志免町給水拒否事件〕）。また、公共工事に関する契約については、入札契約適正化法や入札談合等関与行為防止法により規制される。

　第4に、契約締結において議会の議決が必要とされる場合がある。行政契約が国費の支出にかかわる場合、国会の議決を必要とすることは当然であるが (憲85条)、地方公共団体においても財産管理にかかる重要な契約は議会の議決が要求されている (自治96条1項5号以下)。

　第5に、契約締結の方式については、国は会計法、地方公共団体は地方自治法により規律されている。これらの法令上の原則は**一般競争入札**であり、予定価格の範囲内でもっとも有利な価格を提示した者と契約を締結する。しかし、契約の相手方に技術力などの信頼性が必要とされる場合、あらかじめ指名した者による**指名競争入札**が行われ、また、競争に付すことができない場合などにおいては**随意契約**によるとされる（会計法29条の3第1項〜3項、自治234条1項〜3項）。

　しかし、法制度上の一般競争入札の原則とは異なり、現実の公共事業の請負契約などでは、指名競争、随意契約もかなり存在する。判例は、随意契約の締結に行政の裁量を広く認めている。地方公共団体の、ごみ処理施設建設工事の請負契約締結にあたり、競争入札によることが不可能または著しく困

難とはいえなくても、その契約の性質に照らしてまたは目的を究極的に達成するうえで随意契約をとることが妥当であり、地方公共団体の利益増進につながると合理的に判断される場合もあるとされた例がある（最判昭62・3・20民集41巻2号189頁〔福江市ごみ処理施設建設請負契約事件〕）。

　なお、地方公共団体の機関による行政契約は、財務会計上の行為として住民監査請求（自治242条　→227頁）の対象となり、契約締結の違法性、妥当性が問題となる。これに対して監査委員の監査の結果および勧告、勧告に基づいて長などの機関が実施した措置に不服があるときには、住民訴訟（242条の2　→226頁）の対象となり裁判を通じて行政契約が統制される（→26章）。

第2節　行政契約による環境保全――公害防止協定

　以上のような行政契約の中で、特に規制行政において進展してきたものが公害防止協定（環境管理協定）である。

1 公害防止協定の意義

　公害防止協定とは、地域環境の悪化の防止を目的として行政と事業者、住民と事業者、行政と住民との間で交わされる取決めであり、当事者の意思の合意を前提とする合意的手法である。環境管理協定とも呼ばれる。これらの嚆矢は火力発電所の立地に伴う大気汚染に関して、横浜市と電源開発株式会社との間で1964（昭和39）年に締結されたものといわれ、その後、全国に拡大し事業の種別、締結内容も多様化してきている。

2 協定方式が拡大した理由

　このような協定方式が拡大した理由として行政と事業者の双方の利点が考えられる。行政においては、①対象となる事業場の地域の条件を踏まえた個別的な対応が可能となる、②公害対策・環境保全にかかる技術の進歩に応じた柔軟な対応が可能となる、③事業場の周辺環境、景観などのアメニティについても対応が可能となる、④法律・条例に基づく規制の適法性が明確ではないとき、協定に基づいた事業者の自主的な規制が可能となる、⑤法律上の権限が規定されていない市町村において、協定を根拠として立入検査や指導が可能となることなどがあげられる。一方、事業者においては、①住民の反

対運動の回避や、行政と良好な関係を保つために必要となる費用が削減できること、②公害対策、環境保全について企業のイメージアップが図れること、③特別の融資などの優遇措置が可能となることなどがあげられる。

3 公害防止協定の法的論点

公害防止協定の法的性質には、道義的な規定で法的効力はないとする**紳士協定説**と、契約として法的拘束力を認める**契約説**がある。学説では契約説が多数説とされているが、公害防止協定の条文には様々な条項が含まれており、法的拘束力は各条項について個別に判断されることになる。

第1に、法令を超える規制基準を定めることができるか、上乗せ・横出しの可否の問題である。これについては、産業廃棄物処分業者が、町との公害防止協定の条項で定めた使用期限を経過して最終処分場の使用を継続していたことについて、町が協定に基づく義務の履行として、その土地を最終処分場として使用することの差止めを求めた例がある（最判平21・7・10集民231号273頁〔福間町公害防止協定事件〕）。最高裁は、廃棄物処理法の施設設置などの知事の許可について、許可が効力を有する限り処分業者に対して事業や処理施設の使用を継続すべき義務を課すものではないとした。そのうえで処分業者が公害防止協定において協定の相手方に対し、その事業や処理施設を将来廃止する旨を約束することは処分業者自身の自由な判断で行えることであり、その結果、許可が効力を有する期間内に事業や処理施設が廃止されることがあっても、廃棄物処理法の趣旨に反するものではないとした。このように、本判決は契約説に立ち公害防止協定の法的拘束力を認め、法令の趣旨に反しない場合に法令より厳しい上乗せ的基準を設けることを適法としている。

第2に、公害防止協定の法的根拠の有無についての問題である。前掲最判平21・7・10は、協定について法律や条例に根拠がなくとも法的拘束力を認めたものと解される。ただし、地方公共団体の政策手法として位置づけるためには、条例条文に協定を規定することも考えられる。水道水源の保護を図るため産業廃棄物処理業者等と市の協定を規定するものに盛岡市水道水源保護条例（10条）の例がある。

第3に、公害防止協定を事業者と地方公共団体が締結した場合に、第三者

となる住民がこの協定を援用して地方公共団体の権利を行使できるのかが問題となる。これについて火力発電所建設に際して、周辺の地方公共団体が事業者である電力会社と締結した協定に基づき、住民が電力会社に協定の遵守を直接に請求できるかが問題となった例がある（札幌地判昭55・10・14判時988号37頁〔伊達火力発電所事件〕）。本判決は、公害防止協定は一般的には公害を防止して公共の利益を図るという行政目的を達成するため、行政活動の手段として用いられる特殊な法形式とした。そのうえで、公害防止協定によって地方公共団体が取得する権利は、行政主体でない他の法主体が代わって行使できない性質のものであるとし、住民は、公害防止協定に基づく地方公共団体の権利を代位して行使する地位（民423条）になく、公害防止協定は住民を受益者とする第三者のための契約（民537条）ではないとして、民法の運用を否定している。

4 公害防止協定の実効性確保

一方、協定の実効性確保の手段については、前掲最判平21・7・10は、裁判による民事上の救済が認められることを前提としている。地方公共団体が事業者に対して条例に基づく義務の履行を求めた訴えは、法律上の争訟（裁3条1項）にあたらず不適法とされたが（最判平14・7・9民集56巻6号1134頁〔宝塚市パチンコ店建築中止命令事件〕→122頁）、これは、国または地方公共団体がもっぱら行政権の主体として国民に対して行政上の義務の履行を求める訴訟に対するものであるから、公害防止協定に基づく義務履行には及ばないと解される。なお、協定の条項に損害金や違約金が規定されていれば、事業者の義務の不履行の事実に対して裁判において支払請求が認められる。一方で、行政と私人との関係であっても、契約上の義務違反については、強制的な義務履行確保手段として行政代執行法は適用されない。

廃棄物にかかる公害防止協定に基づく民事上の救済例として、住民と事業者の公害防止協定に違反して投棄された産業廃棄物の撤去請求が認容された例（奈良地五條支判平10・10・20判時1701号128頁〔西吉野村産廃富士事件〕）や、一般廃棄物の広域処理についての事務組合、町、自治会との公害防止協定に基づき、住民の事務組合に対する資料閲覧請求権が認められた例がある（東

第10章　行政契約

京高判平9・8・6判時1620号81頁〔日の出町文書提出命令事件（本案）〕）。

|解決のヒント|

　釧路市と産業廃棄物処理業者Xとの産業廃棄物最終処分場の設置にかかる公害防止協定の条項の内容としては次の点が考えられる。①廃棄物処理法その他の公害環境法令の規制基準よりも厳しい制限を課す条項、②一定の公害防止施設の設置を定める条項、③協定の実効性を担保するための立入検査や独自の環境影響評価を定める条項、④協定上の義務違反に対する条項（差止請求、損害賠償、違約金の支払いなど）、⑤誠意協議条項などの抽象的条項などである。また、釧路市は新たな環境保全にかかる条例に協定を根拠づけ、協定締結に至る手続や協定内容の公開を条例で整備し、説明責任の原則、透明性の原則（→91頁）を確認的に規定することも検討されうる。

第11章　行政行為

> **設　例**
> 憲法 29 条で財産権が保障されているのに、産業廃棄物処分場を設置し、産業廃棄物処分業を行うのに、なぜ、手数料を払ってまで知事の許可が必要なのか。本来自由なのだから、事前か事後の届出制で十分ではないのか。

第 1 節　行政行為とは

1　行政行為の定義

　(1)　**行政行為**　行政活動は、公益の実現という行政目的の達成を図るために展開されている。目的を実現する手段として、私人の権利・自由などを制約して義務を課したり、逆に権利・資格などを付与するという方法がとられることが少なくない（例えば、運転免許：道交 84 条、など）。法定要件（基準）を満たせば自動的に私人の権利義務が変動するという仕組みも考えられるが、これだけでは権利等の存否の判断が人により異なることになりかねず、実際には機能しない。そこで、行政機関の決定によってはじめて私人の権利義務が変動するという法的仕組みが多く採用されている。

　こうした制度は法律上、許可、認可、免許などと呼ばれているが、行政法学では、私人の権利義務などに関する行政庁による具体的な権力的決定を**行政行為**と呼んできた。「行政庁の処分」（行手 2 条 2 号、行訴 3 条 2 項）がこれに相当する。行政行為（処分）を判例は、「公権力の主体たる国または公共団体が行う行為のうち、その行為によつて、直接国民の権利義務を形成またはその範囲を確定することが法律上認められているもの」（最判昭 39・10・29 民集 18 巻 8 号 1809 頁〔大田区ごみ焼却場設置事件〕）と定義している。

　(2)　**概念のポイント**　行政行為は、①国民の権利義務を決定する法効果がある点で、事実行為である行政指導（警告：ストーカー規制法 4 条）から、②

その効果が国民の権利義務に具体的に及ぶ点で、一般的抽象的な事項を規律する行政立法、行政計画から、③行政庁の一方的な判断により権利義務を決定する(つきまとい行為の禁止命令：同法5条)点で、相手方の同意を要する行政契約(公害防止協定など)から、それぞれ区別される。

特に、①に関し、強制執行(建物の取壊し〔代執2条〕など)、即時強制(強制入院、外国人の収容・退去強制等)などは、その物理的側面に着目するとき、私人の権利に重大な影響を与えるものの、法的に権利義務を形成または確定するわけではないので行政行為ではない。また、①の条件を満たさないが、私人の救済のために「処分性」が認められた例として、関税定率法の定める輸入禁制品の通知(最判昭54・12・25民集33巻7号753頁〔横浜税関事件〕)、医療法の定める病院開設中止勧告(最判平17・7・15民集59巻6号1661頁〔病院開設中止勧告事件〕)がある(→61頁、151頁)。

2 私人の行う行政行為

判例は「公権力の主体たる国または公共団体が行う行為」と述べており、純粋の私人の行為は行政行為に含まれない。次に、公共法人や特殊法人、独立行政法人などの行為が行政行為となりうるかが問題となるが、これは個別法の定め方による。例えば、弁護士会による所属弁護士に対する除名処分は、弁護士法59条によって行審法上の不服申立てが認められており、行政行為として扱われていることがわかる。また、規制緩和(民間開放)政策の一環として、建築確認の権限が都道府県などの建築主事と並んで民間の指定確認検査機関にも認められる(建基6条の2)など、個別法が行政行為を行う権限を株式会社などの民間の機関にも認めている例もある(→209頁)。

3 行政行為の分類

(1) **伝統的分類**　伝統的行政法学は、行政行為を民法の法律行為論にならって、意思表示を要素とする**法律行為的行政行為**と、意思表示以外の精神作用(判断、認識など)を要素とする**準法律行為的行政行為**とに区分してきた。行政庁の主観的意思ではなく、行為の客観的適法性に重点が置かれる「法律による行政の原理」の下で、私的自治の原則が支配する私法における意思表示の概念を行政行為の分類に用いることには批判が多い。行政手続法は、

「申請に対する処分」と「不利益処分」という分類を採用している (→30頁)。なお、職権による利益付与処分 (生活保護25条など) は、このどちらにも該当しない。

(2) **二重効果的処分（複効的処分）** 廃棄物処理施設の設置許可申請を認める処分は相手方にとっては利益であるが (授益処分)、周辺住民にとっては不利益をもたらすことがある (侵害処分)。このような行政行為を**二重効果的処分（複効的処分）**という。行手法10条・17条は処分の相手方以外の第三者の権利利益にも配慮している。また、第三者である周辺住民が二重効果的処分を抗告訴訟で争う場合は、特に原告適格が問題となる (→18章)。

第2節 法律行為的行政行為

法律行為的行政行為は、法の規制がなければ各人が自由になしえたことを規制 (制限またはその解除) する**命令的行為**と、本来、自由にはなしえない各人の行為を規制する**形成的行為**とに分類されてきた。下命・免除、禁止・許可は前者であり、特許・剥権、認可は後者である。

1 下命・免除、禁止・許可

(1) **自由の制限** 相手方に健康診断の受診など一定の作為義務・受忍義務を課す行政行為は、**下命**と呼ばれる。違反建築物の除却命令や是正命令 (建基9条1項)、河川施設や道路施設を損壊した者に対する原状回復命令 (河75条、道71条) などがある。これに対して、相手方に一定の不作為義務を課す行政行為は**禁止**と呼ばれる。営業禁止命令 (食品衛生55条)、違法な営業をした風俗営業者に対する営業停止命令 (風俗26条)、危険な道路などの通行を禁止する命令 (道46条) などがある。

(2) **制限の解除** 作為義務を解除するものは**免除**と呼ばれ、学校教育法18条の就学義務の猶予・免除などがある。

これに対して、不作為義務を解除する仕組みは**許可**と呼ばれ、廃棄物処理法14条1項の産業廃棄物処理業の許可をはじめ、多くの法律で採用されている。なぜ、許可制が用いられるのだろうか。例えば、食中毒騒ぎを起こした非衛生的な飲食店の営業をやめさせるには、営業禁止命令を騒ぎの後に出

せばよいとも考えられる。しかし、行政が全ての飲食店で生じる騒ぎを監視することは実際には困難で、禁止命令の発動が遅れ、健康被害の拡大を招くかもしれない。そこで、国民の自由に任せても構わないと考えられる飲食店営業を公共の安全・衛生等の**消極目的**（警察目的）のためにあらかじめ一般的に禁止しておき、個別の申請を待って、一定の要件（基準）を満たす場合に、禁止を解除する（自由を回復する）、いわゆる**警察許可**という仕組みがとられることになる。飲食店の営業（食品衛生52条）、風俗営業（風俗3条）、旅館業（旅館業法3条）、一般廃棄物処理業（廃棄物7条）などの営業許可、自動車の運転免許（道交84条）などがその例である。当該行為は、国民が本来自由になしうる行為だから、許可要件（基準）を満たす申請は許可される必要がある。

2 **特許・剥権**

許可が、一般的な禁止を個別的に解除する行為であるのに対し、国民が本来的には取得しえない特別の能力や地位を設定する行為を**特許**と総称してきた。電気事業（電気事業法3条）、ガス事業（ガス事業法3条）、鉄道事業（鉄事3条）などのいわゆる**公企業の特許**、道路占用などの許可（道32条）、外国人の帰化の許可（国籍法4条2項）、鉱業権設定の許可（鉱業法21条）、補助金交付決定、公務員の任命行為などがそれに該当するとされてきた。なお、今日では許可と特許は本質的に異なるものではないと理解されている。

特許の裏返し、つまりひとたび与えられた特別の能力や地位を奪う行政行為は**剥権**と呼ばれ、国家公務員法78条・82条の免職処分などがある。

3 **認　　可**

私人間の契約などの法律行為を補充して有効にする行政行為は**認可**と呼ばれる。例えば、農地売買契約は農業委員会による許可がなければ効力を有しない（農地法3条1項・7項）。その他、国土交通大臣による旅客運賃等の認可（鉄事16条1項）、内閣総理大臣による銀行の合併の認可（銀行法30条）などがある。

第3節　準法律行為的行政行為

　準法律行為的行政行為は、一定の法的事実・法律関係の存否を公的に確認する**確認**、それらを公的に証明する**公証**、それらを私人に知らせる**通知**に分類され、具体的には、順に、建築確認（建基6条）、貸金業の登録（貸金業法5条）、輸入禁制品に該当する旨の税関長による通知（関税法69条の11第3項）などがある。他に重要な行為として、私人の申請等を有効なものとして受け付ける**受理**がある。受理概念は行手法7条前段が定める「到達主義」によって否定されたが、民法740条の婚姻の届出の受理は、739条の婚姻の届出（という名称の申請）に対する処分の性格を有する。なお、準法律行為的行政行為に行政行為性が認められるには、実定法上、一定の法効果が結びついていることが必要である。

　これらの行為は、事実や法律状態の客観的認識行為であるため、行政庁の裁量は考えにくいという性質を有する。しかし、最判昭57・4・23民集36巻4号727頁〔中野区特殊車両通行認定事件〕は、車両制限令12条の道路管理者の特殊車両通行認定が「基本的には裁量の余地のない確認的行為の性格を有する」としつつ、許可制度との類似性を勘案し、「具体的事案に応じ道路行政上比較衡量的判断を含む合理的な行政裁量を行使する」余地があると判示する。これは時の裁量である（→109頁）。また、最判平11・1・21判時1675号48頁〔住民票続柄記載国家賠償事件〕は、市町村長の住民基本台帳法7条に基づく特定の住民と世帯主の続柄を住民票に記載する行為は、公の証拠力を与える公証行為であるが、法的効果を有せず、抗告訴訟の対象となる行政処分にはあたらないと判示する。公証は反証を許すとされるが、もしも公証が処分であれば、取り消さない限り反証できないことになろう。

第4節　行政行為の効力

1　行政行為の成立と発効

　行政行為は、①主体（行為者）、②内容、③形式（文書か口頭か）、④手続の全ての点で根拠法令の定めに適合しなければならない。例えば、廃棄物処理

法15条の2の許可は、①知事が、②同条1項・2項の許可基準に適合する処分を、③文書で、④告示・縦覧 (15条4項)、市町村長からの意見聴取 (同条5項)、専門的知識を有する者からの意見聴取 (15条の2第3項) という手続を経たうえで交付される必要がある。

最判昭57・7・15民集36巻6号1146頁は、行政処分が有効に**成立**したといえるためには行政庁内部の「意思決定が何らかの形式で外部に表示されることが必要であ」るとする。また、行政行為が**効力**を生ずるのは、原則として行政処分が相手方に到達したときである (最判昭29・8・24刑集8巻8号1372頁。民97条1項)。相手方が現実に了知し、または了知しうる状態に至らなければならない。書面による場合は、書面が相手方の支配圏内に入る必要がある。

さて、行政法学では、行政行為は、私法上の法律行為には見られない以下の特殊な効力を有するとされ、学説上、大いに議論されてきた。

2 公 定 力

(1) 公定力とは　行政行為には、仮の通用力が与えられ、仮に違法であるとしても、一応は有効なものとして取り扱い、行政機関、相手方、第三者は、行政行為による法的関係の存在 (権利義務関係等) を前提として行動すべきこととされる。これを行政行為の**公定力**という。公定力が認められる理由は、行政行為が有効であることを前提に様々な法律関係が積み重なっていくので、行政行為の違法すなわち無効だとすると法的安定性が損なわれることがあげられる。例えば、営業許可を前提に、業者は銀行から融資を受け、土地の購入・建築請負・雇用の各契約を締結する。また、建築基準法9条の除却命令がなされると、一応、相手方は建物の取壊し義務を負い、行政の側も、義務違反に対して代執行などの手続を進めることが可能となるのである。

(2) 手続上の仮の効力　現在、公定力は、行政行為の特殊性によって認められる実体法上の効力ではなく、行政行為の取消手続が法定され、その法定手続による取消しがあるまでは、行政行為の効力が事実上、通用するという、手続法上の仮の効力であると理解されている。つまり、公定力の根拠は、行政不服審査法と、行政事件訴訟法の取消訴訟制度に求められる。

他の方法で行政行為の効力あるいはそれによって生じた法律関係を争うことができないことを**取消制度の排他性**という。とりわけ訴訟については、行政行為の効力を争う者は専ら取消訴訟によるべきであり、確認訴訟や給付訴訟など他の訴訟類型によることは原則として認められない。これを**取消訴訟の排他的管轄**という。公定力は、取消訴訟の排他的管轄の結果に過ぎないと理解される。次に、公定力の及ぶ範囲に関する議論を紹介する。

(3) 公定力の限界

① 無効な行政行為　最判昭30・12・26民集9巻14号2070頁は、「行政処分は、たとえ違法であっても、その違法が重大かつ明白で当該処分を当然無効ならしめるものと認むべき場合を除いては、適法に取り消されない限り完全にその効力を有する」と判示している。すなわち、行政行為は、**重大かつ明白な瑕疵**という無効事由がある場合を除いては、権限ある行政庁の職権や不服申立てに基づく取消し、裁判所の取消判決があるまでは、一応効力のあるものとして通用し、相手方はもちろん、第三者や他の国家機関もその効力を承認しなければならない。

② 刑事裁判　現在の通説は、刑事裁判との関連では公定力（取消訴訟の排他的管轄）は当然には及ばないと解している。

これに対して、判例の態度は不明である。最判昭53・6・16刑集32巻4号605頁〔余目町個室付浴場事件〕は、児童福祉施設からの距離制限規定に違反して個室付浴場業を営んだ被告を、当該施設の認可処分が取り消されていないにもかかわらず無罪としたことから、しばしば、当該認可処分は違法であるから同処分を理由とする犯罪は成立しないという、被告の抗弁を認めた例だとされる（違法抗弁説）。しかし、本判決は「本件認可処分は、行政権の濫用に相当する違法性があり、被告会社の……営業に対しこれを規制しうる効力を有しない」として、当該認可処分の効力を否定しているのだから、本件は公定力（取消訴訟の排他的管轄）とは関係がないといえよう。また、最決昭63・10・28刑集42巻8号1239頁〔スピード違反公訴提起事件〕は、免許停止処分の原因となった第1事件の無罪判決の確定により当該処分は当然、無効になったとの被告人の主張を退け、処分歴に基づいてされた第2事件の公

訴の提起は適法であるとし、刑事裁判にも取消訴訟の排他的管轄が及ぶかのような判示をしている。これは、行政処分の要件と刑罰法規の定める犯罪の構成要件との違いに由来すると考えられる。

③ 国家賠償請求など　国家賠償請求訴訟は、処分の効力を争う訴訟ではなく、加害行為としての処分の違法性を争うものだから、処分の公定力は国家賠償訴訟には及ばず、したがって処分の取消訴訟を経由することなく、直ちに提起することができる。また、最判平4・9・22民集46巻6号1090頁〔もんじゅ訴訟〕は、周辺住民は、原子炉設置許可処分を取り消さなくても、人格権侵害を理由として民事差止訴訟を提起することができることを前提にしている。当該許可は、原子炉の設置によって周辺住民の人格権は侵害されないことを確認するものではないから、民事差止訴訟において、許可処分の違法性を争点にする必要性はないからである。

3 不可争力（形式的確定力）

　行政行為の取消しを求めて、行政上の不服申立てや取消訴訟を提起する場合、一定期間内にしなければならない、という申立期間（行審18条1項）・出訴期間（行訴14条1項）の制約がある。これらの期間が経過すると、たとえ行政行為が違法であったとしても、相手方等は、もはやその効力を争うことはできなくなる。これを**不可争力**（形式的確定力）と呼んでいる。なお、行政上の不服申立てと行政訴訟をあわせて行政争訟という（→130頁）。

　不可争力は、相手方その他の関係人の争訟提起の制限であって、処分庁による職権取消しを排除するものではない。また、行訴法38条は14条を準用していないため、無効な行為に不可争力は生じない。それゆえ、期間の制限なく無効確認訴訟（行訴3条4項）を提起することができる。申請拒否処分は新たな法律関係を形成するものではないので、公定力や不可争力を認める実質的根拠に乏しく、公定力等に妨げられずに再申請することができよう。

4 自力執行力

　行政庁は、行政行為によって課した義務内容を相手方が履行しない場合、裁判所の強制執行手続を経ることなく自力で実現できる場合がある。これを**自力執行力**という。従前は、行政行為に当然備わる効力と考えられてきたが、

今日では、全ての行政行為に一般的に認められる効力ではなく、行政上の強制執行を特に認める法律（行政代執行法、国税徴収法、地方税法など）の定めに基づくものと理解されている。

5 不可変更力

行政上の不服申立てに対する裁決（行審44条）のような争訟裁断行為について、職権取消しが制限される。これを**不可変更力**という。裁決などは、争いを一義的終局的に解決するという制度の趣旨から、行政庁が職権で取り消し、変更することは許されないとされる。実定法上の根拠はないが、最判昭29・1・21民集8巻1号102頁は、裁決の「本質は法律上の争訟を裁判するものである」から「他の一般行政処分とは異り、特別の規定がない限り……裁決庁自らにおいて取消すことはできない」と判示している。

6 違法性の承継

複数の行政行為が連続して行われる場合、先行行為の違法を理由に、後行行為が取り消されることがある。この場合、前者から後者への**違法性の承継**がなされたと表現される。例えば、事業認定（収用20条）における公益性認定の違法を収用裁決（47条の2・48条・49条）の取消訴訟で主張して争えることになり、前者の公定力や不可争力が事実上制限される。これに対し、課税処分と滞納処分はそれぞれ別個の目的を持った行政行為であり、課税処分の違法性は滞納処分に承継されない。ところで、課税処分が無効であれば、それに基づく滞納処分は当然に違法となるが、これは、滞納処分の実体法的な適法要件の問題であり、違法性の承継の問題ではない。

建築基準法の接道義務を強化する条例の規定を適用除外とする区長の安全認定を前提として、同区の建築主事がした建築確認の取消訴訟を周辺住民が提起した事例で、最判平21・12・17民集63巻10号2631頁〔東京都建築安全条例事件〕は、当該条例による安全認定から建築確認への違法性の承継を認め、建築確認の取消訴訟において、安全認定の違法性を主張することは許されるとした。その理由として、①安全認定は建築確認と結合してはじめてその効果を発揮するという実体法的理由（目的・効果の一体性）と、②安全認定の時点において、周辺住民らがその適否を争うための手続的保障が十分では

ないという手続法的理由（第三者の権利救済上の必要性）をあげている。

> 解決のヒント
> 　本来国民の自由であるはずの行為を公共の安全・衛生などの消極目的（警察目的）のために一般的に禁止しておき、個別の審査により一定の要件を満たす場合に禁止を解除する警察許可という仕組みが多くとられている。産業廃棄物処分業を営むことなどにつき許可制をとっているのは、憲法上保障された財産権の行使に対する制限であるから、許可の要件（基準）を満たす場合は許可することが求められる。一般に届出制では立法目的を達成できない場合に許可制という手段がとられる。

第12章　行政裁量

> **設　例**
>
> 　産業廃棄物処理施設の設置許可の基準を定めている廃棄物処理法15条の2第1項には、「周辺の施設について適正な配慮がなされたものであること」などの不明確な表現がある。明確な判断基準がなければ知事の判断が不統一になるのではないか。
>
> 　後でわかったことであるが、自分の申請内容は役所内部の許可基準を満たしていた。法律の条文文言から考えて、基準を満たしている場合には知事は必ず許可しなければならないのではないか。

第1節　行政の裁量

1　覊束と裁量の区別

　複雑高度化した現代社会では、国会が制定する法律で全ての行政や国民の活動を規律することはできない。そこで、一般ルールの制定を行政機関に委ねる行政基準（行政立法）が登場した（→69頁）。また、法律により行政庁に対して独自の最終判断の余地が与えられることがある。行政法学では、法律による縛り・拘束が徹底し、行政庁の自由な判断余地が否定される場合を**覊束**（きそく）と呼び、逆に、法律の枠内で行政庁の自由な判断が許容される場合を**裁量**と呼んできた。

　例えば、廃棄物処理法15条の2第1項2号は、「その産業廃棄物処理施設の設置に関する計画及び維持管理に関する計画が当該産業廃棄物処理施設に係る周辺地域の生活環境の保全及び環境省令で定める周辺の施設について適正な配慮がなされたものであること」（配慮基準）を許可要件にあげている。しかし、生活環境の保全などについて適正な配慮がなされた計画であるか否かは、デジタル数値は別として、法律（および環境省令）の規定からはあいまいであり、客観的一義的に判断できないかもしれない。許可申請があると、

知事としては、法の趣旨を考慮しながら「適正な配慮」がなされたものであるか否かを個別的具体的に判断せざるを得ず、そこでは行政庁（知事）に判断の余地があるとされ、法律（立法権）との関係で行政庁に裁量が認められることになるかもしれない。裁量が認められる場合、行政規則（→70頁）である審査基準（行手5条）の中で裁量基準が定められる。

2 行政行為における行政裁量と司法審査

(1) 概　説　　(不)許可などの行政行為における行政庁の裁量権行使に対して訴訟が提起された場合、司法審査に制約は生じるのだろうか。

裁判所は法の解釈適用機関であるから、適用すべき法律の規定が不完全である場合には、その審査には限界が生じる一方、行政庁の判断には、司法審査が制約されるという意味で、裁量が認められることになる。廃棄物処理法15条の2第1項2号の「適正な配慮がなされたものであること」という配慮基準において、行政庁の専門的判断を尊重すべきであるという立法者意思が確認できるのであれば、司法審査（司法権）との関係で行政庁の裁量が認められることになる。

(2) 判断代置的審査　　一般に行政庁の判断は、①適用する法の解釈、②事実認定、③当該事実への法の適用、④行政行為の決定、というプロセスをたどると考えられる。①法の解釈（法律文言の意味の確定）と②事実認定については、一般に法の解釈適用機関である裁判所の審査が全面的に及び、行政庁に裁量判断の余地はない。つまり、行政庁の判断を裁判所の判断で置き代えるのであり、行政判断と司法判断との間に相違があれば**違法**との判断を受ける。こうした司法審査方式を**判断代置的審査**と呼ぶことがある。

(3) 裁量権の逸脱・濫用　　他方、③当該事実への法の適用と、④法適用の結果、行政行為を行うかどうか、また、どのような内容の行政行為を行うかの決定は、行政庁の判断に最終的に委ねられる可能性がある。③の段階で裁量が認められる場合が要件裁量と呼ばれ、④の段階で裁量が認められる場合が効果裁量と呼ばれている。裁量判断の余地があると解釈された場合、行政行為に示された行政庁の判断の過誤は、原則として**不当**にとどまるが、具体的状況下で**裁量権の逸脱・濫用**（行訴30条）が問われ、逸脱または濫用が

あれば行政行為は違法となる。訴訟では、裁量権の存否と逸脱・濫用の存否が争われる。

第2節　行政裁量の構造

1　羈束裁量と自由裁量

　古典的学説は、行政行為の要件および内容を法令が一義的に定めている**羈束行為**と、法令が行政庁の自由な判断に委ねる部分を認められる**裁量行為**とに二分した。そのうえで、後者をさらに**羈束裁量（法規裁量）**行為と**自由裁量（便宜裁量）**行為とに区分してきた。そして、不確定な要件規定であっても通常人の経験則（経験的事実に基づいて得られた法則）や社会通念に従って客観的に認定されるべき要件は、実は裁量を認めたものとは解されず、裁判所の全面的な審査の対象になるとし、これを羈束裁量と呼び、司法審査を免れる本来的な裁量である自由裁量から区別してきた。このため、羈束裁量には裁量がないことになり、この概念の必要性には疑問もある。

　羈束裁量に該当する事例に、最判平9・1・28民集51巻1号147頁がある。本判決は、「完全な補償」の観点から、土地収用「法による補償金の額は、『相当な価格』（同法71条参照）等の不確定概念をもって定められているものではあるが……、通常人の経験則及び社会通念に従って、客観的に認定され得るものであり、かつ、認定すべきものであって、補償の範囲及びその額……の決定につき収用委員会に裁量権が認められるものと解することはできない」と述べている。

2　要件裁量と効果裁量

　(1)　**概　説**　国家公務員法82条1項は、国家公務員に「国民全体の奉仕者たるにふさわしくない非行のあつた場合」（3号）、「懲戒処分として、免職、停職、減給又は戒告の処分をすることができる」と規定する。不確定な概念である3号の要件が満たされているか否かという要件解釈における裁量を**要件裁量**という。他方、3号要件が満たされたとしても、「処分をすることができる」に過ぎず、実際に懲戒処分を行うのか否か、また、複数の選択肢の中から、どの種類の、どの程度の重さの処分を（停職か減給か、1カ月か6

第12章 行政裁量

カ月か)、いつ行うのか、という内容に関する裁量を**効果裁量**という。

(2) **要件裁量** 要件裁量は、①政治的裁量、②専門的技術的裁量、③専門的技術的かつ政策的な裁量として認められている。外国人の在留資格の更新許否の判断における法務大臣の裁量権を認めた、最大判昭53・10・4民集32巻7号1223頁〔マクリーン事件本案訴訟〕は①、教科書検定に関する最判平5・3・16民集47巻5号3483頁〔家永教科書訴訟〕は②、生活扶助の老齢加算の廃止を内容とする生活保護基準の改定について厚生労働大臣の裁量権の逸脱・濫用を否定した最判平24・2・28民集66巻3号1240頁は③として要件裁量を認めた例である。

(3) **効果裁量** 効果裁量は、処分内容選択の段階と、実際にする・しないの選択の段階に区分することができる。最判昭52・12・20民集31巻7号1101頁〔神戸全税関事件〕は、「国公法に定められた懲戒事由がある場合に、懲戒処分を行うかどうか、懲戒処分を行うときにいかなる処分を選ぶかは、懲戒権者の裁量に任されている」と述べて、効果裁量を認めた。また、最判昭57・4・23民集36巻4号727頁〔中野区特殊車両通行認定事件〕は、区長が車両制限令12条の認定を5カ月余りも留保したことを行政裁量権の行使として許容される範囲内だとして、いわゆる**時の裁量**を認めた (→ 100頁)。

3 覊束と裁量の区別の相対化

行政庁の自由な判断余地の有無によって、覊束と裁量が区別されるが、これは両極端を示すモデル概念である。戦後の裁判例において、裁量が認められる行政行為を広く承認する傾向が見られ、法令の規定に不明確な部分がある場合には裁量の余地があることを認めたうえで、裁量権の逸脱と濫用 (行訴30条) がないかを審査している。**裁量権の逸脱**とは、法の許容する裁量の範囲を逸脱することをいい、**裁量権の濫用**とは、表面的には法の許容する裁量の範囲内であるものの、法が裁量権を認めた趣旨に反して裁量権を行使することをいう。後者の例として、最判昭53・6・16刑集32巻4号605頁〔余目町個室付浴場事件〕が有名であるが、両者に法効果の面で差異はない。今日、学説の関心は、裁量の有無という入口の議論から裁量の限界論にシフトしている。

第3節 裁量の司法統制

1 判断代置的審査との比較

　羈束行為の場合は、裁判所が行政庁と同一の立場に立って、行政行為をなすか否か、どのような内容にするのかを判断し、行政庁の判断と一致しない場合に、裁判所の判断を行政庁の判断に置き代える(**判断代置的審査**)。これに対し、裁量行為では、前掲最判昭52・12・20が述べているように、行政庁の判断が「社会観念上著しく妥当を欠いて裁量権を付与した目的を逸脱し、これを濫用したと認められる場合でない限り、その裁量権の範囲内にあるものとして、違法とならない」(**社会観念審査**)という、緩やかな審査がなされている。

2 裁量の司法統制の準則

　裁量の司法統制の方法は、大きく、①裁量判断の結果に着目して実体的違法を審査する**実体の審査**、②裁量判断に至る行政庁の判断形成過程の合理性・適正さを審査する**判断過程の審査**、③行政庁が行うべき事前手続のあり方から審査する**手続の審査**に分けることができる。

　(1) **実体の審査**　裁量権の行使が裁量濫用にあたり違法になる場合として、①重大な事実誤認、②目的・動機違反、③信義則違反、④平等原則違反、⑤比例原則違反があげられる。

　①　当然であるが、重大な事実誤認があれば行政処分は違法と判断される。前掲最大判昭53・10・4は、「判断の基礎とされた重要な事実に誤認があること等により右判断が全く事実の基礎を欠くかどうか」を審理するとする。

　②　法律の趣旨目的と異なる目的・動機によって裁量処分がなされた場合、当該処分は違法と判断される。児童遊園などの児童福祉施設の周囲200メートルの区域内では個室付浴場(ソープランド)の営業が禁止されるという風俗営業法の仕組みを利用し、個室付浴場建設阻止のために、町と県が相図り、町の児童遊園の設置を県知事が認可した事例で、前掲最判昭53・6・16は、知事の処分には行政権の濫用に相当する違法があると判示した。

　③　最判平8・7・2判時1578号51頁〔外国人の在留期間更新不許可処分取消

第12章 行政裁量

請求事件〕は、法務大臣が原告（中国国籍男性）の在留資格を「日本人の配偶者等」から「短期滞在」に変更した後、在留期間更新不許可処分を行った事案について、在留資格が「短期滞在」に変更されるに至った経緯に鑑みれば、短期滞在資格による在留を許可したうえで、「日本人の配偶者等」として滞在を継続すべき相当の理由があるか否かについて、法務大臣または裁判所の「公権的判断を受ける機会」を失わせた点に、信義則違反による裁量権の逸脱・濫用があるとし、形式的には違法ではない在留期間更新不許可処分を取り消した。

④　平等原則違反が裁量統制の道具になることは判例も一般論としては認めている。最判平18・7・14民集60巻6号2369頁〔高根町簡易水道事業給水条例事件〕は、地方自治法上の「公の施設」である簡易水道事業の施設の利用者である別荘給水契約者は「住民に準ずる地位」にあるとしたうえで、別荘居住者の水道料金を大幅に高くする条例の規定は合理的な理由なく差別的取扱いをするものであり、同法244条3項に違反し無効とした。

平等原則違反を根拠に裁量権の行使が違法とされた事例は少ないが、今後、行政庁の裁量基準を手がかりにその機能を増すことが考えられる。

⑤　比例原則は、行政行為の目的適合性、必要性、行政行為によって達成される利益と生じる不利益との比例性を要求するもので、行政の権力活動一般に妥当する法原則である。最判平24・2・9民集66巻2号183頁〔東京都教職員国旗国歌訴訟〕は、戒告、減給を超えて停職処分が許されるのは「相当性を基礎付ける具体的な事情」が認められなければならないとする。

(2)　判断過程の審査　　行政庁の判断結果としての処分内容それ自体から区別される、行政庁の判断形成過程の統制法理として、他事考慮の禁止、要考慮事項の考慮義務などがある。

先駆となった東京高判昭48・7・13行集24巻6=7号533頁〔日光太郎杉事件〕では、国道拡幅のために日光東照宮の寺域の一部を収用しようとする収用事業の認定に違法の瑕疵がないかが争われた。土地収用法20条3号の「事業計画が土地の適正且つ合理的な利用に寄与するものであること」という事業認定の要件を満たすか否かが争点となり、判決は、行政庁の判断に自

由裁量の余地を認める一方、日光国立公園特別保護地区内にある被収用地には、「太郎杉」など樹齢200年を超える杉の大木群を含め、かけがえのない歴史的、文化的、宗教的、自然的価値を有するものがあることを重視し、事業認定に関する適法性審査のあり方について、「本来最も重視すべき諸要素、諸価値を不当、安易に軽視し、その結果当然尽すべき考慮を尽さず、または本来考慮に容れるべきでない事項を考慮に容れもしくは本来過大に評価すべきでない事項を過重に評価し、これらのことにより……判断が左右されたものと認められる場合」には、裁量権の逸脱濫用にあたり違法となる、と判示した。本件では、太郎杉の文化財的価値を不当安易に軽視する一方、目前に迫っていた東京オリンピック開催に伴う観光客誘致の要請など、本来過大に評価すべきでない事項を過重に考慮し評価したとして、行政庁の判断に過誤があったとしている。

最判昭48・9・14民集27巻8号925頁〔小学校長分限降任事件〕は、校長としての適格性を欠く言動・行動があったことを理由に小学校校長から公立学校教員教諭に降任するとの地方公務員法28条に基づく分限処分について、公務の能率の維持およびその適正な運営の確保という「目的と関係のない目的や動機に基づいて分限処分をすることが許されないのはもちろん、処分事由の有無の判断についても恣意にわたることは許されず、考慮すべき事項を考慮せず、考慮すべきでない事項を考慮して判断するとか、また、その判断が合理性をもつ判断として許容される限度を超えた不当なものであるとき」に違法になると判示している。

最判平4・10・29民集46巻7号1174頁〔伊方原発訴訟〕は、「原子炉施設の安全性に関する判断の適否が争われる原子炉設置許可処分の取消訴訟における裁判所の審理、判断は、原子力委員会若しくは原子炉安全専門審査会の専門技術的な調査審議及び判断を基にしてされた被告行政庁の判断に不合理な点があるか否かという観点から行われるべきであって、現在の科学技術水準に照らし、右調査審議において用いられた具体的審査基準に不合理な点があり、あるいは当該原子炉施設が右の具体的審査基準に適合するとした原子力委員会若しくは原子炉安全専門審査会の調査審議及び判断の過程に看過し

難い過誤、欠落があり、被告行政庁の判断がこれに依拠してされたと認められる場合には、被告行政庁の右判断に不合理な点があるものとして、右判断に基づく原子炉設置許可処分は違法と解すべきである」と判示する（結論は原告らの上告棄却）。

(3) 社会観念審査と判断過程審査の関係　　近時、最高裁は、「判断過程が合理性を欠く結果、処分が社会観念上著しく妥当を欠く」という論法で、従来の裁量権の逸脱・濫用審査（社会観念審査）の枠組の中に、判断過程審査を位置づけていることが指摘されている。例えば、信仰上の教義を理由に公立の工業高等専門学校での剣道実技授業への参加を拒否したために行われた原級留置処分および退学処分の違法性が争われた、最判平8・3・8民集50巻3号469頁〔「エホバの証人」剣道実技拒否事件〕は、基本的人権の保障についても考慮し、次のように判示した。「信仰上の理由による剣道実技の履修拒否を、正当な理由のない履修拒否と区別することなく、代替措置が不可能というわけでもないのに、代替措置について何ら検討することもなく、体育科目を不認定とした担当教員らの評価を受けて、原級留置処分をし、さらに、不認定の主たる理由及び全体成績について勘案することなく、2年続けて原級留置となったため進級等規程及び退学内規に従って学則にいう『学力劣等で成業の見込みがないと認められる者』に当たるとし、退学処分をしたという上告人の措置は、考慮すべき事項を考慮しておらず、又は考慮された事実に対する評価が明白に合理性を欠き、その結果、社会観念上著しく妥当を欠く処分をしたものと評するほかはなく、本件各処分は、裁量権の範囲を超える違法なものといわざるを得ない」。

また、最判平18・2・7民集60巻2号401頁〔呉市公立学校施設使用不許可事件〕は、「本件中学校及びその周辺の学校や地域に混乱を招き、児童生徒に教育上悪影響を与え、学校教育に支障を来すことが予想されるとの理由で行われた本件不許可処分は、重視すべきでない考慮要素を重視するなど、考慮した事項に対する評価が明らかに合理性を欠いており、他方、当然考慮すべき事項を十分考慮しておらず、その結果、社会通念に照らし著しく妥当性を欠いたものということができる」と述べ、教育研究集会で使用する目的で申

請した教職員団体に対する本件不許可処分は裁量権を逸脱したものであるとした。さらに、最判平18・9・4判時1948号26頁〔林試の森公園訴訟〕は、民有地に代えて公有地を利用できるときには、そのことも都市施設に関する計画の合理性を判断する1つの考慮要素であると解すべきであり、国有地に代えて民有地を公園の区域と定めた建設大臣（当時）の判断が合理性を欠く場合、その「判断は、他に特段の事情のない限り、社会通念に照らし著しく妥当性を欠くものとなるのであって、本件都市計画決定は、裁量権の範囲を超え又はその濫用があったものとして違法となる」と判示し、原審に差し戻した。

(4) **手続の審査**　行政庁の裁量判断の結果および判断過程の審査のほかに、行政手続法などが定める手続（審査基準・処分基準の設定・公開、聴聞、審議会への諮問など）の適切な履行にかかる瑕疵も行政裁量を統制する手段となる。最判昭46・10・28民集25巻7号1037頁〔個人タクシー事件〕は、行手法が制定される20年以上も前に裁量基準を手がかりとする審査をしている。判決は、道路運送法「6条は抽象的な免許基準を定めているにすぎないのであるから、内部的にせよ、さらに、その趣旨を具体化した審査基準を設定し、これを公正かつ合理的に適用すべく、とくに、右基準の内容が微妙、高度の認定を要するようなものである等の場合には、右基準を適用するうえで必要とされる事項について、申請人に対し、その主張と証拠の提出の機会を与えなければならない」と判示し、審査基準の設定と聴聞の実施を要求し、個人タクシー事業の免許却下処分を違法とした。

|解決のヒント|

　廃棄物処理法15条の2第1項には不確定な概念があるので、行政庁には許可に際し要件裁量があると考えられる。設問では要件裁量の判断基準（裁量基準）を定めた内部基準上は、要件を満たしていることから、次に効果裁量が認められるのかが問題となる。法文は「許可の申請が次の各号のいずれにも適合していると認めるときでなければ、……許可をしてはならない」となっており、効果裁量があると読めないこともない。しかし、この許可は、消極目的から権利自由を制約する講学上の警察許可である以上、法定の許可要件に適合する場合は許可しなければならないと解され、効果裁量は認められない。

第13章 職権取消しと撤回

> **設 例**
> 近隣の産業廃棄物処理業者が迷惑行為を繰り返すので、警察に相談していたところ社長が暴力団員であることが判明した。行政はこのまま産業廃棄物処理業者の許可を認めておくのだろうか。

第1節 職権取消しと撤回の異同

　行政行為が成立し（→100頁）、いったん発効した後、その効力を失わせるものとして「取消し」「撤回」等の問題がある。

　取消しとは、行政行為に瑕疵（違法または不当）がある場合、行政行為の効力を行政行為が行われた時点まで遡り効力を失わせる行為である。取消しは、行政争訟に基づく**争訟取消し**と行政庁の職権に基づく**職権取消し**がある。争訟取消しは、争訟の結果に基づく取消しであるのに対し、職権取消しは行政庁自らその瑕疵を認め自主的に職務として行うものである。一方**撤回**とは、違法・不当にかかわらず行政行為が行われた時点とは現在の事情が変化したことを原因として、将来に向かってその効力を失わせる行為である。

第2節 職権取消し

　「職権取消し」とは、例えば産業廃棄物処理施設設置許可の申請にあたり、申請人が許可にかかわる書類に虚偽の事実を記載し設置許可を得た後、その事実が判明した場合、行政庁は設置許可を行った時点に遡りその許可を取り消す処分である。一方、「争訟取消し」は許可要件等の判断に争いがあり、処分庁の不許可処分を不服申立てや訴訟で取り消す行為である。

1 法律の根拠の要否

　職権取消しに法律の根拠が必要かどうかについては、判例・多数説は不要

である（不要説）としている。ただし、その根拠は法治国原理の要請から認められるとするものや、条理上当然の法理であるとするもの、行政行為を行った根拠法に内在する取消根拠があるとするものなど理由は分かれている。

2 取消権者

　行政行為を行った処分庁が取消権限を有することは当然として、問題は監督権限を有する上級行政機関が、取消権を有するかどうかである。つまり、上級行政機関は指揮監督権に基づいて処分庁に職権取消しの職務命令を発するにとどまるのか、それとも取消権を有するのかということである。実際には、処分庁が上級行政機関の指示に従わないことはありえないが、一般的には上級行政機関も取消権を有すると考えられている。

3 職権取消しの制限等

　行政行為が行われると、この行為を信頼し様々な法律関係が構築される。したがって、いったん成立した行政行為を職権取消しすると処分の相手方のみならず、その行政行為を信頼した者にも大きな影響を及ぼすことになる。このような場合に、行政庁の職権取消しを無制限に認めてもよいのかが問題になる。一般的には、行政行為の取消しによって生ずる不利益と取消しをしないことにより、かかる処分に基づきすでに生じた効果をそのまま維持することの不利益を比較衡量し、さらにその処分を放置することが公共の福祉に照らし著しく不当かを判断し決すべきものとされている（最判昭43・11・7民集22巻12号2421頁）。この判断基準を基に行政行為を侵害的行政行為と授益的行政行為に区分し検討すると以下のとおりになる。

　侵害的行政行為は、行政行為の相手方の権利利益を侵害する行政行為であり、取消しによって行政行為の効力が失効しても相手方の利益を害することにはならない。したがって、職権取消しを制限する必要はなく行政庁は自由に取り消すことができる。ただし、建築確認のような二重効果的処分（複効的処分）は相手方のみならず行政行為の効果の影響を受ける利害関係人の利益を考慮したうえで取消しの判断をする必要がある。例えば、農地買収処分に瑕疵があった場合でも、買収した農地の売渡しを受ける者がいる場合にはその者の利益を害してまで職権取消しをすべきではないとされている（最判

第13章　職権取消しと撤回

昭33・9・9民集12巻13号1949頁〔秋田県本荘町農地買収令書職権取消事件〕)。

　これに対し、授益的行政行為の場合は許認可等相手方に権利利益を付与する行政行為であり、それが取り消されると相手方の既得権益等を害するおそれがあり、利益衡量の必要性が生ずる。利益衡量の判断要素としては、行政行為の瑕疵の程度、相手方の不利益の程度、公共の福祉への影響の程度、相手方の帰責事由の有無等があり、これらを総合勘案して判断することになろう。例えば、営業許可の申請にあたり、行政庁の判断に誤りがあったために許可された場合と、申請者の詐害行為により許可された場合とでは取消権の行使に違いが生ずるのは明白であろう。また、違法な行政行為が長い間放置されていれば信義則や禁反言の法理などとの関係で、取消権を行使することはできないと考える余地も出てくる。また、取消しには遡及効があることが原則であるが、授益的行政行為の取消しにあっては、遡及効を制限し将来に向かってのみ効果を生じる取消しを認めるべきである、という主張もされている。例えば、老齢年金の給付決定を過去に遡り取り消した事案（東京地判昭57・9・22行集33巻9号1846頁〔豊田訴訟事件〕）や、在留資格のような継続的資格にかかわる事案においては取消しの遡及効を制限すべきであるとする学説もある。

第3節　撤　　回

　「撤回」とは、「職権取消し」と異なり行政行為の瑕疵にかかわらず、公益上の必要性や、処分後における相手方の義務違反など、事情の変更を理由として、将来に向かって行政行為を失効させることである。例えば、スピード違反による運転免許取消処分、行政財産である庁舎の使用許可の撤回などである。運転免許の取消しは法令上「取消し」という言葉が使われているが、免許取消処分は義務違反を根拠として将来に向かってその効力を消滅させる処分である。このように、撤回の効力は**将来効**を原則とするが、補助金交付決定の撤回については補助金の返還請求権が発生すること、また、青色申告承認の撤回は過年度分の課税処分に影響することを理由として、撤回にも遡及を認めることができるとする見解もある。

1 法律の根拠の要否

撤回は、それが許される場合について個別法で明文の規定を置くものが多い。これに対して、規定がない場合については根拠規定が必要か不要か見解が分かれている。侵害的行政行為の撤回は、事情変更により公益上の必要がなくなり相手方の利益も害することはないので、明文の規定がなくとも撤回できることに異論はない。問題は授益的行政行為の撤回である。

授益的行政行為の撤回は相手方の権利利益を害することになるので、法律の留保原則が適用され、明文の規定がなければ撤回できないとする見解がある。判例は、旧優生保護法に基づく指定医の指定を受けていた者が、虚偽の出生証明書を作成し実子のあっせんを行い有罪判決を受けた事案において、公益上の必要性を根拠として、明文の規定がなくても指定医の撤回は可能であると判断している（最判昭63・6・17判時1289号39頁〔菊田医師事件〕）。また、使用期間がある公共財産の使用許可にあたり使用期間内であっても公共目的のため当該財産を使用する必要性が生じた場合は明文の規定がなくても撤回が可能であり（最判昭49・2・5民集28巻1号1頁〔東京都中央卸売市場事件〕）、さらに医薬品の製造承認に関し有害な副作用があることが後に判明した場合は明文の規定がなくても撤回できるとされている（最判平7・6・23民集49巻6号1600頁〔クロロキン薬害訴訟〕）。

2 撤回権者

撤回の場合は職権取消しの場合と異なり、上級行政機関にその権限はないとされる。つまり明文上、上級行政機関が代執行権を有し撤回できる旨の規定がない限り、撤回できるのは原則、処分庁のみである。その理由は、撤回とは適法な行政行為を変更するという処分権と表裏一体の関係にある行為であるため、撤回判断は処分庁しかなしえないからである。上級行政機関が直接撤回することは監督権を超える行為で、処分庁の権限を侵すことになる。

3 撤回権の制限

撤回が職権取消しと異なるのは行政行為に瑕疵がないということである。

侵害的行政行為については、相手方の権利利益の保護という観点から原則自由になしうると解することができる。しかし、授益的行政行為については

信頼保護の原則や法的安定性の観点から一定の制限がなされる。原則的には、義務違反等相手方の責めに帰すべき事由がある場合、相手方の同意がある場合は撤回が許される。問題は公益上の理由による撤回である。処分庁が公益上の理由を根拠に恣意的に撤回をすることが許されないのはもちろんであるが、それ以上に公益上の必要性と撤回によって失われる相手方の利益を比較衡量して判断しなければならない。薬事行政や食品行政の分野においては公益上の理由から撤回は可能であるとし、公益上の理由が特に重要な場合は撤回が行政庁の義務でもあるとする考え方もある（福岡地判昭53・11・14判時910号33頁〔福岡スモン訴訟〕）。

　撤回権の行使は、場合によっては相手方の既得権益を害する場合があり、撤回と損失補償の問題が生ずる。義務違反に基づく撤回や財産権に内在するようなリスクがある場合は、損失補償の必要性はないと考えるべきである（東京地判昭52・6・27判時854号30頁〔チクロ食品添加物撤回事件〕）。これら以外の場合であっても損失補償の必要はないとする考え方もあるが（前掲最判昭49・2・5）、事案によっては損失補償の可能性を否定できない場合もあろう。さらに、義務違反の程度によって、免許停止（道交103条）や営業停止（食品衛生55条）のように、撤回ではなく効力の停止を行う場合もある。

第4節　撤回権の留保——附款

　(1)　撤回権の留保　　撤回によるトラブルを避けるために、行政庁はあらかじめ行政処分にあたって「必要に応じて撤回権の行使ができる」旨を付加することがある。これは撤回権の留保と呼ばれるもので、附款の一種である。附款は法律上、条件、期限というような用語が用いられる。

　(2)　附　款　　附款とは、行政行為の二者択一的な効果を緩和し、状況適合的な処分を可能とするもので、主たる行政行為に付加する従たる意思表示である。

　例えば、運転免許証に「眼鏡等」という附款がつく場合がある（道交91条）。条件と呼ばれるもので、裸眼では自動車運転が不許可となる場合でも、眼鏡を使用することによって運転が可能となるものである。

(3) 附款の種類　　附款には、行政行為の効力発生・消滅を不確実な事実にかからしめる「条件」、確実な事実にかからしめる「期限」、相手方に特定の義務を命ずる「負担」、そして「撤回権の留保」がある。

(4) 附款の制限　　附款は従来、法律行為的行政行為（→97頁）のみに付すことができると考えられてきたが、受理に際し手数料の納付を命ずる行為のように準法律行為的行政行為に付することも可能である。また、附款を付しうるのは、附款を許す趣旨の規定がある場合と、法令が行政庁に裁量を認めている場合に限られるが、「負担」は法律で明文がある場合にのみ認められる（道交91条、廃棄物8条の2第4項・14条11項・15条の2第4項など）。さらに、附款を付す行為が裁量行為である場合であっても平等原則、比例原則などの適用を受けることはいうまでもない。附款に瑕疵がある場合は、附款が行政行為の重要な要素であれば行政行為全体が無効となり、重要な要素でないときは附款のみを無効とすべきである。附款の取消しに関しては、附款と主たる行政行為が可分であれば附款のみの取消しを求めることができよう（神戸地判平3・4・22判時1425号64頁〔廃棄物処理業等許可条件取消請求事件〕）。一般に「負担」は可分であり、「条件」「期限」は不可分とされる。

「撤回権の留保」は確認的な意味合いしかなく、これが付されていることのみで撤回することが正当化されるわけではない。

> 解決のヒント
>
> 産業廃棄物処理業者として許可される要件の1つとして、暴力団員ではないことという要件がある（廃棄物14条5項2号ロ）。さらに暴力団員であることが判明した場合は許可を取り消さなければならないことになっている（同法14条の3の2）。第1に暴力団員であることを秘匿して申請（虚偽申請）を行い、許可されたが後に新聞報道でそれが判明した場合は職権取消しの問題となる。この場合、同法14条の3の2は適用されない。なぜなら、そもそも許可自体に瑕疵があるからである。一方、事業開始後暴力団員になった場合は14条の3の2が適用される。条文上は「取消し」となっているが撤回規定である。仮に、この条文がない場合撤回が可能かどうかは微妙な問題である。また許可の時点で瑕疵があったとしてもその後治癒された場合、撤回ないし取消しが可能かどうかもまた困難な問題である。

第14章　行政上の義務の実効性確保

> **設 例**
> 立入検査の結果、処理基準違反の埋立処分や地下水の汚染が判明し、水源の汚染等が懸念された。そこで、知事は改善命令を出し、さらに処理基準に適合しない廃棄物の撤去を求める措置命令（廃棄物19条の5第1項1号）を行ったが業者は従わない。知事はどうしたらよいのだろうか。

第1節　義務履行の概要と類型

　行政上の義務履行確保とは、私人が特定の法律や行政行為により義務を課せられている場合、その履行をしないときに強制的手段を用いて履行状態を確保することである。

　戦前は行政執行法という一般法が存在し、代執行・執行罰・直接強制・即時強制を規定していた。しかし、この規定が濫用され人権侵害が生じていたこともあり、1948（昭和23）年に廃止された。戦後は通則的な規定が現在まで制定されることなく、代執行に関してのみ行政代執行法が制定され一般規定となっている。執行罰については戦後廃止されたが、砂防法36条のみが削除漏れから現存する唯一の規定となっている。その他直接強制や即時強制は現在個別法により規定されるにとどまっている。現行の制度を類型化すると、**行政強制**は、**強制執行**（代執行・執行罰・直接強制・強制徴収）と即時強制に分けられ、行政罰は行政刑罰と執行罰に分類される。

第2節　行政上の義務不履行に対する司法的執行と行政的執行

　私人間で貸した金銭を回収する場合や、境界を越えてきた樹の枝を伐採する場合、民事訴訟法や民事執行法に基づいて、裁判所の手を借りてその実現を図る手続が**司法的執行**と呼ばれるものである。一方、滞納税金の徴収や駐

車禁止場所に停めている車のレッカー移動のように行政が**自力救済**によりその実現を図る行為が**行政的執行**である。行政に自力救済が認められるのは、大量・反復的な行政行為を考慮すると司法的執行では公益上の損失が大きく、裁判所にとっても負担が大きいことと、行政庁の行為は私人の行為より一般的に信頼性があることが理由とされている。

問題は、司法的執行と行政的執行の行使の選択である。行政上の義務が公営住宅の明渡しのように行政庁の財産的権利に由来する場合は、司法的執行が可能とされている。ただし財産的権利に由来する場合であっても、行政的執行による自力救済が可能な場合は、行政的執行によるべきである（バイパス理論）。農業共済組合の掛金徴収において、国税滞納処分の例により強制徴収を行うことが認められている場合は、民事上の強制執行の申立てはできない（最大判昭41・2・23民集20巻2号320頁〔下妻市農業共済保険料徴収事件〕）。

また、上記の事例とは逆に、行政上の法律関係において私人が負う行政上の義務を民事上の強制手続で履行させることができるのかという問題がある。下級審や学説の中には、行政上の強制執行方法を欠く場合、民事執行が可能であるとする見解もあるが、最高裁は財産的権利に由来しない義務については、行政的執行が法定されていない場合の司法的執行は「法規の適正ないし一般法益の保護を目的とするものであっても、自己の権利利益の保護救済を目的とするものということはできないから、法律上の争訟として当然に裁判所の審判の対象となるものではない」と判示した（最判平14・7・9民集56巻6号1134頁〔宝塚市パチンコ店建築中止命令事件〕）。つまり、行政主体を「行政権の主体として私人に行政上の義務履行を求める場合」と、「財産権の主体として自己の財産権上の履行を求める場合」に区分し、前者は裁判所法3条1項の法律上の争訟に該当しない不適法な訴えとしたのである。

第3節　行政上の強制執行

1 行政代執行

行政代執行とは、他人が代わってなすことのできる義務（代替的作為義務）について義務者がこれを履行しない場合、行政庁が義務者に代わってこれを

行いその費用を義務者から徴収する手続である。

(1) 代執行の要件　行政代執行法2条の解釈において問題になるのは、「法律（法律の委任に基づく命令、規則及び条例を含む。以下同じ。）により直接に命ぜられ、又は法律に基づき行政庁により命ぜられた行為（他人が代ってなすことのできる行為に限る。）について義務者がこれを履行しない場合」という要件である。

前段に関して、自主条例に基づく代執行は可能であろうか。この要件をそのまま読めば、条例によって代執行可能な義務を独自に創造することはできず、委任条例によってのみそれが可能であると読める。しかし、有力説は「法律の委任は条例にかからない」という解釈や、地方自治法14条1項・2項を根拠に個別法による授権がある場合に限定せず、一般的委任でもよいと解することによって自主条例に基づく代執行を認めようとしている。

後段の「他人が代わってなすことのできる義務（代替的作為義務）」は、何が代替的作為義務に該当するのかという点について、個別具体的に検討するしかない。一般的に不作為義務は代替性がなく、土地や家屋の明渡義務や立退義務は作為義務であるが非代替的であると理解されている。したがって、庁舎等の明渡しは代執行の対象とはならない。しかし、庁舎の一室の明渡しは部屋にある物を運び出すだけであるから、他人が代わって行うことができる代替的作為義務である。この点に関し、市役所庁舎の一室の使用許可が撤回され職員組合が部屋を立ち退かない場合、部屋の物件の搬出の代執行を認めなかった裁判例がある（大阪高決昭40・10・5行集16巻10号1756頁〔茨木市職員組合事務所明渡請求事件〕）。その理由は、存置物件の搬出のみを取上げ代執行の対象とすることはできず、それ自体独立した義務内容ではないとされたものである。逆に、土地の引渡しのような非代替的作為義務において、土地に存置された物件の搬出を認め、土地の現実的支配を取得させた事例もある（福岡地判平5・12・14判自143号72頁）。

また代執行の機能不全に対処するため、代執行の要件を緩和した簡易代執行という制度が個別法で採用されている。例えば河川に放置されたボート（河75条3項）、屋外広告物（屋外広告物法7条2項）、違法建築物（建基9条11

項) など代執行の相手方を確知できないような場合は、公告をもって代執行ができるものとされている。

(2) **代執行の手続**　代執行は、「戒告（代執3条1項）→代執行令書による通知（同条2項）→代執行の実施→費用の徴収（5条・6条）」という手続で行われる。

戒告とは、期限まで義務を履行しない場合に代執行を行う旨をあらかじめ文書で告知する通知行為である。戒告後、期限まで履行がない場合は、代執行令書の通知がなされる。3条1項・2項の通知は事実行為であるが判例・通説は処分性を認め取消訴訟の対象としている。なお、非常・危機切迫の場合は3条1項・2項の手続を経ることなく代執行（緊急執行）することができる（3条3項）。代執行にかかった費用は国税滞納処分の例により強制徴収することができる（6条）。

(3) **代執行の実施**　行政代執行の実施にあたって、違法工作物の占拠者が抵抗しその場を立ち退かないとか、執行者に暴力を加えるなどの行為に出る場合もある。この場合、行政代執行法には立退きを拒否するものを排除することができるとする規定はない。裁判例として伝染病に罹患した馬の殺処分不履行による代執行において、馬を乗せたトラック等の搬出妨害に対し、有刺鉄線を切断し車両を移動した行為が、義務者の抵抗を排除するための必要最低限の実力行使は、代執行に随伴するものとして許されるとしたものがある（札幌地判昭54・5・10訟月25巻9号2418頁）。通常混乱が予想される代執行においては、警察官の援助協力を要請し、公務執行妨害や不退去罪などの現行犯逮捕、即時強制などの措置で排除を行う場合がある。

(4) **代執行の課題**　行政代執行の問題として、費用の徴収困難性、執行に対する反感、準備期間や専門的知識の必要性から、簡易迅速に行えないことが指摘されている。東京都は動く歩道建設に際し、段ボール小屋撤去の代執行は、戒告・代執行令書通知先を特定することや執行費用徴収の困難性から、行政代執行によらず道路法32条1項または43条2項の違反物件として除去処理をした（最決平14・9・30刑集56巻7号395頁〔新宿ホームレス退去妨害事件〕）。

2 執行罰

　執行罰とは、義務者の履行を確保するため、義務者が不履行の場合にあらかじめ過料を課すこと予告し、義務不履行の都度、何度でも過料を徴収し間接的に義務の履行を確保するものである。対象となる行政上の義務は非代替的作為義務と不作為義務で、その根拠規範は法律によることとされており、条例を根拠規範とすることはできない。

3 直接強制

　直接強制とは義務者が義務不履行の場合、行政庁が義務者の身体、財産に対し直接有形力を行使し義務の履行を確保する行為である。対象となる行政上の義務は作為義務、不作為義務の如何を問わず、作為義務に関しても代替的か非代替的かを問わない。根拠規範については執行罰と同様、条例を根拠規範とすることはできないとされている。また義務の存在を前提としない即時強制とは区別される。現在、直接強制が認められるのは、個別法による規定のみであり、例えば、成田国際空港の安全確保に関する緊急措置法、強制送還と呼ばれる不法入国外国人の退去強制手続（入管24条）などである。

4 滞納処分（金銭強制徴収）

　国税の徴収に関しては国税徴収法という法律が租税の強制徴収を規定している。国税以外の公租・公課、代執行の費用、分担金、加入金、過料、使用料等の強制徴収については個別法の中で、「国税滞納処分の例により徴収する」と規定されることにより、国税徴収法の手続をもって強制徴収が行われる。ただし、保育料のように公債権であっても滞納処分の規定がないもの、当事者の合意（契約）によって発生する水道料金や公営住宅の家賃、給食費などは通常強制徴収は許されず民事手続により徴収しなければならない。

第4節　即時強制

　即時強制とは行政上の目的を達成するため、直接身体や財産に強制力を加える事実行為であるが、義務の存在を前提としない点が直接強制と異なる。例えば、違法車両の移動に関し、移動命令を出して行う場合（道交51条1項・2項）は直接強制であり、レッカー移動の場合（同条3項）は即時強制で

ある。代表的なものとして警察官職務執行法に基づく精神錯乱者や泥酔・迷子等の保護（警職3条1項）、天災・事故の避難措置（警職4条）、消防法29条の破壊消防などがある。その他の個別法では強制入院や措置入院の制度もある。即時強制は直接強制と異なり条例で規定することも許される。

　実力行使の目的も即時強制が「目的達成のため」であり、直接強制は「義務実現のため」という違いもある。例えば、放置自転車の対策として、即時強制が利用される。それは代執行では大量の自転車を撤去することは困難であり、また、直接強制は義務の存在が前提とされるからである。

第5節　行　政　罰

　行政罰とは義務の不履行に対する制裁であり、義務履行を確保するための執行罰や、公務員等の身分関係の紀律維持のための懲戒罰と区別された概念である。行政罰には行政刑罰と秩序罰がある。

1　行　政　刑　罰

　行政刑罰とは刑法典以外に規定されている犯罪に、死刑・懲役・禁固・罰金・拘留・科料（刑法9条参照）を科す制裁である。その特徴としては、刑法犯と異なり行政上の義務違反として制裁を科するものであることから、形式犯的要素が強く、一般的にその制裁は刑法犯に比べると軽微である。刑法総則（8条）や刑事訴訟法の適用があり、従業者と事業主体（法人・個人）の両方を処罰する両罰規定も少なからず存在する。

　行政刑罰に関しては、以前からその機能不全が指摘されている。例えば交通事件即決裁判手続法では、罰金・科料を簡易裁判所で即決裁判ができるとされているが、現在は全く使われておらず、むしろ公判を開く必要のない刑訴法461条以下の略式手続により罰金を科している。行政刑罰を科して交通規則を守らせる義務履行の機能が働いていない例である。

　また、行政の大量・反復性から犯罪を刑罰以外の手続を用いて処理する方法、いわゆる犯罪の非刑罰処理（**ダイバージョン**）といった特別の仕組みを持つ制度もある。1つは通告処分と呼ばれる制度で、国税犯則取締法は間接国税に関する犯則行為について、通告処分に応じ罰金・科料に相当する金額を

納付することで刑事訴追を免除している。このような犯則調査の手続は一種の行政手続であるという裁判例（最大決昭44・12・3刑集23巻12号1525頁）もあるが、関税法138条に基づく通告処分については、行政事件訴訟法上の処分性を否定している（最判昭47・4・20民集26巻3号507頁）。

通告処分を参考に道路交通法に導入されたのが反則金制度である。反則行為者に対して反則金の納付を通告し、任意に反則金を納付した場合には刑事訴追されないというものである。いわゆる青キップというものを取締り警察官に切られ、金融機関に納付書で納付するものであるが、この反則制度についても抗告訴訟の処分性が否定されている（最判昭57・7・15民集36巻6号1169頁〔交通反則金納付通告事件〕）。

2 秩　序　罰

秩序罰とは、行政上の秩序維持のため義務違反者に対して課される金銭的制裁で、過料といわれるものである。一般的に刑法総則も刑訴法の適用もない（浦和地決昭34・3・17下民集10巻3号498頁）。法律違反に関する秩序罰は届出義務違反に対するものが多く、その徴収に関しては非訟事件手続法により過料の裁判によって行われる。過料の裁判は裁判所が行う行政処分と考えられている。また地方公共団体は1999（平成11）年度の地方自治法の改正により条例または規則により5万円以下の過料を科すことができることになり、東京都千代田区では全国で最初に路上喫煙禁止とポイ捨てを秩序罰により規制する条例を制定した。その際、告知・弁明の機会の付与が必要とされており（自治255条の3第1項）、徴収に関しては地方税の滞納処分の例により強制徴収することになる。

なお、刑罰と秩序罰との併科については、両者は目的・要件および実現の手続を異にし、必ずしも二者択一の関係にあるものではなく併科を妨げない（最判昭39・6・5刑集18巻5号189頁）とされており、憲法31条・39条には違反しないと考えられている。

第6節　その他の義務履行確保の制度

1　公　　表

　公表には、情報提供のための公表（例えば、優良産廃処理業者の公表）と制裁的公表（例えば、障害者の雇用の促進等に関する法律16条）がある。その他、間接的効果を期待することを目的としたものも存在する（例えば、国土利用計画法26条）。いずれも氏名を公表されることによる社会的信用を担保として、義務履行を促す効果が期待できるものである。しかし、誤った情報を公表してしまうとそれを回復する手段がない。公表は処分でも行政指導でもないため原則的には行政手続法が適用されないが、行政指導に従わないことを理由とする公表は行手法の適用があるとされている。したがって公表の情報提供機能と侵害機能を勘案し法律の根拠や事前手続の整備をすべきであるといわれている。公表の方法はインターネットなどを利用することが効果的で制限を設けるべきではないと考えるが、原則官報や行政機関の掲示板によることとし、ホームページなどへの掲載は補助的手段にとどまるとする考え方もある。

2　勧　　告

　土地や建物に被害が生ずるおそれのあるとき、市町村長の判断で住民に対し避難勧告をすることができる（災害対策基本法60条）。勧告は相手方の自発的な協力を前提とするもので強制力はない。人事院勧告のように行政相互間で行われる場合もある。勧告は一種の行政指導であるが、勧告が法的効果の前提として機能する場合は処分性を認められる場合がある（最判平17・7・15民集59巻6号1661頁〔病院開設中止勧告事件〕）。

3　給付拒否・行政契約

　給付拒否の例として最決平元・11・8判時1328号16頁〔武蔵野市水道法違反事件〕（→57頁）があるが、行政指導の実効性確保のため、行政指導とは別の目的で制定されている水道法を行政指導と関連づけて運用することは立法者意思に反するものと批判されている。その他、税金の納付確保として、自動車重量税未納の場合の車検証不交付（道路運送車両法97条の4第1項）や公共事業入札業者になるための税金未納の納税証明書の提出なども同様の手法

である。さらに、許認可等にかかる業務（授益的行政行為）の継続を撤回することにより義務履行を確保する手法も考えられる。公害防止協定のような行政契約（→89頁）により義務の履行を確保することも行われている。

4 課徴金

課徴金とは独占禁止法のカルテル防止に見られるように、違法行為によって法の予定していない利益を得た者にこの利益を帰属させないために徴収するものである。その他、証券取引法ではインサイダー取引の違反抑制のため導入されている。課徴金と行政刑罰の併科についてはこれを認めるのが多数的見解である（最判平10・10・13判時1662号83頁）。

5 各種加算税（金）

申告納税制度をとる我が国において、納税者の義務違反に対して課されるもので、国税の場合、加算税という税として徴収されているが、地方税の場合は加算金という形で税方式を採用していない。厳密にいえば税かどうかという議論はあるが、いずれにしても義務不履行に対する不利益措置であることに変わりはない。加算税に関しては不納付加算税、無申告加算税、過少申告加算税、重加算税の種類がある。加算税と刑事罰の併科については、二重処罰の禁止（憲39条）に該当しないと考えられている（最大判昭33・4・30民集12巻6号938頁）。

解決のヒント

立入検査により、廃棄物処理法違反の事実が判明した場合、罰金・懲役等が課せられる（廃棄物25条～34条）。また、都道府県は条例や要綱を制定し立入検査後の行政処分の内容や業者の名称、住所等を公表し、改善命令や措置命令の履行を促す。しかし、命令に従わない場合は行政代執行によりその実現を図ることになる。廃棄物処理法上の代執行の手続は行政代執行の要件が緩和された簡易代執行（略式代執行）制度がとられており、措置命令不履行、緊急等（19条の8第1項1号～4号）の要件に応じて執行されることになる。

第15章　不服申立て

設例
　産業廃棄物処理施設の設置が不許可となった。不満である。訴訟をする資金もない。また、訴訟になると結論が出るまで時間を要すると聞く。解決のため何か別の方法はないだろうか。

第1節　不服申立ての概要

　行政活動は、国民全体の福祉のため様々な活動を行っているが、時として国民の権利や自由を侵害する。これを、司法手続によらず統制する仕組みとして、行政手続法に見られるような事前に統制する仕組み（事前手続）と、**不服申立て**のように事後的に統制する仕組み（事後手続）がある。
　事後的な救済のための法制度として、行政不服審査法・行政事件訴訟法・国家賠償法（以上を救済3法という）があり、行政不服審査と行政事件訴訟をあわせて**行政争訟**という。行政不服審査法は全面改正され、改正法は2016（平成28）年4月に施行された。改正の主たる内容は、不服申立ての種類の変更、審査請求への原則一元化、審理員制度の創設、行政不服審査会への諮問制度などである。

1　総　論

　不服申立てとは、国民が行政庁による公権力の行使に対し不服があるときに行政機関に対し不服を申し立てて、事後的な救済を求める手続である。その対象となる公権力の行使は、法律に適合しない**違法な行政作用**のみならず、適法であっても公益目的に反するような**不当な行政作用**も含む。しかし、不当な行政作用の不服申立てが認められることは実務的には稀である。
　不服申立制度は、このように行政作用の不当性も審査の対象としており、司法手続に比べて簡易迅速な手続で権利救済を図ることができる。費用に関

しても、訴訟手続の際の印紙代などは不要（つまり、無料）であり、代理人の選定も司法手続が原則、弁護士に限られている（民訴54条1項）のに対して、制限がない。

また不服申立ての裁決などには、訴訟のためのフィルター効果・争点整理機能があるといわれている。しかし、裁判所に比べ紛争処理機関としての第三者性が確保されておらず、審理手続も司法手続のような公正・厳格さはない。このような弊害や専門技術的問題に対処するため、個別法において、国税不服審判所のような独立した行政不服審査機関を定めている場合もある。

2 不服申立ての種類

行政不服審査法における不服申立ては原則**審査請求**に一元化されており、例外的に**再調査の請求、再審査請求**が認められている。

審査請求とは、処分庁・不作為庁以外の行政庁（審査庁）に対する不服申立てであり、原則は処分庁の最上級行政庁に対して行うものである（行審4条）が、個別法により独立した審査機関が行うことになっている場合もある。また、地方公共団体が処理する法定受託事務については、大臣や知事に対して審査請求をするものとされている（自治255条の2）。審査請求に対する審査庁の裁断を「裁決」という。

再調査の請求とは、課税処分のように要件事実の当否が問題となり、かつ大量反覆的に行われる処分で、処分庁以外の行政庁に対して審査請求をすることができる場合において、法律の定めがある場合に処分庁に請求できるものである（行審5条）。再調査の請求に対する処分庁の裁断は「決定」という。

再審査請求とは、審査請求の裁決に不服がある場合に行われる不服申立てである（行審6条）。再審査請求は原処分と裁決のどちらに対してもすることができ、審査請求の二審的不服申立てといえる。ただし、再審査請求ができる場合は、個別法によって社会保険審査会や労働保険審査会などの専門技術性を有する第三者機関が審理するものに限定されている。

第2節　行政不服審査法

1　行政不服審査法の目的

　行審法1条1項は、2つの法目的を掲げている。つまり、「簡易迅速かつ公正な手続による国民の権利利益救済」と「行政の適正な運営を確保」することである。特に、審理の中立・公正確保のために、処分に関与していない者が審理手続を主宰するという「審理員」や、行政不服審査会などへの諮問手続の制度が設けられている。

2　不服申立ての対象

　不服申立ての対象は、行政庁の違法または不当な「処分」、その他公権力の行使にあたる行為である。行審法は両者をまとめて「処分」としている（行審1条2項）。一般的に「処分」とは、公権力により国民等に対して直接・具体的な法的効果を発生させる行為である。取り消すべき法的効果のない事実行為は原則として不服申立ての対象にはならない。しかし、行政指導や人の収容、物の留置など権力的で継続的性質を有する事実行為は行訴法や行手法と同様、処分としてその対象となる。さらに不服申立ての対象について、不服申立てができない場合を12項目に限定し（行審7条1項）、それら以外の行政作用は不服申立ての対象となる（**一般概括主義**）。

3　審査請求の要件

　不服申立ては、原則として審査請求書を提出して行う（19条）。審査請求書に関しては、必要的記載事項がない場合や誤記がある場合には相当の期間を定め補正を命じ（23条）、補正に応じない場合や補正することができないことが明らかな場合は請求を却下することになる（24条）。

　また審査請求ができる者は、第1に、自己の名において審査請求をすることができる資格（当事者能力）がある者で、自然人、法人および人格なき社団も含まれる。自然人は日本国民に限定されず外国人も含まれる。第2に、不服申立て資格がある者が常に不服申立てをすることができるわけではなく、その処分に不服のある者（当事者適格）しかできない。処分について不服がある者とは、審査請求をする「法律上の利益」がある者、すなわち当該処分に

より自己の権利もしくは法律上保護された利益を侵害され、または侵害されるおそれのある者をいう。これは、取消訴訟における法律上の利益を有する者（行訴9条）と同一であり、判例も同様に解している（最判昭53・3・14民集32巻2号211頁〔主婦連ジュース訴訟〕）。しかし、審査請求は司法手続とは異なる行政手続であり、権利救済以外にも行政の適正を確保する目的もあることから、取消訴訟の原告適格を有する者の範囲よりも広く認めるべきである、という見解も強く主張されている。

4 審査請求期間

不服申立期間は、**主観的請求期間**として、処分のあったことを知った日の翌日から起算して3カ月以内にしなければならない。また**客観的請求期間**として、処分のあった日の翌日から起算して1年を経過すると、審査請求はできないとされている。さらに、再調査の請求を前置したときは、当該再調査の請求の決定があったことを知った日の翌日から起算して1カ月とされている（以上、行審18条）。審査請求期間の例外が認められる場合として、行審法18条は「正当な理由がある」ことを要件としているが、これは天災のような「やむを得ない」客観的事情に限定されない広い事情を指す趣旨である。不作為に対する不服申立ては、不作為が継続している限り行うことができるので、期間の制限はない。

審査請求期間について問題となるのは「処分のあったことを知った日」の意味である。判例は、処分のあったことを現実に知った日を意味するとしており（最判昭27・11・20民集6巻10号1038頁）、これは必ずしも現実に知ったかどうかにかかわらず、処分が社会通念上相手方において了知することができる状態に置かれたときをいうものとされている。ただし、処分が相手方に個別に通知される場合と異なり、告示をもって画一的に多数の権利者に通知されるような場合は、告示のあった日をいうとされている（最判平14・10・24民集56巻8号1903頁）。また、審査請求が提起されても処分の執行は妨げられない（**執行不停止原則**、行審25条1項））。しかし例外として、裁量的執行停止（同条2項・3項）および義務的執行停止（同条4項）が認められることもある。行審法による執行停止は行訴法と異なり、上記2つの執行停止やその他の措

置をとるという方法で執行停止をすることができ、さらに取消訴訟と異なり内閣総理大臣の異議（行訴 27 条）に関する規定はない。

5 教示制度

教示とは、処分庁が、処分の相手方等に不服申立手続の方法を示す制度である。教示は行審法の規定が適用される場合に限らず、他の法律に基づく不服審査にも適用され（**一般的教示制度**、行審 82 条）、行政庁が一般的教示制度に基づく教示をしなかった場合には、当該処分庁に不服申立書を提出することができる（83 条 1 項）。さらに地方公共団体等に対する処分で、当該公共団体が固有の資格において処分の相手方となるものについては教示制度が適用されない（7 条 2 項）。

また、処分庁が審査請求をすべき行政庁ではない行政庁を審査請求すべき行政庁として教示した場合や、再調査の請求をすることができない処分をできると教示したなど、誤った教示を行った場合の救済措置も規定されている（22 条）。

6 審理員制度

審査請求の審理にあたり、処分に関与した職員が審理を行うことは審理の公正さを損なうことになる。そこで、関与者以外の者を審理員として指名して審理手続きを主宰させるのが**審理員**の制度である。審理員の指名にあたって審査庁は、審理員候補者名簿を事前に作成する努力義務が課され、その名簿の中から審理員が選ばれる（9 条）。審理員には審理関係者に対する質問権（36 条）や争点整理手続（37 条）、審理手続の併合・分離（39 条）、執行停止の意見書（40 条）、裁決に関する意見書（**審理員意見書**）の提出（42 条）などの権限が付与されている。

7 行政不服審査会等への諮問手続

行政不服審査会は総務省に設置され、9 人の委員で構成されている。審査会が審査庁の判断をチェックすることにより審理の公正性を向上させる趣旨である。審理手続が終了した場合は、審理員は審理員意見書を審査庁に提出し、審査庁は事件記録の写しとともにこれを添えて審査会に諮問する（43 条）。審査会は書面審理を補完する主張書面や資料の提出、参考人陳述、鑑

定などの調査権限が付与されている (74条)。ただし、審査請求人が諮問を希望しない場合は諮問をする必要はない (43条1項4号)。

8 標準審理期間

標準審理期間とは、審査請求がその事務所に到達してから当該審査請求に対する裁決をするまでに、通常要すべき期間をいう。審査庁には標準審理期間を定める努力義務があり、これを定めたときは備付けなどの方法により公にしなければならない (16条)。標準審理期間は当該審理期間内に審理を処理する義務を課するものではなく、期間内に審理が終結しなかったとしても直ちに不作為の違法とはならず、裁決固有の瑕疵 (→148頁) が生ずるものではない。

9 審査請求の審理

審査請求書が提出されると審理庁は、審査請求の要件を満たしているかを審理 (要件審理) し、次に本案審理を行う。この場合、原則として書面により審理を行う (**書面審理主義**)。書面審理主義では簡易・迅速な審理が可能であり、処分庁は「弁明書」、審査請求人は「反論書」、参加人は「意見書」を提出して審理が行われる。審査請求にかかる事件について審理手続を計画的に遂行する必要がある場合には、審理員は審理関係人を招集し意見の聴取を行うことができる (37条1項)。

審理は、書面主義を原則とするが、審査請求人または参加人は口頭意見陳述の申立てをすることもできる (31条1項)。申立人 (同項かっこ書) は審理員の許可を得て処分庁等に質問を発することができ (同条5項)、対審的な審理構造となっている。その他、審査請求人や参加人は審理にあたって証拠書類や証拠物を提出することができる (32条1項)。審理員は審理の効率を高め迅速に事務処理を行うために請求人や参加人の申立てのみならず、職権で関係書類その他物件の提出要求・留め置 (33条)、参考人陳述や鑑定の要求 (34条)、検証 (35条)、審理関係人への質問 (36条) ができる (**職権主義**)。この点に関し、行審法は職権証拠調べを認めるに過ぎないという見解もある。しかし、現行法と同様に明文規定を持っていなかった訴願法下では**職権探知主義** (→170頁) が認められているものと解していた (最判昭29・10・14民集8巻10

号1858頁)。不服審査は行政訴訟とは異なる制度であるという特質から、積極的に認めるべきであろう。さらに、審査請求人・参加人には審査庁に対し提出書類等の閲覧・写し（コピー）の交付請求権が認められている（38条1項）。

第3節　行政審判制度

　行政審判とは、行政機関が、一定の独立性を持った専門的な合議機関を通じて準司法的手続で行政処分や紛争処理を行う制度である。具体的には、労働委員会・公害等調整委員会・収用委員会・人事院・電波監理審議会・海難審判所・特許庁の審判などである。海難審判所や特許審判は戦前から存在し、専門技術的な判断を必要とするため設置されたもので、それ以外の主な委員会はアメリカの行政委員会をモデルとしている。また、国税不服審判所や人事院のように行政処分（課税処分、懲戒処分など）に対する不服申立てに関し準司法的機関として一定の独立性を有する機関もある。しかし、これらの機関の設置や手続は、全て個別法により各主務大臣の指揮監督の下で運営されていることから完全な独立性はない。また、準司法的手続や専門技術的な問題を扱っており、いわば事実審として機能しているという理由から第1審を東京高等裁判所に指定している制度もある。さらに、事実認定に関し**実質的証拠主義**を採用する場合がある（電波99条、鉱業等に係る土地利用の調整手続等に関する法律52条）。

第4節　各種苦情処理制度

　行政の多様な処分や措置に対する救済制度として、もっとも簡便で迅速な解決方法はクレームである。クレームは行政内部で気がついていないことを指摘されることにより、行政執行の適正・公正性が図られる反面、度が過ぎるクレームにより、いわゆるゴネ得が発生する危険性がある。行政に対する苦情処理として、戦前から行われているものに請願法に基づく苦情の申立てがある。特に税務行政や警察行政に対し、広い意味で行政処分の取消し・撤回を求める手段として活用されている。

第15章 不服申立て

　その他、スウェーデンで生まれた**オンブズマン**（オンブズパーソン）制度は、スウェーデンのように議会に設置するものと、我が国のように行政機関に設置するものがある。我が国では、1990（平成2）年に、神奈川県川崎市が川崎市市民オンブズマン条例を制定し、今日では市民オンブズマンをはじめ、様々な形態で行政監視・苦情を行う仕組として定着している。

　さらに訴訟手続によらない紛争解決手続として、行政型ADR（裁判外紛争解決手続）があり、公害等調整委員会（公害紛争処理法3条）、建築工事紛争審査会（建設業法25条）、国民生活センター（国民生活センター法3条）、消費生活センター（消費安全10条）などの行政機関が民間の紛争に際し解決の手助けをしている。

|解決のヒント|
　産業廃棄物処理施設の設置は廃棄物処理法15条1項における許可基準による。設置許可の申請に対し知事が不許可処分とした場合、知事の上級行政庁はないことからどのような不服申立てがありうるだろうか。
　この事務は第1号法定受託事務であることから、地方自治法255条の2の規定に基づき廃棄物処理法を所管する環境大臣に審査請求をすることになろう。また処分の取消し・撤回を求める「請願書」の提出を行うことも考えられる。

第Ⅲ部

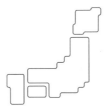

行政救済法

第16章　行政事件訴訟の性質と種類

設　例

事業者Xが、廃棄物処理法に基づいて、Y県知事に対し、産業廃棄物最終処分場の設置許可申請をしたところ、当初、Y県知事は許可・不許可の判断を留保し（許可の留保）、その後、不許可処分を行った。そこで、Xは、当該不許可処分について環境大臣に対し審査請求を行ったが、棄却裁決が下された。その後、Xは、当該不許可処分に対する訴訟を提起し勝訴したため、許可がなされ、処分場の設置が可能となった。現在、Xは、処分場の建設・操業に向けて準備をしている。これに対し、住民は、処分場の建設・操業を阻止する訴訟を提起しようと考えている。以上を前提にして、次の問いに答えなさい。なお、損害賠償請求訴訟は除くものとする。

　Xの場合、①知事の許可の留保（不作為）、②知事の不許可および③環境大臣の棄却裁決に対して、どのような訴訟を利用することが考えられるか。

　住民の場合、①知事の許可処分および②Xの処分場の建設・操業に対して、どのような訴訟を利用することが考えられるか。

第1節　行政事件訴訟の性質

1　行政訴訟制度の類型——大陸型と英米型

　行政訴訟制度は、大陸型（行政国家型）と英米型（司法国家型）に分けることができる。

　(1)　**大陸型**　大陸型の行政訴訟制度では、行政事件に関し司法裁判所は関与せず、行政裁判所が裁判をする。フランス、ドイツなどのヨーロッパ大陸系の諸国が、この制度を採用している。我が国では、明治憲法の下で、この大陸型の行政訴訟制度が採用されていた（明憲61条参照）。

　(2)　**英米型**　英米型の行政訴訟制度では、行政事件についても、民事事件および刑事事件と同様、司法裁判所が裁判をする。日本国憲法の下では、「法律上の争訟」（裁3条1項）であれば、行政事件の裁判も「司法権」に含ま

れるとして、司法裁判所の管轄に属することとなった (憲76条1項・2項)。日本国憲法の下では、英米型の行政訴訟制度が採用されたことになる。

2 「法律上の争訟」の意味

　最高裁は、行政事件を含む民事事件において、裁判所がその固有の権限に基づいて審判しうる対象は、裁判所法3条1項にいう「法律上の争訟」、すなわち「当事者間の具体的な権利義務ないし法律関係の存否に関する紛争であって、かつ、それが法令の適用により終局的に解決することができるものに限られる」としている (最判平14・7・9民集56巻6号1134頁〔宝塚市パチンコ店建築中止命令事件〕)。すなわち、最高裁によると、「法律上の争訟」は、①当事者間の具体的な権利義務ないし法律関係の存否に関する紛争であること、および②法令の適用により終局的に解決することができる紛争であること、という2つの要素から構成される。

　したがって、法令を適用することによって解決できない国家試験の合否の判定を求める訴訟は、「法律上の争訟」にあたらず、不適法な訴訟となる (最判昭41・2・8民集20巻2号196頁〔技術士国家試験不合格事件〕)。また、条例に違反してパチンコ店を建築しようとする者に対し、地方公共団体の長が同条例に基づいて建築工事の中止命令を発したが、これに従わないため、当該地方公共団体が同工事を続行してはならない旨の裁判を求めた事案において、最高裁は、「国又は地方公共団体が提起した訴訟であって、財産権の主体として自己の財産上の権利利益の保護救済を求めるような場合には、法律上の争訟に当たるというべきであるが、国又は地方公共団体が専ら行政権の主体として国民に対して行政上の義務の履行を求める訴訟は、法規の適用の適正ないし一般公益の保護を目的とするものであって、自己の権利利益の保護救済を目的とするものということはできないから、法律上の争訟として当然に裁判所の審判の対象となるものではなく、法律に特別の規定がある場合に限り、提起することが許される」と判示し、地方公共団体が専ら行政権の主体として国民に対して行政上の義務の履行を求める本件訴訟は、裁判所法3条1項にいう法律上の争訟にあたらず、これを認める特別の規定もないから、不適法であるとしている (前掲最判平14・7・9)。

3 行政事件に関する訴訟手続法の性格

　(1)　民訴応急措置法　　日本国憲法の下、行政事件に関する最初の訴訟手続法は、1947（昭和22）年に制定された「日本国憲法の施行に伴う民事訴訟法の応急的措置に関する法律」(民訴応急措置法) である。本法は、「行政庁の違法な処分の取消又は変更を求める訴」について、処分があったことを知った日から6カ月以内という出訴期間だけを定め (8条)、それ以外は行政事件についても民事訴訟と同じ取扱いをするものであった。この時点では、行政事件訴訟は、民事訴訟と同様の性質を有すると考えられていたといえよう。

　(2)　行政事件訴訟特例法　　翌1948（昭和23）年、行政事件訴訟特例法が制定された。同法1条は、「行政庁の違法な処分の取消又は変更に係る訴訟その他公法上の権利関係に関する訴訟については、この法律によるの外、民事訴訟の定めるところによる」としていた。本法は、行政事件訴訟は基本的には民事訴訟の一種であると位置づけ、行政事件訴訟に関する民事訴訟手続の特例を定めるものであった。

　(3)　行政事件訴訟法　　1962（昭和37）年、行政事件訴訟法（以下、行訴法という）が制定された。行訴法1条は、「行政事件訴訟については、他の法律に特別の定めがある場合を除くほか、この法律の定めるところによる」とし、同法7条は、「この法律に定めがない事項については、民事訴訟の例による」と規定している。これは、同法が行政事件訴訟に関する一般法であることを明らかにすると同時に、行政事件訴訟は民事訴訟とは異なる性質の訴訟であり、行訴法に民訴法および刑訴法と並ぶ位置づけを与える趣旨である。

　もっとも、行訴法は、行政事件に関する自己完結的な訴訟手続法ではなく、民事訴訟の例によるところを残している。本法は、2004（平成16）年に、司法制度改革の一環として、「国民の権利利益のより実効的な救済を図る」(司法制度改革推進本部行政訴訟検討会『行政訴訟制度見直しのための考え方』第1) という観点から、大きな改正を経て現在に至っている。

第2節　行政事件訴訟の種類

1　行政事件訴訟の定義

　行訴法2条は、「行政事件訴訟」とは、「抗告訴訟、当事者訴訟、民衆訴訟及び機関訴訟をいう」と規定している。これは、行政事件訴訟は、抗告訴訟、当事者訴訟、民衆訴訟および機関訴訟の4種類の訴訟であるという形式的な定義を行ったものである。

2　行政事件訴訟の4種類

　(1)　抗告訴訟　　**抗告訴訟**とは、「行政庁の公権力の行使に関する不服の訴訟」(行訴3条1項)をいう。行訴法に定められている抗告訴訟(**法定抗告訴訟**という)の種類として、①処分の取消しの訴え(3条2項以下、処分の取消訴訟という)、②裁決の取消しの訴え(同条3項。以下、裁決の取消訴訟という)、③無効等確認の訴え(同条4項。以下、無効等確認訴訟という)、④不作為の違法確認の訴え(同条5項。以下、不作為の違法確認訴訟という)、⑤義務付けの訴え(同条6項。以下、義務付け訴訟という)および⑥差止めの訴え(同条7項。以下、差止訴訟という)の6種類がある。この他、行訴法が明定していない**法定外抗告訴訟**(**無名抗告訴訟**ともいう)も解釈上認められると解されている。解釈論上想定される法定外抗告訴訟の例としては、公権力の行使をしないこと(またはすること)が違法であることの確認を求める訴訟、あるいは国営空港の管理作用など包括的な公権力の行使作用から生じる人格的利益の侵害の排除を求める権力的妨害排除訴訟などがあげられている。しかし、2004(平成16)年の行訴法改正前には、法定外抗告訴訟として議論されていた⑤と⑥について改正法が正面から法定したため、法定外抗告訴訟としてどのような訴訟が認められるか、という議論の重要性は低下している。そこで、以下、抗告訴訟については法定抗告訴訟だけをとりあげる。

　(2)　当事者訴訟　　**当事者訴訟**は、「当事者間の法律関係を確認し又は形成する処分又は裁決に関する訴訟で法令の規定によりその法律関係の当事者の一方を被告とするもの及び公法上の法律関係に関する確認の訴えその他の公法上の法律関係に関する訴訟」(行訴4条)をいう。当事者訴訟には2種類

のものがある。

　1つは、4条のうち「当事者間の法律関係を確認し又は形成する処分又は裁決に関する訴訟で法令の規定によりその法律関係の当事者の一方を被告とするもの」であり、**形式的当事者訴訟**と呼ばれている。これは「行政庁の公権力の行使」である処分または裁決に関する訴訟であるから、本来は当該処分または裁決を抗告訴訟で争うこととなるはずであるが、法令の規定により当事者訴訟の形式をとるものである。例えば、土地収用に対する損失補償の額を決定する収用委員会の収用裁決に不服の場合、土地収用法133条3項は、収用委員会の裁決のうち損失の補償に関する訴えは、「これを提起した者が起業者であるときは土地所有者又は関係人を、土地所有者又は関係人であるときは起業者を、それぞれ被告としなければならない」として、本来は抗告訴訟で争うこととなる事件について、起業者、土地所有者または関係人という収用に関係する当事者で争うこととしている。このように、実質は「公権力の行使に対する不服の訴訟」(抗告訴訟)であるが、法令の規定により、当事者間の訴訟としている場合の当事者訴訟を、形式的当事者訴訟という。

　もう1つは、4条のうち「公法上の法律関係に関する確認の訴えその他の公法上の法律関係に関する訴訟」であり、**実質的当事者訴訟**(ないし**公法上の当事者訴訟**)と呼ばれている。実質的当事者訴訟は、公法上の法律関係に関する訴訟であり、この点で、私法上の法律関係に関する民事訴訟とは異なる。実質的当事者訴訟の類型として、確認訴訟(日本国籍の確認など)と給付訴訟(国家公務員の俸給の給付請求など)がある。

　(3)　**民衆訴訟**　　民衆訴訟は、「国又は公共団体の機関の法規に適合しない行為の是正を求める訴訟で、選挙人たる資格その他自己の法律上の利益にかかわらない資格で提起するもの」(行訴5条)をいう。民衆訴訟は、自己の法律上の利益にかかわらない資格で提起する訴訟であるため、法律に定める場合において、法律に定める者に限り、提起することができる(42条)。この民衆訴訟の例として、公職選挙法に基づく選挙訴訟(203条以下)や地方自治法に基づく住民訴訟(242条の2)などがある。

　(4)　**機関訴訟**　　機関訴訟は、「国又は公共団体の機関相互間における権

限の存否又はその行使に関する紛争についての訴訟」(行訴6条)をいう。機関訴訟は、国または公共団体の機関相互間における権限の存否またはその行使に関する紛争についての訴訟であり、権利主体間の争いではないため、法律に定める場合において、法律に定める者に限り、提起することができる(42条)。この機関訴訟の例として、地方議会の議決または選挙に関する議会と長の訴訟(自治176条7項)や国の関与(許可、指示など)に対する地方公共団体の長等が提起する訴訟(自治251条の5)などがある。

3 主観訴訟と客観訴訟

　行政事件訴訟は、特定人の個人的な権利利益の保護を目的とする訴訟である主観訴訟と、一般公共の利益を確保するための訴訟である客観訴訟に分類できる。

　(1)　**主観訴訟**　抗告訴訟は、特定人の法律上の利益を保護するための訴訟であり、また当事者訴訟は、当事者間の法律関係(権利義務関係)に関する訴訟であり、特定人の個人的な権利利益を保護するための訴訟として、主観訴訟に分類される。

　(2)　**客観訴訟**　民衆訴訟は、違法行為の是正によって一般公共の利益を確保するための訴訟で、特定人の法律上の利益にかかわらない訴訟であるから、客観訴訟である。また、機関訴訟は、機関相互間における権限の存否またはその行使に関する紛争を解決するための訴訟で、当事者の権利利益の保護に関するものではなく、一般公共の利益を確保するための訴訟として、客観訴訟に位置づけられる。

第3節　抗告訴訟の種類

1 抗告訴訟の概念

　抗告訴訟の概念は、①「行政庁の公権力の行使」に関する、②「不服の訴訟」という2つの構成要素から成り立っている(行訴3条1項)。すなわち、抗告訴訟は、「公権力の行使」という行政庁の行為・態度に対して国民が不服を申し立て、一定の救済措置を求める訴訟である。

2 法定抗告訴訟

行訴法では、6種類の抗告訴訟が規定されている。

(1) 処分の取消訴訟　**処分の取消訴訟**は、「行政庁の処分その他公権力の行使に当たる行為（次項に規定する裁決、決定その他の行為を除く。以下単に「処分」という。）の取消しを求める訴訟」(3条2項) をいう。

(2) 裁決の取消訴訟　**裁決の取消訴訟**は、「審査請求その他の不服申立て（以下単に「審査請求」という。）に対する行政庁の裁決、決定その他の行為（以下単に「裁決」という。）の取消しを求める訴訟」(3条3項) をいう。

裁決の取消訴訟と処分の取消訴訟を合わせて**取消訴訟**と呼ぶ (9条1項かっこ書参照)。争いの対象が処分または裁決の場合は、取消訴訟を利用しなければならない（→ 149 頁）。

(3) 無効等確認訴訟　**無効等確認訴訟**は、「処分若しくは裁決の存否又はその効力の有無の確認を求める訴訟」(3条4項) をいう。無効等確認訴訟には、①処分・裁決の存在を確認する訴訟、②処分・裁決の不存在を確認する訴訟、③処分・裁決の有効を確認する訴訟、および④処分・裁決の無効を確認する訴訟がある。これら無効等確認訴訟の中では、処分の無効を確認する訴訟（無効確認訴訟）がもっとも利用されている。無効確認訴訟では、処分・裁決が無効の場合に当該処分・裁決の無効を確認することになる。取消訴訟と比較すると、無効確認訴訟は出訴期間（→ 156 頁）の制限がなく、また個別の法律で審査請求を経由しなければ取消訴訟を提起できないと規定されている場合（**審査請求前置主義**　→ 156 頁）であっても、審査請求を経由せずに提起できるメリットがある（→ 184 頁）。

(4) 不作為の違法確認訴訟　**不作為の違法確認訴訟**は、「行政庁が法令に基づく申請に対し、相当の期間内に何らかの処分又は裁決をすべきであるにもかかわらず、これをしないことについての違法の確認を求める訴訟」(3条5項) をいう。行政庁が不作為でいることの違法を確認するものである。

(5) 義務付け訴訟　行訴法は、義務付け訴訟は、「次に掲げる場合において、行政庁がその処分又は裁決をすべき旨を命ずることを求める訴訟をいう」(3条6項) と定義している。次に掲げる場合とは、1つは、①「行政庁

が一定の処分をすべきであるにかかわらずこれがされないとき（次号に掲げる場合を除く。）」(3条6項1号)であり、もう1つは、②「行政庁に対し一定の処分又は裁決を求める旨の法令に基づく申請又は審査請求がされた場合において、当該行政庁がその処分又は裁決をすべきであるにかかわらずこれがされないとき」(同2号)である。

　このように義務付け訴訟には、前者①のように、申請権を前提とせず、行政庁が一定の処分をすべきことを義務付ける訴訟（**非申請型義務付け訴訟**という）と、後者②のように、行政庁に対して法令に基づく申請をした者または審査請求をした者が原告となって、行政庁が一定の処分または裁決をすべきことを義務付ける訴訟（**申請型義務付け訴訟**という）の2種類がある（→195頁）。申請型義務付け訴訟のうち、裁決の義務付け訴訟を利用できるのは、処分に対する取消訴訟または無効等確認訴訟を提起することができない場合に限られるので（行訴37条の3第7項）、注意が必要である。

　(6)　**差止訴訟**　　差止訴訟は、「行政庁が一定の処分又は裁決をすべきでないにかかわらずこれがされようとしている場合において、行政庁がその処分又は裁決をしてならない旨を命ずることを求める訴訟」(3条7項)をいう。行政庁の処分や裁決の差止めを求めるものである。

|解決のヒント|
　知事の許可および不許可は、「公権力の行使」(行訴3条1項)にあたる。したがって、この許可および不許可を争う場合は、抗告訴訟を利用することになる。
　事業者Xの場合、①知事による許可の留保（不作為）に対しては、不作為の違法確認訴訟および義務付け訴訟、②知事の不許可に対しては、取消訴訟、無効確認訴訟および義務付け訴訟、③環境大臣の審査請求棄却裁決に対しては、取消訴訟および無効確認訴訟の利用が考えられる。
　住民の場合、①知事の許可に対しては、許可前であれば、許可の差止訴訟、許可後であれば、取消訴訟および無効確認訴訟、②Xの施設建設・操業に対しては、住民とXとの私法上の法律関係に関する争いであるため、民事の差止訴訟の利用が考えられる。

第17章　取消訴訟

> **設例**
> 札幌市の事業者Xが、廃棄物処理法に基づいて、2015（平成27）年8月3日に、北海道知事に対し、産業廃棄物最終処分場の設置許可申請をしたところ、知事は、同年10月1日に、不許可処分を行った。そこで、Xは、同年10月15日に、知事の不許可を不服として、環境大臣に対し審査請求を行ったが、同年11月25日に、棄却裁決が下された。
> 　2015年12月9日現在、Xは、許可を得るために、誰を被告に、どこの、どの裁判所に対し、どのような行政事件訴訟を提起することが考えられるか。

第1節　取消訴訟の意義

1　処分の取消訴訟と裁決の取消訴訟

　行政事件訴訟法（以下、行訴法という）は、処分の取消訴訟（3条2項）と裁決の取消訴訟（同条3項）を分けて規定している。

　行政庁の処分（この文脈では、原処分と呼ばれる）がなされ、これに不服のある者が、審査請求をした後に取消訴訟を提起する場合、原処分の取消訴訟と裁決の取消訴訟の2種類の取消訴訟を利用することができる。この場合、行訴法は、裁決の取消訴訟では、原処分の違法を主張することはできず、裁決固有の瑕疵だけを争うことができるという**原処分主義**を採用して（10条2項）、これら2種類の取消訴訟の間で交通整理を図っている。もっとも、個別法が裁決の取消訴訟だけを認める**裁決主義**を採用している場合がある（電波96条の2）ので、注意を要する。

　以下では、主として処分の取消訴訟を念頭に置いて説明する。

2　公定力排除訴訟

　争いの対象が「処分」（行訴3条2項）にあたる場合は、取消訴訟を利用し

なければならない。例えば、土地収用により土地所有権を奪われたことに不服のある者は、処分である事業認定（収用20条）や収用委員会の裁決（収用48条）をとらえて取消訴訟を提起すべきであり、土地の所有権を取得した起業者を被告にして、土地所有権の確認などを求める民事訴訟を提起しても、原告の請求は認められない。すなわち、処分は、違法であっても当然無効とされる場合でない限り、権限ある機関が取り消すまでは事実上適法なものとして通用する効力（公定力）を有するため、事業認定などの処分は民事訴訟において有効なものとして取り扱われる。この公定力を排除するには、取消訴訟を提起して違法な処分を取り消すことが必要である。このように、処分に取り消しうべき違法があっても、その効力を裁判で否定するためには、取消訴訟によらなければならない。これを**取消訴訟の排他的管轄**（→ 102頁）と呼んでいる。

第2節 訴訟要件と本案勝訴要件

1 訴訟要件

　取消訴訟では、原告は被告に対して処分は違法であると主張し、これに関して裁判所に本案審理と取消判決をするように求めることになる。原告が裁判所に対して本案審理および判決を求めるための条件を**訴訟要件**（訴えの適法要件ないし本案判決要件）という。訴訟要件が欠けていれば、不適法な訴えとなり、却下判決が下される。

2 本案勝訴要件

　本案勝訴要件は、原告が本案で勝訴するための条件であり、取消訴訟の場合は、処分が違法であることがそれにあたる。処分が違法であれば、裁判所は、原則当該処分を取り消すことになり、原告の請求は認容されて、原告勝訴となる。

第3節 取消訴訟の訴訟要件の種類

　取消訴訟の訴訟要件のうち、以下の要件が特に重要である。

1 処分性

(1) **意　義**　処分の取消訴訟は、「行政庁の処分その他公権力の行使に当たる行為」の取消しを求める訴訟である（行訴3条2項）。したがって、原告が取消しを求める行政庁の行為は、この「処分その他公権力の行使に当たる行為」（以下、処分という）である必要がある。これを一般に「処分性」の要件と呼んでいる。

(2) **「行政庁の処分」の定義**　最高裁は、行政庁の処分とは、「公権力の主体たる国または公共団体が行う行為のうち、その行為によつて、直接国民の権利義務を形成しまたはその範囲を確定することが法律上認められているものをいう」（最判昭39・10・29民集18巻8号1809頁〔大田区ごみ焼却場設置事件〕）と定義している。最高裁による処分性の判断要素として、①公権力性、②法効果性および③法効果の直接性という3つのものをあげることができる。

(3) 処分性の判断要素

① **公権力性**　処分性の第1の判断要素は、「公権力の主体たる国または公共団体が行う行為」、つまり公権力性を有する行為ということである。下命、禁止、不許可など、行政庁が法律に基づいて相手方の同意を得ることなく一方的に国民の権利義務を変動させる行為は、これに該当する。

他方、国や地方公共団体がパソコンなどの事務用品を購入したり、住宅を借りて被災者に貸し付けるような行為は、私人との合意に基づく私法上の契約であり、公権力性を有しない行為である。国有普通財産の払下げは、「私法上の売買」であるとして、公権力性を否定し、取消訴訟の対象たる処分ではないとした判決がある（最判昭35・7・12民集14巻9号1744頁〔国有普通財産払下げ取消請求事件〕）。

② **法効果性**　第2の判断要素は、「国民の権利義務を形成しまたはその範囲を確定することが法律上認められているもの」、すなわち法効果性を有する行為ということである。そこで、公共工事（前掲最判昭39・10・29）や行政上の指導監督措置たる戒告（最判昭和38・6・4民集17巻5号670頁）など、法効果を有しない事実行為は処分性を否定される。また、行政組織内部の行為（行政機関相互間の許認可など）も、国民の権利義務に変動を生じさせるもの

ではないとして、処分性が否定されている。最判昭34・1・29民集13巻1号32頁〔東山村消防長同意取消事件〕は、知事が建築許可を行うにあたって必要となる消防長の同意について、消防長がいったんは行った同意の取消しは、「知事に対する行政機関相互間の行為であつて、これにより対国民との直接の関係においてその権利義務を形成し又はその範囲を確定する行為とは認められない」から処分ではない、としている。また、通達も処分性を否定されている（最判昭43・12・24民集22巻13号3147頁〔墓地埋葬通達事件〕）。

　他方、最高裁は、医療法30条の7に基づく病院開設中止の勧告の取消しが求められた事件において、勧告は行政指導であると判示しつつも、処分性を肯定した（最判平17・7・15民集59巻6号1661頁〔病院開設中止勧告事件〕）。これは、勧告に従わない場合には、「相当程度の確実さをもって、病院を開設しても保険医療機関の指定を受けることができなくなるという結果」がもたらされ、「保険医療機関の指定を受けることができない場合には、実際上病院の開設自体を断念せざるを得ないことになる」という「病院開設中止の勧告の保険医療機関の指定に及ぼす効果及び病院経営における保険医療機関の指定の持つ意義」をあわせ考えた結果である。

　③　**法効果の直接性**　　第3の判断要素は、「直接」国民の権利義務を形成またはその範囲を確定することが法律上認められているもの、すなわち直接の法効果を有する行為ということである。したがって、法律や条例、命令・規則などは、法効果はあるが一般的なものであり直接的な法効果とはいえないことから、原則処分性は否定される。ただし、最判平21・11・26民集63巻9号2124頁〔横浜市保育所廃止条例事件〕は、行政処分と「実質的に同視」できる場合に条例の制定行為に処分性を認めている。

　行政計画は、いろいろな種類があり法効果の直接性も様々であるが、一般的には、直接的な法効果を有しないとされてきた。例えば、都市計画法上の用途地域指定について、その法効果は、あたかも「法令が制定された場合におけると同様の当該地域内の不特定多数の者に対する一般的抽象的なそれ」に過ぎないとした判決がある（最判昭57・4・22民集36巻4号705頁〔盛岡用途地域指定事件〕）。

しかし、最大判平20・9・10民集36巻4号705頁〔浜松市土地区画整理事業計画事件〕は、従来の判例（最判昭41・2・23民集20巻2号271頁〔高円寺土地区画整理事業計画事件〕）を変更し、土地区画整理事業計画決定の処分性を認めている。本判決は、本件で、事業計画決定の処分性を肯定する理由として、①施行地区内の宅地所有者らは、事業計画の決定によって様々な規制を伴う土地区画整理事業の手続に従って換地処分を受けるべき地位に立たされるため、「その法的地位に直接的な影響が生ずる」ものであり、事業計画の決定に伴う法的効果が一般的、抽象的なものに過ぎないということはできないこと、また②事業計画の適否が争われる場合、実効的な権利救済を図るためには、事業計画の決定がされた段階で、これを対象とした取消訴訟の提起を認めることに合理性がある、と述べている。

2　原告適格

　(1)　**原告適格の意義**　　取消訴訟を提起するためには、一定の資格が必要である。この資格を原告適格という（→159頁）。

　取消訴訟の原告適格については、行訴法9条1項が、処分または裁決の取消しを求めるにつき「法律上の利益を有する者」に限り、提起することができる、と定める。この「法律上の利益を有する者」について、最大判平17・12・7民集59巻10号2645頁〔小田急高架化訴訟〕は、「当該処分により自己の権利若しくは法律上保護された利益を侵害され又は必然的に侵害されるおそれのある者をいう」としている。

　(2)　**名あて人の原告適格**　　処分の名あて人（相手方）が不利益を受けた場合は、一般に、当該名あて人に原告適格が認められる。すなわち、営業許可の取消しや営業停止といった不利益処分の名あて人は、その処分によって直接に営業の権利を侵害されることとなる。また、産業廃棄物最終処分場の設置許可などのように、法律上申請権が認められている場合、当該申請権を有する者は、行政庁に対して適切な応答を求める権利ないし法律上の利益を有しているため、当該拒否処分（不許可など）の名あて人は、このような権利ないし法律上の利益を侵害されたとして原告適格が認められると解されるからである。

第17章 取消訴訟

なお、名あて人以外の第三者の原告適格については、第18章で説明する。

3 訴えの利益

(1) 意 義　提起された取消訴訟について、裁判所が裁判を行うためには、裁判に値するだけの利益がなければならない。すなわち、取消訴訟を利用するためには、原告の請求が認容された場合に、原告の権利利益が客観的に見て回復可能でなければならない。これを**訴えの利益**（狭義の訴えの利益ないし訴えの客観的利益）という。例えば、最判昭57・9・9民集36巻9号1679頁〔長沼訴訟〕では、原告適格を有するとされた排水機場流域内に居住する住民について、その原告適格の基礎は、保安林の存在による洪水や渇水の防止上の利益を侵害されているところにあるが、「本件におけるいわゆる代替施設の設置によって右の洪水や渇水の危険が解消され、その防止上からは本件保安林の存続の必要性がなくなつたと認められるに至つたとき」は、保安林の指定解除処分の取消しを求める訴えの利益は失われる、としている。

他方、道路交通法は、優良運転者の要件を満たす者に対しては優良運転者である旨の記載のある免許証を交付して更新処分を行うことを、その者の法律上の地位として保障するものであるから、一般運転者として扱われて優良運転者である旨の記載のない免許証の更新処分を受けた者は、法律上の地位を否定されたことを理由として、これを回復するため、免許証の更新処分の取消しを求める訴えの利益を有する、とされている（最判平21・2・27民集63巻2号299頁〔優良運転免許証交付等請求事件〕）。

(2) 行政事件訴訟法9条1項かっこ書の解釈　行訴法9条1項は、「処分の取消しの訴え及び裁決の取消しの訴え（以下、取消訴訟という。）は、処分又は裁決の取消しを求めるにつき法律上の利益を有する者（処分又は裁決の効果が期間の経過その他の理由によりなくなつた後においてもなお処分又は裁決の取消しによつて回復すべき法律上の利益を有する者を含む。）に限り、提起することができる」と定めている。この「かっこ書」は、処分等の効果が期間の経過などによって失われた後でも、処分等の取消しによって「回復すべき法律上の利益を有する者」について、訴えの提起を認めることを明らかにしたものである。

例えば、公務員が在任中に免職処分を受け、その後議員に立候補し当選したため、元の公務員への復職の可能性がなくなった事案において、最高裁は、免職処分の取消しによって、当該公務員は違法な免職処分がなければ公務員として有するはずであった「給料請求権その他の権利、利益」を回復する可能性があり、それにより訴えの利益が認められる、としている（最大判昭40・4・28民集19巻3号721頁〔名古屋郵政局職員免職処分取消請求事件〕）。また、最判昭55・11・25民集34巻6号781頁〔運転免許停止処分取消請求事件〕は、自動車運転の免許停止期間の経過後も、過去1年以内に免停処分の前歴があると、道路交通法上不利益な取扱いを受けるおそれがあるため、そのような不利益がなくなる処分の日から満1年を経過するまで訴えの利益は失われないという趣旨の判示をしている。

(3) 訴えの利益の消滅と存続——事業の完了の場合　最判昭59・10・26民集38巻10号1169頁〔仙台市建築確認取消請求事件〕は、建築確認は、建築行為を適法に行わせるという法的効果のみを有するもので、建築工事終了後はその効果が失われ、その結果、建築確認を取り消しても回復すべき法的利益はなくなるため、訴えの利益は失われる、としている。また同様に、開発許可に関し、開発工事が完了した場合は、当該許可を取り消す利益は失われる、とされている（最判平5・9・10民集47巻7号4955頁〔松戸市開発許可処分等取消請求事件〕）。

他方、最判平4・1・24民集46巻1号54頁〔八鹿町土地改良事業施行認可処分取消請求事件〕は、土地改良法に基づく土地改良事業認可の取消訴訟において、土地改良事業が完了した場合に、原状回復をするということが社会通念上不可能であるとしても、このような事情は、事情判決すなわち処分が違法ではあるが諸事情を勘案して取り消さないとする判決（行訴31条）をするに際して考慮されるべきもので、認可処分の取消しを求める訴えの利益を消滅させるものではない、としている。

4　被告適格

(1) 原則　被告となるのは、原則として、処分または裁決をした行政庁が所属する行政主体（「国又は公共団体」）である（行訴11条1項）。

(2) 例　外　処分・裁決をした行政庁が国または公共団体に属しない場合、取消訴訟の被告適格は、その行政庁になる（同条2項）。また、行訴法11条1項と2項に基づいて被告とすべき行政主体あるいは行政庁がない場合は、処分・裁決にかかる事務の帰属する国または公共団体が被告となる（同条3項）。

5　管轄裁判所

(1) 管　轄　行政事件訴訟は、原則地方裁判所が管轄する（裁24条1号・33条1項1号）。地方裁判所支部には管轄がない（地方裁判所及び家庭裁判所支部設置規則1条2項）。また、行政事件訴訟については、被告の普通裁判籍の所在地（原則住所地）を管轄する裁判所または処分・裁決をした行政庁の所在地を管轄する裁判所の管轄に属する（行訴12条1項）。

国の場合は、国を代表する官庁の所在地を管轄する裁判所に訴えを提起する必要があり（民訴4条6項）、国を当事者または参加人とする訴訟は、法務大臣が国を代表するため（法務大臣権限1条）、法務大臣の所在地を管轄する裁判所すなわち東京地方裁判所が管轄裁判所となる。しかし、そうすると、国に対する訴訟の多くが東京に集中することとなり、国民の出訴、訴訟遂行や証拠調べなどに支障が生じる。そのため、2004（平成16）年の行訴法改正で、特定管轄裁判所の制度が採用された。

(2) 特定管轄裁判所　特定管轄裁判所の制度は、国・独立行政法人（独立行政法人通則法2条1項および別表の法人）を被告とする取消訴訟は、原告の住所地を管轄する高等裁判所所在地の地方裁判所（特定管轄裁判所）にも訴えを提起することができるというものである（行訴12条4項）。

6　不服申立前置

(1) 自由選択主義　国民が行政庁の処分を争う場合、不服申立て（以下、審査請求という）と取消訴訟を利用できるが、行訴法は、国民が審査請求をするか、またはそれをしないで直ちに取消訴訟を提起するか、あるいは両方を同時に行うかは国民の選択に任せるという自由選択主義を採用している（8条1項）。

(2) 審査請求前置主義　しかし、個別法で、取消訴訟を提起する前に、

審査請求をすることが義務付けられている場合がある。これを**審査請求前置主義**という。このような場合は、審査請求を経ていなければ、訴えは不適法として却下される。例えば、国家公務員法は、公務員の懲戒処分に関しては、審査請求に対する人事院の裁決を経た後でなければ取消訴訟を提起できないと規定しているが（92条の2）、この場合に、人事院に対する審査請求を経ないで取消訴訟を提起しても、訴えは却下されることとなる。

7 出訴期間

(1) 出訴期間の法定　取消訴訟は、処分または裁決があったことを知った日から「正当な理由」がなく6カ月を経過したときは、提起できない（行訴14条1項）。また、処分または裁決があったことを知らなくても、処分・裁決の日から「正当な理由」がなく1年を経過した場合は出訴できない（同条2項）。

(2) 不可争力の発生　出訴期間を経過すれば、たとえ処分が違法であるとしても、取消訴訟では当該処分を争うことはできなくなる。このような効力を不可争力（→103頁）という。

第4節　訴訟要件の教示

1 教示制度の意義

国民にわかりやすく利用しやすい司法のためには、出訴期間その他の訴訟要件を教示することが有用である。そのため、行訴法の2004（平成16）年改正で、取消訴訟の訴訟要件の教示制度が創設された（46条）。

2 教示の内容

行政庁が処分または裁決をする場合は、その相手方に対して、原則書面により、①当該処分・裁決にかかる取消訴訟の被告とすべき者、②当該処分・裁決にかかる取消訴訟の出訴期間、③当該処分について審査請求前置主義が定められている場合は、その旨、④処分について裁決主義の場合は、その旨を教示することとなっている（46条1項・2項）。

第5節　仮の救済──執行停止制度

1　仮の救済の意義

　(1)　**執行不停止の制度**　　行訴法は、「処分の取消しの訴えの提起は、処分の効力、処分の執行又は手続の続行を妨げない」(25条1項)と定めている。すなわち、取消訴訟を提起しても、処分の効力、処分の執行または手続の続行に影響はなく、行政活動は進行する。これを**執行不停止の制度**という。そのため、原告の権利利益を保護するため、暫定的な仮の権利救済が必要になる場合がある。

　(2)　**取消訴訟における仮処分の排除**　　民事事件では、民事保全法に基づく仮処分などの仮の救済が用意されている。しかし、行訴法44条は、「行政庁の処分その他公権力の行使に当たる行為については、民事保全法……に規定する仮処分をすることができない」と規定しているため、取消訴訟では、仮処分を利用することができない。このため、仮処分に代替するものとして、執行停止の制度が用意されている。

2　執行停止の制度

　(1)　**執行停止制度の意義**　　執行停止制度は、「処分の効力、処分の執行又は手続の続行の全部又は一部」を停止する制度である(行訴25条2項)。執行停止は、申立人の申立てによって開始される(同2項)。

　(2)　**執行停止の要件**　　行訴法25条2項は、①処分の取消しの訴えの提起があった場合において、②処分、処分の執行または手続の続行により生ずる重大な損害を避けるため緊急の必要があるときは、執行停止ができると規定している。これら①②の要件は、積極要件と呼ばれている。他方、行訴法25条4項は、執行停止は、①公共の福祉に重大な影響を及ぼすおそれがあるとき、または②本案について理由がないと見えるときは、することができないと規定する。これら①②は、消極要件と呼ばれている。

　行審法25条4項は、「執行停止をしなければならない」と規定し、行訴法25条2項は、執行停止「をすることができる」と規定しているが、裁判所は、執行停止の積極要件があり、消極要件がなければ、執行停止をしなけれ

ばならないという見解が有力である。

3 内閣総理大臣の異議の制度

(1) **意　義**　内閣総理大臣は、執行停止の申立てがあった場合あるいは申立てを認容する決定がなされた場合に、裁判所に対し、異議を述べることができ（行訴27条1項）、異議があれば、裁判所は、執行停止をすることができず、すでに執行停止の決定をしているときはこれを取り消さなければならない（同条4項）。

(2) **制度の問題点**　この異議の制度により、内閣総理大臣には、裁判所の執行停止に対する最終的な決定権が与えられていることになる。学説上、執行停止は、国民の権利利益の救済を実効的なものとするための司法権に属する作用であるとしたうえで、内閣総理大臣の異議の制度は、行政権の判断を司法権に優越させるものであるから、裁判官の独立および権力分立の原理に反し、また国民の裁判を受ける権利を侵害するとして、違憲説も有力に主張されている。

|解決のヒント|

　2015（平成27）年12月9日現在において、不許可処分の日（同年10月1日）と棄却裁決の日（同年11月25日）は、いずれも、取消訴訟の出訴期間の範囲内であるから、事業者Xは、処分の取消訴訟および裁決の取消訴訟のうち、いずれかの訴訟を選択して訴えを提起することができる。また、両者を、同時に提起することも可能である。

　Xは、処分については、北海道知事が所属する北海道を被告として、札幌地方裁判所に取消訴訟を提起することができる。また、裁決については、環境大臣の所属する国を被告として、東京地方裁判所または札幌地方裁判所（特別管轄裁判所）に取消訴訟を提起することができる。

　なお、義務付け訴訟を提起することも可能であるが、義務付け訴訟については、第22章でとりあげる。

第18章　住民（第三者）による取消訴訟

設　例
　不許可処分の取消訴訟で敗訴が確定した北海道（知事）は、すぐに廃棄物処分場設置許可を交付するらしい。処分場周辺の住民らは北海道と協調してこれまで反対運動を展開してきたが、今後は北海道とは別に、自分たちだけで処分場の設置を阻止するために原告団を組織した。住民らは取消訴訟を提起することができるだろうか。

第1節　第三者の原告適格が問題になる理由

1　不利益処分等の名あて人

　不利益処分や不許可（拒否）処分の名あて人（相手方）には、取消訴訟を用いて当該不利益処分等の取消しを求める原告適格があることに争いはない（→152頁）。

2　名あて人以外の第三者

　名あて人以外の第三者の原告適格をめぐって争いがある。「法律上の利益」とはどんな利益で、誰に原告適格があるか、が問題である。不利益処分等の相手方の範囲は、通常明確であるが、第三者の範囲は無限に広がる可能性があり、やがて**民衆訴訟**（行訴5条　→144頁）との区別がつかなくなる。これが第三者の原告適格が争われる理由である。取消訴訟においては、住民訴訟（自治242条の2　→226頁）や**選挙訴訟**（公職選挙法202条以下）のように一定の資格（住民・選挙人）を有している者であれば誰でも訴訟を提起することができる民衆訴訟との区別が重要である。

第2節　学説・判例と行政事件訴訟法改正

1　学　　　説

　2つの説が対立している。1つは、係争処分が依拠する根拠規定（法律）の解釈を重視し、原告が当該処分によって侵害されると主張する利益を個別的に保護する法規範を根拠規定の中に探し求める見解で、**法律上保護された利益説**と呼ばれている。この見解は、立法者が諸事情を総合考慮して原告適格の範囲を決めるべきだと考えており、少しずつ救済範囲の拡大を図ろうとする傾向がある、といえよう。他方、法律上保護された利益説によれば、誰が「法律上の利益を有する者」であるかを立法者が法律（処分根拠規定）ごとに個別的に決定することになり、取消訴訟における権利救済に穴が生ずる、と批判する見解がある。この見解は、裁判官が憲法を含む法秩序全体に照らして法（法律）を解釈し、取消訴訟（裁判）で救済することが望ましい利益であれば「法律上の利益」に含める立場で、**法的保護に値する利益説**と呼ばれている。これには、根拠規定による保護の対象範囲に含まれない利益（これを**事実上の利益**ということがある）であっても救済すべきなら「法律上の利益」に含める立場と、除外する立場がある。

　これらの考えはいずれも、申請権を除いて、「法律上の利益」を（生命や財産権のような）実体的な権利利益として理解する点で共通している。

2　判　　　例

　判例は「法律上保護された利益説」をとる、と考えられている。行政上の不服申立適格（→ 132頁）に関する事例であるが、最判昭53・3・14民集32巻2号211頁〔主婦連ジュース訴訟〕が、第三者に不服申立適格が認められるための判断枠組みをはじめて示した（→ 152頁）。

　その後、意見書提出などに関する明文の手続規定等に着目して住民の原告適格を引き出した最判昭57・9・9民集36巻9号1679頁〔長沼訴訟〕、明文規定だけでなく法律の合理的解釈を強調した最判昭60・12・17判時1179号56頁〔伊達火発訴訟〕、処分根拠規定だけでなく関係規定によって形成される法体系の中で解釈すべきだとした最判平元・2・17民集43巻2号56頁〔新

潟空港訴訟〕などを経て、最判平4・9・22民集46巻6号571頁〔もんじゅ訴訟〕が判例理論を集大成した。もんじゅ訴訟判決は、原告適格の存否を判断するに際して、(違法な)処分によって侵害される利益の内容・性質をも考慮すべきことを強調した点に特徴があり、被侵害利益の内容・性質を重視する「法的保護に値する利益説」を吸収したと考えられる。

3 行政事件訴訟法9条2項の新設と判例の現状

(1) 行政事件訴訟法9条2項の新設　2004（平成16）年の行訴法改正において、第三者の原告適格を拡大するために、従来の判例理論を踏まえて、処分等の「相手方以外の者」、つまり名あて人以外の第三者に関する規定である行訴法9条2項が新設された、といわれている。同項により第三者の原告適格（「法律上の利益」）の有無を判断する際の考慮事項が整理された。

(2) 判例の現状　改正行訴法の下ではじめて第三者の原告適格について判断した最大判平17・12・7民集59巻10号2645頁〔小田急高架化訴訟〕が、現在の判例の到達点を示している。本件では、都市計画事業として実施される鉄道高架化事業の事業地周辺住民らが、当該事業の実施によって生じる騒音などによる健康・生活環境被害を理由に、当該事業に与えられた認可処分の取消しを求めて争った。以下、本判決の論理を紹介・分析しよう。

① 法律上の利益を有する者　本判決はまず次のようにいう。つまり、法律上の利益を有する者とは、「当該処分により自己の権利若しくは法律上保護された利益を侵害され、又は必然的に侵害されるおそれのある者をいうのであり、当該処分を定めた行政法規〔根拠規定（筆者補足。以下同じ）〕が、不特定多数者の具体的利益を専ら一般的公益の中に吸収解消させるにとどめず、それが帰属する個々人の個別的利益としてもこれを保護すべきものとする趣旨を含むと解される場合には、このような利益もここにいう法律上保護された利益に当たり、当該処分によりこれを侵害され又は必然的に侵害されるおそれのある者は、当該処分の取消訴訟における原告適格を有する」。これに続けて本判決は、行訴法9条2項と同じ趣旨を述べている。

② 保護範囲要件　次に本判決は、係争処分である認可（都計59条）に関連する諸規定と、都市計画法13条1項が定める都市計画の公害防止計画

への適合義務に触れるほか、東京都公害防止条例の内容にも言及する。その上で、「都市計画事業の認可に関する同法の規定は、〔高架化〕事業に伴う騒音、振動等によって、事業地の周辺地域に居住する〔原告らを含む〕住民に健康又は生活環境の被害が発生することを防止し、もって健康で文化的な都市生活を確保し、良好な生活環境を保全することも、その趣旨及び目的とする」と述べる。こうして、原告住民らが主張する健康・生活環境被害の発生防止と良好な生活環境の保全もまた同法の保護範囲に含まれることが認定された。

③　個別保護要件　　さらに本判決は、本件都市計画「事業に起因する騒音、振動等による被害を直接的に受けるのは、事業地の周辺の一定範囲の地域に居住する住民に限られ、その被害の程度は、居住地が事業地に接近するにつれて増大する」、「事業地の周辺地域に居住する住民が、当該地域に居住し続けることにより上記の被害を反復、継続して受けた場合、その被害は、これらの住民の健康や生活環境に係る著しい被害にも至りかねないものである。そして、都市計画事業の認可に関する同法の規定は、その趣旨及び目的にかんがみれば、事業地の周辺地域に居住する住民に対し、違法な事業に起因する騒音、振動等によってこのような健康又は生活環境に係る著しい被害を受けないという具体的利益を保護しようとするものと解される」、「この具体的利益は、一般的公益の中に吸収解消させることが困難なものといわざるを得ない」。「都市計画事業の認可に関する都市計画法の規定の趣旨及び目的、これらの規定が都市計画事業の認可の制度を通して保護しようとしている利益の内容及び性質等を考慮すれば、同法は、これらの規定を通じて、都市の健全な発展と秩序ある整備を図るなどの公益的見地から都市計画施設の整備に関する事業を規制するとともに、騒音、振動等によって健康又は生活環境に係る著しい被害を直接的に受けるおそれのある個々の住民に対して、そのような被害を受けないという利益を個々人の個別的利益としても保護すべきものとする趣旨を含む」。こうして、著しい健康・生活環境被害を受けないという利益は、一般的公益としてだけでなく、著しい被害を直接的に受けるおそれのある個々人の個別的利益としても保護されていることが認定された。

続けて判決は、本件「事業地の周辺に居住する住民のうち当該事業が実施されることにより騒音、振動等による健康又は生活環境に係る著しい被害を直接的に受けるおそれのある者は、当該事業の認可の取消しを求めるにつき法律上の利益を有する者として、その取消訴訟における原告適格を有するものといわなければならない」と結論する。

④　判断枠組み—段階的審査　本判決は、第三者住民に原告適格があるかを判定する一般的判断枠組みとして、原告における不利益の存在を前提に、原告が侵害されると主張する利益は認可処分根拠規定の保護範囲に含まれているか (保護範囲要件)、その保護は個別的保護であるか (個別保護要件)、という段階的審査をしている。また、本判決からは、根拠規定の保護範囲に含まれていない (事実上の) 利益は「法律上の利益」から (論理上) 除外されること、「健康又は生活環境に係る著しい被害」だけが拾い上げられていることも読みとれよう。さらに、「著しい被害を直接的に受けるおそれ」を手がかりに原告の範囲を (抽象的にせよ) 画定することによって、個別保護要件が充足されていると認定していることもわかる。この認定は本件の場合、事実 (被害実態) に照らしてしか、なしえない性質のものであろう。

なお、本件公害防止条例が規定し、本件事業の実施が環境に著しい影響を及ぼすおそれがある地域として東京都知事が定める「関係地域」は、以上の判断枠組みを事案にあてはめる中で登場しているにすぎず、考慮はされているものの、原告適格の存否判断にとって決め手ではないことに注意が必要であろう。決め手は原告住所地と事業地との距離関係であろう。

第3節　類型的検討

① 第三者による訴訟の類型

第三者による訴訟として、①例えば、建築確認 (建基6条) や総合設計許可 (建基59条の2) を、日照や災害の観点から隣人が争う隣人訴訟、②例えば、運賃値上げの認可を、経済的損害を被ると主張して利用客らが争う消費者訴訟、③例えば、新規の参入業者に与えられた営業許可を、売上げが落ちると主張して既存業者が争う競業者訴訟などがある。また、原子炉設置許可

の取消しを周辺住民らが求める原発訴訟などの環境訴訟は現代型隣人訴訟であるともいえよう。特にこうした環境訴訟、消費者訴訟、競業者訴訟で第三者の原告適格が問題になる。

さて、環境訴訟や消費者訴訟において、**被侵害利益**（生活環境や経済的利益）は、通常広く薄く拡散しているため、原告個人の利益（私益）であるか、という個別的利益性が疑われ、また、競業者訴訟では一般に**自由競争**原理が前提にあるため、**距離制限規定**などの特別な法的仕組みがなければ、原告が侵害されると主張する経済的利益は法的救済に値するのか自体が問われる。これらの分野では、立法（者）の役割が大きいといえよう。

2 関連する判例

(1) **環境訴訟**　例えば、場外車券場の設置許可（自転車競技法4条）による周辺環境などの悪化が争われた最判平21・10・15民集63巻8号1711頁〔大阪サテライト訴訟〕では、一般居住者、事業者そして病院開設者それぞれの関係利益が区別されたうえで、専ら生活環境利益が問題になる居住者、経済的利益が影響を受ける事業者（周辺環境調和基準）について原告適格は否定された。これに対して、著しい損失が生じる場合、病院の原告適格が肯定された。病院は関係規定上、設置許可に際して配慮されていること（位置基準）が指摘されている。なお、自転車競技法は、公益増進・地方財政の健全化を目的としている（1条）。

(2) **消費者訴訟**　例えば、主婦連ジュース訴訟判決（前掲最判昭53・3・14）や最判平元・4・13判時1313号121頁〔近鉄特急事件〕では、ジュース消費者、特急利用者は無数で個別保護性を認めにくく、また経済的損失は「せいぜい数千円」（近鉄特急事件第1審判決）に過ぎない、とされる。類似の問題は電気・ガス・バス事業などにもある。定期券や供給契約・導管の存在から個別保護性を引き出せるか、が問われよう。文化財の享有を「消費」ととらえるなら、最判平元・6・20判時1334号201頁〔伊場遺跡訴訟〕もここに位置づけられよう。

(3) **競業者訴訟**　例えば、最判昭34・8・18民集13巻10号1286頁〔質屋営業事件〕は新規業者への営業許可を既存業者が争う原告適格を否定し

た。「競争の自由」が前提にあるからであろう。医療法に基づく新規の病院開設許可を既存の周辺病院などが争う原告適格を否定した最判平19・10・19判時1993号3頁〔東京西徳洲会病院事件〕も「開業の自由」を前提とする。しかし、最判昭37・1・19民集16巻1号57頁〔公衆浴場事件〕は既存業者の原告適格を肯定した。公衆浴場という生活必需サービスの維持という公共の福祉を、既存業者の営業利益を保護することを通じて図ろうとする（と解釈された）距離制限制度の存在が決め手であろう。公衆浴場事件判決の発想は、最判平26・1・28民集68巻1号49頁〔一般廃棄物収集運搬業等許可処分等取消請求事件〕でも用いられている。さらに、競業者（競願者）への免許と原告への不免許が表裏の関係にある事例で、最判昭43・12・24民集22巻13号3254頁〔東京12チャンネル事件〕は、免許取消訴訟における原告適格を認めている。なお、公正取引委員会による排除措置命令取消審決の取消しを被審人以外の（唯一の）競業者が求める原告適格の有無が争われた事例で、最判平27・4・28民集69巻3号518頁〔JASRAC訴訟〕は、原告適格に触れることなく、原告競業者の主張を認める本案判断をしている。

　(4)　被害・不利益の内容・程度　　例えば、最判平10・12・17民集52巻9号1821頁〔国分寺市パチンコ店営業許可事件〕、最判平12・3・17判時1708号62頁〔大阪墓地経営許可事件〕は周辺住民の原告適格を否定しているが、被害・不利益の内容・程度が問われたのではないか。東京地判平22・4・16判時2079号25頁が墓地経営許可の取消しを求める原告適格を周辺住民に認めたのは、関連条例が飲料水の汚染等の防止をも目的とするからであろう。

3　団体訴訟

　消費者団体による民事差止訴訟制度が導入された一部の分野（不当景品類及び不当表示防止法など）を除いて、消費者・環境行政分野に団体訴訟は未だ導入されていない。

　|解決のヒント|
　　近い将来下される産業廃棄物埋立処分業等の許可処分の無効確認訴訟およびその許可更新処分の取消訴訟の原告適格を、処分場周辺の住民らが有するかが争われた事例において、最判平26・7・29民集68巻6号620頁は、当該処分

業が埋立処分を内容とする場合について、埋立処分場の設置許可要件を考慮して、住民らの原告適格を認めている。しかし、住民団体には原告適格は認められないであろう。

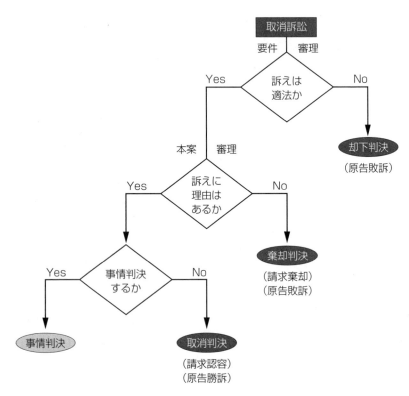

図　取消訴訟のフローチャート

第19章　取消訴訟の審理

> **設例**
> 不許可処分を取り消してもらうには、裁判で何を主張したらよいのだろうか。処分理由書（行手8条）には、「貴社の廃棄物処理施設の設置計画は、環境省令で定める技術上の基準に適合していません」などと書いてある。また、被告行政と違い、私たちは裁判や廃棄物処理法の素人だから、どんな主張・立証活動を裁判ですればよいのかわからない。裁判官は助けてくれるのだろうか。

第1節　取消訴訟の流れ

　訴訟は、原告が訴状（民訴133条）を裁判所に提出することから始まる。裁判所（受訴裁判所）はまず、訴えは訴訟要件（→149頁）を備えた適法な訴えであるか、という**要件審理**をする。訴えが不適法な場合、却下判決がなされる。訴えが適法なら、原告の請求に理由があるか、つまり争われている処分（係争処分）は違法か（これを**本案**という）、という**本案審理**が始まる。ここで、原告から係争処分の効力等の執行停止（→157頁）が申し立てられる場合がある。本案審理の結果、請求に理由がない（処分は適法）と判断されると**請求棄却判決**が下される。請求に理由がある（処分は違法）と判断されると、事情判決がされないならば**取消判決**（**請求認容判決**）が下される（判決の種類について　→177頁）。

　さて、裁判では原告の請求をめぐって法解釈と事実認定が行われるが、法解釈は裁判所の専権事項であるから、裁判では主要事実の認定が中心になる。**主要事実**とは、権利の発生・変更・消滅という法律効果の判断に直接必要な事実のことであり、法律条文に要件として掲げられている**要件事実**（要件要素）を基礎づける具体的な事実である。主要事実が何であるかを考えるのも法解釈である。産業廃棄物処理施設設置不許可処分の取消訴訟では、設置許

可の要件（廃棄物15条・15条の2）が満たされているかの判断に直接必要な具体的事実が主要事実となろう。

第2節　取消訴訟における審判の対象

1 訴訟物

　裁判所による審判の対象を**訴訟物**という。訴訟物は、原告が訴状に記載する請求の趣旨・原因（民訴133条）によって特定される。不許可処分の取消訴訟の場合、請求の趣旨には、「被告が原告に○年○月○日付けでした不許可処分を取り消す」などと記載され、請求の原因には、不許可処分を違法だと考える事情が記載される。取消訴訟の訴訟物を、通説・判例は行政処分の違法性一般だとしている。この趣旨を述べる判例として、課税処分にかかわる最判昭62・5・28判時1246号80頁と最判昭49・4・18訟月20巻11号175頁がある。なお、課税処分の取消訴訟は、客観的な税額をめぐる争いである点で債務不存在確認訴訟だと理解されており（参照、最判平4・2・18民集46巻2号77頁）、取消訴訟としては独自のものである。

2 関連請求と訴えの併合

　同一の行政処分をめぐって取消訴訟と当該処分に関連する請求（**関連請求**）とが別々の裁判所に係属しているとき、訴訟経済と迅速な紛争処理の観点から、取消訴訟の係属する裁判所に関連請求を移送する仕組みがある（行訴13条。なお、行訴12条5項参照）。関連請求は取消訴訟に併合することができる（行訴16条ないし20条）。**併合**とは、複数の請求を1つの訴訟手続の中で取り扱うことである（参照、民訴136条）。併合により、当事者・裁判所は二重の訴訟追行・審理の負担を回避することができ、また裁判所の判断が相互に矛盾する不都合を避けることが可能になる。

　行政事件訴訟法13条各号の関連請求として、例えば、旧地主が行政を相手に争う農地買収処分の取消訴訟に、買収処分の取消しを前提にあらかじめ併合して提起される、小作人に対する所有権返還の訴え（最判昭47・12・12民集26巻10号1850頁。なお参照、民訴135条）は、1号所定の関連請求であるとされている。最判平17・3・29民集59巻2号477頁は、同一人の所有にかか

る、同一の敷地にあって1つのリゾートホテルを構成している各建物について、同一年度の登録価格につき、需給事情による減点補正がされていないのは違法であるとしてされた審査の申出を棄却する固定資産評価審査委員会の決定の (一部分の) 取消しを求める各訴訟について、「本件訴訟に係る各請求の基礎となる社会的事実は一体としてとらえられるべきものであって密接に関連しており、争点も同一であるから、上記各請求は、互いに」行訴法13条6号所定の関連請求にあたる、としている。

3 訴えの変更

　訴訟が裁判所に係属した後、請求の内容を変更する原告の申立てを**訴えの変更**という。民事訴訟法143条と行訴法21条 (なお、19条参照) の場合がある。最決平17・6・24判時1904号69頁〔東京建築検査機構事件〕は、建築確認の取消訴訟係属中に建築物が完成し訴えの利益が消滅したため、訴えを行政主体への損害賠償に変更するとの申立て (行訴21条) を認めている (→ 209頁)。

第3節　審 理 手 続

1 民事訴訟の基本原則

　(1)　基本原則——処分権主義と弁論主義　　民事訴訟は原告と被告が主張を述べ合い、証拠等を提出して、裁判官がどちらの主張に分があるかを審判する制度である。民事法の基本原則である私的自治の原則は民事訴訟にも及ぶ。それゆえ、原告は、何について裁判所の審判を求めるかを自分で決め、当事者は判決によらずに訴訟を終了させることができる (**処分権主義**。参照、民訴246条・261条・266条)。また、裁判所による審判の基礎となる事実の確定に必要な資料の提出は当事者の責任とされる (**弁論主義**)。

　(2)　処分権主義の取扱い　　取消訴訟 (行政事件訴訟) も民事訴訟の例によることがある (行訴7条)。しかし、民事訴訟の原則がそのまま取消訴訟に適用されるとは限らない。

　まず、取消訴訟でも原告による訴えの取下げや請求の放棄は可能である。問題は、被告行政が確定判決と同一の効力を持つ和解や請求の認諾を自由に

調書に記載することはできるか（参照、民訴267条）、にある。一般的には、法律による行政の原理（→12頁以下）を根拠として、和解や請求の認諾をする（処分の取消しを認める）ことはできない、つまり、被告行政につき、処分権主義は採用できないと考えられよう。

これに対して、法律の範囲内であればできるとか、公権力の行使にもかかわる国地方係争処理委員会による調停制度（自治250条の19、さらに251条の2）の存在を指摘する見解や、土地収用法が、事業認定後、裁決申請前において、起業者と土地所有者・関係人全員との間での協議の確認を認め、収用委員会による和解勧告・和解調書の作成を認め、これらに収用裁決と同一の効力を認めている（収用116条以下・50条）とするほか、私人当事者間の紛争の実質を持つ当事者訴訟（→143頁）にあっては和解・請求の認諾を認めてかまわない、とする見解がある。さらに、農地所有者と小作人との間で協定が締結されたため、一度は策定されていた農地買収計画を農業委員会が取り消したところ、協定違反があったため、再度買収計画が策定されたという事案において、最判昭28・3・3民集7巻3号218頁は、再度の計画策定を適法としている。これは、当事者・関係者の意向に沿った紛争処理を認めた判決だ、と理解できよう。

2 職権証拠調べ（弁論主義の修正）

取消判決には**第三者効**（行訴32条）が認められ（→179頁以下）、公益・公共への影響があるから、当事者に全てを委ねるのは不適切な場合があるほか、一般に、原告私人の主張立証能力は被告行政に比べて見劣りするから、裁判所が手助けする必要のある場合もあろう。行訴法24条（参照、行訴38条1項・41条1項・43条）が職権証拠調べを規定するのはこのためである。

職権証拠調べは、弁論主義と職権探知主義（人事訴訟法20条、行審33条ないし36条参照　→135頁）の間にある。**職権探知主義**は、当事者が主張しない事実を考慮し、かつ、裁判所が職権で証拠調べをすることを認める。**職権証拠調べ**は、当事者の主張には表れているが立証しない事実について職権で証拠調べをする制度で、当事者の申立てを待つことなく裁判所が証人喚問等を行う。ただし、職権証拠調べは裁判所の権限であって義務ではない（最判昭

28・12・24民集7巻13号1604頁)。また、実務では、裁判所が当事者に (次に見る) 釈明をすればよいので職権証拠調べは活用されていないといわれている。

③ 釈明権・釈明処分・釈明処分の特則

裁判長等は訴訟関係を明らかにするために、事実上法律上の事項に関して、当事者に質問し立証を促すことができる (民訴149条1項・2項)。これが**釈明権**である。当事者は裁判長に対して発問を求めることができる (149条3項)。同じ目的で、裁判長は文書を提出させたり、検証・鑑定を命ずるなどの**釈明処分** (151条) をすることができる。2004 (平成16) 年の行訴法改正は、行政訴訟の審理の充実・促進を図るために、提出を求め、送付を嘱託できる文書の範囲と嘱託する相手方をそれぞれ拡大する**釈明処分の特則** (行訴23条の2第1項・2項。なお、41条1項・43条) を規定した。釈明処分に従わなかった場合の制裁はないものの、これは、被告行政は審理の充実・迅速化に協力せよという、立法者からのメッセージであろう。

④ 訴訟参加

当事者以外の第三者が自己の権利利益を守るために訴訟に参加することを**訴訟参加**という。行訴法は、第三者の訴訟参加 (行訴22条) と行政庁の訴訟参加 (23条) を規定し、民訴法は補助参加など (民訴42条、その他47条・52条) を用意している。例えば、最決平15・1・24集民209号59頁は、産業廃棄物最終処分場設置不許可処分の取消訴訟において、処分場予定地の周辺住民が被告知事側への補助参加を申し立てた事案で、申立てを認めた原審を支持している。こうした訴訟参加によって訴訟資料が豊富になり、適正な裁判の確保が図られることが期待されている。なお、義務付け・差止判決に第三者効 (→179頁以下) はないが (行訴38条1項)、第三者の訴訟参加や訴訟告知を活用して、当該第三者にも判決効を及ぼすことが考えられよう。

⑤ 証明責任 (立証責任)

(1) 意 義　例えば、取消訴訟の原告は、行政処分の適法性を基礎づける要件事実がないことを指摘し、処分は違法であると主張する。これに対して、被告行政は適法であると主張する。通常はこうしたやりとりによって、**自由心証主義** (民訴247条) の下で、裁判官の心証が形成され、処分の違法適

法が判定される。問題は要件事実の存否が不明の場合に生ずる。ある要件事実の存否を証明できない（存否不明である）ことによって、自己に有利な法律効果が認められない場合、一方当事者に生ずる敗訴などの不利益を**証明責任**（**立証責任**）、という。

(2) **基本的な考え方**　　取消訴訟における証明責任を原告被告どちらが負うか、という証明責任の分配をめぐって議論は分かれている。民事訴訟で一般的な**法律要件分類説**によると、各当事者は自己に有利な要件事実について証明責任を負う。例えば、許可は適法だと主張する被告行政が許可の要件事実の存在について証明責任を負い、違法だと主張する原告が要件事実の不存在について証明責任を負う。不許可が争われる場合には、原告申請者が許可の要件事実の存在について証明責任を負う。

また、法律要件分類説では不十分不適切だとして、関連する行政法令の内容を考慮しつつ、証拠との距離、立証の難易、事実の存在不存在の蓋然性などの実質的要素を加味すべきだという主張のほか、さらに、侵害処分については被告行政が証明責任を負い、申請拒否処分については、当該申請制度における原告の地位を考慮して、例えば、自由の回復・社会保障請求権の充足であるときには被告行政が、補助金等資金交付請求であるときには原告が負うとする見解などがある。

(3) **具体例**　　最判昭42・4・7民集21巻3号572頁は、原告が裁量権濫用の理由、無効原因のいずれも主張しなかった事案で、裁量権濫用・無効原因の証明責任を原告に負わせている。最判平4・10・29民集46巻7号1174頁〔伊方原発訴訟〕は、同じく裁量処分だと考えられる原子炉設置許可処分「に不合理な点があることの主張、立証責任は、本来、原告が負うべき」としつつ、「当該原子炉施設の安全審査に関する資料をすべて被告行政庁の側が保持していることなどの点を考慮すると、被告行政庁の側において、まず、その依拠した……具体的審査基準並びに調査審議及び判断の過程等、被告行政庁の判断に不合理な点のないことを相当の根拠、資料に基づき主張、立証する必要があり、被告行政庁が右主張、立証を尽くさない場合には、被告行政庁がした右判断に不合理な点があることが事実上推認される」と述べ

て、原告における**証明責任の緩和**を図っている。これは証拠との距離、立証の難易などを配慮した結果であろう。また、情報公開訴訟において、裁判官が非公開で関連文書を閲読できる**インカメラ審理**（→ 88 頁）は採用されていないから、裁判官は文書内容を推認することしかできない。最判平 6・2・8 民集 48 巻 2 号 255 頁〔大阪府水道部懇談会議費情報公開請求訴訟〕は、文書内容が非公開事由に該当するかについて「判断を可能とする程度に具体的な事実を主張・立証」する責任は文書を保有している実施機関が負う、とする。

以上は本案についてであるが、訴訟要件について、ある見解は、出訴期間の起算日である「知った日」、それを徒過してしまった「正当な理由」の有無、原告適格の考慮事項である処分によって害される利益などについては原告側の問題であるから、原告に証明責任があるとし、さらに原告適格の存否は社会通念による概括的な判断で足りる、としている。

6 主張制限・処分理由の差替え

(1) **自由が原則**　取消訴訟の訴訟物は処分の違法性一般だとされていることから、一般に、被告「行政庁は当該処分の効力を維持するための一切の法律上及び事実上の根拠を主張することが許される」（最判昭 53・9・19 判時 911 号 99 頁）。これは原告にもあてはまる。しかし、制約がある。

(2) **原告側の制約**　原告は「自己の法律上の利益に関係のない違法を理由として取消しを求めることができない」（行訴 10 条 1 項）。例えば、最判平元・2・17 民集 43 巻 2 号 56 頁〔新潟空港訴訟〕は、旅客の路線利用目的は「遊興目的」などであるから本件航空路線免許は違法であるという原告らの主張を退けている。廃棄物処理法に関して、長野地判平 23・9・16 判自 364 号 33 頁〔安曇野市一般廃棄物処理業許可取消請求中間判決事件〕が、「市町村による一般廃棄物の処分が困難であること」を一般廃棄物処理業許可の要件としている廃棄物処理法 7 条 10 項 1 号は、処理施設の周辺住民の生活環境を保護する趣旨を含まないとしたうえで、係争許可が同「号に反するとの原告らの主張は、自己の法律上の利益に関係のない違法事由を主張するものであ」るとして、原告ら（周辺住民）の主張を排斥している。また、原処分主義（→ 148 頁）の下では、裁決の取消訴訟において原処分の違法を主張することは

できない（行訴10条2項）。さらに、個別法によって裁決の取消訴訟だけが許される場合（裁決主義→148頁）、原処分に対する全ての抗告訴訟は禁じられる（最判昭61・6・10判自33号56頁）。なお、行訴法10条2項は無効等確認の訴え等と不作為の違法確認の訴えに準用されている（行訴38条2項・4項）。

　(3)　被告側の制約──理由の追加・差替え　　処分の付記理由と異なる理由を、被告行政は裁判で追加し、差し替えることができるか、が争われている。というのは、一方で、処分後に発見された理由が排除されるなら、処分は違法として取り消されることになり、行政目的を実現できなくなるかもしれず、他方、裁判になってからでも他の理由を主張できるなら、行政は十分な理由づけをしないまま、安易に処分するかもしれないからである。

　特に課税処分の場合を除いて、判例は自由な追加・差替えを認めている。最判平11・11・19民集53巻8号1862頁〔逗子市住民監査請求記録公開請求事件〕は、実施機関の判断の慎重を担保し、情報公開請求者に不服申立ての便宜を与えるという理由付記制度の目的は、非公開の理由を具体的に記載して通知させること自体をもってひとまず実現されるのであり、「本件条例の規定をみても、右の理由通知の定めが、右の趣旨を超えて、一たび通知書に理由を付記した以上、実施機関が当該理由以外の理由を非公開決定処分の取消訴訟において主張することを許さないものとする趣旨をも含むと解すべき根拠はない」とする。この判例法理は行政手続法8条・14条（理由の提示）にもあてはまると思われる。

　もっとも、理由の差替えが許されるのは、係争処分の同一性が保たれている限りにおいて、である。例えば、東京高判昭59・1・31行集35巻1号82頁が、公務員に対する懲戒処分の取消訴訟において、処分理由説明書記載の事実と「基本的に同一の事実」の追加主張を認めているのも、同じ趣旨であろう。

　ところで、課税処分である青色申告更正処分の取消訴訟における理由の差替えの可否について判例は立場を明確にしていない（最判昭56・7・14民集35巻5号901頁〔中京税務署法人税増額更正事件〕）。他方、学説上、理由の差替えを厳しく制限する見解がある。その理由は一般に理由付記に求められている。

しかし，理由付記だけでは不十分だとして，「それに加えて、税務処分においては、再更正といういわば訴訟外における理由の追加・差替え行為を法定し (国税通則法26条)、かつその期間を限定しているところに重点を置くと (国税通則法70条)、法は付記理由について特別の意味を与え、当初の理由以外の理由に基づく処分権限については、これを訴訟外で行使することを定めたものと解することもできよう」とする見解がある。

なお，情報非公開処分の取消訴訟は通常、公開処分の義務付け訴訟に併合提起されようが (行訴37条の3第1項2号・3項2号)、この義務付け訴訟において、付記理由以外の理由についても裁判所は審理することになろう。

7 違法判断の基準時――処分時説・口頭弁論終結時説

行政処分がなされてから判決が出るまでの間に法令が制定改廃されたり、事実状態が変化したりすることがありうる。例えば、申請時には適法だった計画が、その後の規制強化により、今許可すれば違法になったり、逆に、規制が緩和され、申請時には違法だった計画が、今許可すれば適法になる可能性がある。どの時点の法・事実に基づいて計画の適法違法を判断するのか。これが、**違法判断の基準時**の問題である。**処分時説**と**口頭弁論終結時説** (**判決時説**) がある。

まず、不作為違法確認訴訟と義務付け訴訟では、それぞれの訴訟の性質上、口頭弁論終結時説をとるのが自然であろう。

次に、不許可処分の取消訴訟において、最大判昭50・4・30民集29巻4号572頁〔薬事法違憲判決〕は処分時説をとっている。しかし、例えば、不利益処分の対象となった行為が処分時には違法であったが、法改正によって現在は適法に行える場合にまで、処分時説を適用して当該不利益処分を維持すべきか、は疑問があろう。

また、処分時説をとる場合、原子力発電所に対する設置許可の取消訴訟において、裁判官が依拠すべき「科学技術の水準」は何時の時点の水準か、が問題になりうる。前掲最判平4・10・29は、「現在の科学技術水準に照らし」て判断した。しかし、これは違法判断の基準時の問題ではなく、法や事実状態を認識し解釈する裁判所自身の通念・評価基準の問題であろう。

さらに、例えば、選挙の効力などが問題となる事案では処分時説をとるのが自然で、口頭弁論終結時説をとるのは困難なように思われる。
　このように、処分時説・口頭弁論終結時説の対立は絶対的でなく、議論は訴訟類型や事案の特色、処分根拠規定の趣旨、特に問題になっている権利利益の内容性質に応じて柔軟に対応する方向へ動いているように思われる。

> 解決のヒント
> 　産業廃棄物処理施設の設置許可要件の1つに、当該「処理施設の設置に関する計画が環境省令で定める技術上の基準に適合してい」ること（廃棄物処理15条の2）、がある。被告行政は処分理由書の中で、計画は基準に適合していない、と述べている。そこで、原告は不許可処分の取消訴訟において、本件施設の計画内容は「技術上の基準に適合している」ことを主張・立証しなければならない。これに対して、被告行政は、例えば、本件施設が設置される床または地盤面が不透水性の材料で築造され、または被覆されていないから、本件計画は「技術上の基準に適合していない」などと反論する。こうしたやりとりは、裁判官が不許可処分は違法（適法）だという結論を下すことが可能になるか、そのための資料が出し尽くされるまで繰り返される。
> 　また、事案に応じて、釈明権を行使して当事者に主張立証活動を促したり、釈明処分の特則を有効に活用することで公正な裁判を実現することが裁判長らには期待されている。

第20章　取消判決の諸効力

設例
裁判で懸命に主張・立証に努めた結果、不許可処分を取り消す旨の判決を勝ちとることができた。しかし、取消判決そのものは許可処分の交付を命ずるものではない、という。どういうことか。不許可処分取消判決の意味・効力と、許可を実際に手に入れる方法を知りたい。

第1節　判決の意義と種類

1　判決の意義

例えば、「不許可処分を取り消せ」という、原告の被告行政に対する請求（権利主張）に対し、審理の結果、処分は違法だという判断に達したならば、原則、裁判所は「不許可処分を取り消す」という判決（審判）を下す。**判決**とは、原告被告間の法的紛争を終わらせるために、裁判所が下す審判である。

2　判決の種類

判決の種類として、**訴訟判決**と**本案判決**の区別が重要である。まず第1に、訴訟判決とは、原告の訴えは訴訟要件（→149頁）を満たしていないとして、原告を敗訴させる判決である。請求に理由があるか否か（これを**本案**という）は審理されない。判決主文には「訴えを却下する」と記載される。訴訟判決は、新聞報道などでは「門前払い」判決と呼ばれている。第2に、本案判決がある。原告の請求に理由があるか否か、に関する判決が本案判決である。例えば、「不許可処分を取り消せ」という原告の請求を認める**請求認容判決**、つまり、取消判決（原告勝訴）と、請求を退ける**請求棄却判決**（原告敗訴）がある。他に、特別な事情のある場合に下される事情判決がある。

3　事情判決

本案判決の特別な類型として、処分は違法であることを判決主文で宣言す

るものの、請求を棄却する**事情判決**がある（行訴31条。なお、行審45条3項参照）。

ところで、事情判決と訴えの利益（→ 153頁）との使い分けが問題になる場合がある。例えば、土地改良事業が完了したため、土地改良事業施行認可処分を取り消しても控訴人の主張する違法状態を除去することはできないから、これを取り消す実益、つまり訴えの利益はないとして訴えを却下した原審に対して、事情判決の可能性を指摘して、事案を差し戻した判例がある（最判平4・1・24民集46巻1号54頁〔八鹿町土地改良事業施行認可処分取消請求事件〕→ 154頁）。本判決は、訴えの利益は原状回復が物理的に不可能とされる事例で問題になる、と考えているように思われる。

④ 取消判決

取消判決は、行政処分の取消しを求める原告の権利主張（請求）を容認する請求認容判決である。判決の主文において、「不許可処分を取り消す」などと宣告される。これにより、争われている処分、例えば、不許可処分が法的に取り消されるのであり、被告行政（処分庁）に処分の取消しを命ずるのではない。取消判決により行政処分はなされた当初から無効だったことになる（参照、民121条本文）と一般に理解されている。

第2節 取消判決の諸効力

例えば、プロローグで紹介した、釧路市産業廃棄物処分場事件における控訴審判決のように、取消判決が上訴期間（民訴285条・313条）を経過して確定すると、当該確定取消判決には、既判力、形成力、第三者効（対世効）、拘束力といった効力が生ずる。以下、各効力について順に説明する。

① 既判力

(1) 意義　確定判決における原告の請求についての判断は、以後、原告被告両当事者間における法律関係の基本となり、当事者はこれに矛盾する主張をしてその判断を争うことは許されず、後訴裁判所もその判断に矛盾抵触する判断をすることが許されなくなる（蒸し返しの禁止）。これが**既判力**である。既判力は原則、全ての確定判決について生じる（民訴114条）。

(2) 国家賠償請求訴訟との関係　　取消判決の既判力をめぐっては、特に国家賠償請求訴訟との関係が議論されている。取消訴訟の訴訟物（→168頁）を係争行政処分の違法性一般と理解する場合、請求認容判決（取消判決）が確定すると、処分が違法だったことについて既判力が生じ、後訴の国賠請求訴訟において被告行政は処分の適法を主張することはできない。逆に、取消訴訟で請求を棄却された原告は、当該取消訴訟で主張した違法と同一内容の違法を、後訴の国賠請求訴訟において主張することはできない、とする判例がある（最判昭48・3・27集民108号529頁）。この判例に対しては、原告が全ての違法を主張するのは「実際上困難」だからとして、原告は取消訴訟で主張できなかった違法事由を国賠請求訴訟で主張できる、とする批判がある。もっとも、判例（最判平5・3・11民集47巻4号2863頁〔奈良過大更正国家賠償事件〕）の立場（→212頁以下）をとる場合には、違法性の内容が取消訴訟と国賠請求訴訟とで一致する例外的な場合を除いて、係争処分は違法だとする取消判決の既判力は国賠請求訴訟に及ばないことになる。

2　形成力

　例えば、最判平22・10・15民集64巻7号1764頁〔相続税更正処分取消請求事件〕は、「所得税更正処分及び過少申告加算税賦課決定処分の取消判決が確定した場合には、上記各処分は、処分時に遡ってその効力を失う」としている。これが**形成力**である。例えば、営業許可の職権取消処分（→115頁）が争われ、当該職権取消処分の取消判決が確定することにより、職権取消処分は処分時に遡ってはじめから無効だったことになり、許可によって営業を許されていた元の状態が現在もずっと継続しているものと見なされる。

3　第三者効（対世効）

　(1) 行政事件訴訟法32条　　民事訴訟法115条によれば、判決の効力は原則として、当事者にしか及ばない。これに対して、取消判決は「第三者に対しても効力を有する」（行訴32条）。これが**第三者効**である。ここでいう「効力」を既判力だとする見解もあるが、一般的には形成力のことだと考えられている。これに対して、「第三者」をめぐって争いがある。

　(2) 第三者の意味　　まず、原告と**利害相反する**第三者に判決の効力が及

ぶことに異論はない。行訴法22条・34条は、判決の結果、権利を害される第三者のための規定であり、原告と利害を異にする第三者に判決の効力が及ぶことを想定している。例えば、農地改革で不在地主Xの農地が国Yの買収処分によって強制的に買いとられ、小作人Zに売り渡された事例で、買収処分がXY間の取消訴訟によって取り消された場合、この取消判決の効力はXと「利害相反する第三者」であるZにも及ぶと考えられる。そうでなければ、Zは当該取消判決の効力を無視し、Xからの返還請求を拒否することができることになって、取消判決の意味がなくなるからである。

　問題は、原告と**利害を共通にする第三者**について生じる。例えば、行政庁が公共交通事業者に与える料金値上げの認可が、公共交通サービスの利用者らによって争われ取消判決が下された場合である。この種の事例で原告以外の第三者（他の利用者ら）に判決の効力は及ばないとする相対効説と、及ぶとする絶対効説が対立している。

　(3)　絶対効説と相対効説　　**絶対効説**は、こうした紛争において判決の効果が画一的に定まらないのは不合理だと考えている。例えば、最判昭42・3・14民集21巻2号312頁〔花巻温泉事件〕は、「行政上の法律関係はその性質上画一的に規制されるべき」と述べている。他方、**相対効説**の論拠は、行訴法は同一処分に対しても、請求者が異なれば各人別に別個の取消請求権が成立する仕組みをとっていること（行訴13条5号）、これらについては関連請求の併合（16条以下）にとどめられているため、必要的共同訴訟（民訴40条）となりうる場合や、地方自治法242条の2第4項のように別訴禁止が規定されている場合などを除いて、一般的には、関連する訴訟が関係者全員について統一的に審判される制度的基盤を欠いていること、常に統一的に審判すべき必要性がないこと、例えば、収用裁決に不服がなく補償金を得て別の場所で生活再建している第三者（例、旧借地権者）にまで取消判決の効力を及ぼす必要はないこと、不都合があるなら、新たな行政措置によって収拾すべきこと、にある。

　(4)　関連裁判例　　相対効説をとる裁判例として、東京地決昭40・4・22判時406号25頁〔健康保険医療費値上げ事件〕がある。厚生大臣（当時）がした

医療費値上げの告示の効力の停止を健康保険組合等が申し立てた事案で、本決定は、行訴法32条「1項は、取消判決の効力は第三者に及ぶ旨規定しているが、その趣旨は」、「原告は何人に対する関係においても以後当該行政庁の行為の適用ないし拘束を受けないことを意味するにとどまり」、「それ以上に取消判決の効果を第三者も享受し、当該行政庁の行為がすべての人に対する関係で取り消されたことになること」「を意味するものでない」と述べた。

これに対し、保育所廃止条例の処分性を認めるにあたって、最判平21・11・26民集63巻9号2124頁〔横浜市保育所廃止条例事件〕は、児童や保護者が条例の効力を争う民事訴訟などの勝訴判決等は当事者間でのみ効力を有するに過ぎないため、被告市町村としては実際の対応に困難を来たすとしたうえで、処分取消判決等に第三者効が「認められている取消訴訟において当該条例の制定行為の適法性を争い得るとすることには合理性がある」とする。また、大阪地判昭57・2・19判時1035号29頁〔近鉄特急料金変更認可事件第1審判決〕は、本件認可処分を「取り消すことにすると、利用者が1日約10万人にものぼる近鉄特急の運行に多大の混乱を惹起するばかりか、特急料金を徴収している他の私鉄（名鉄、小田急、西武、東武、南海など）にも影響を及ぼしかねない」と述べている。これら2判決は絶対効説を前提にしているように思われる。

なお、合憲だとされてきた民法の規定が時の経過の中で違憲と評価されるに至った事案についてであるが、最大決平25・9・4民集67巻6号1320頁〔婚外子相続差別違憲事件〕は、婚外子の相続について格差を定める民法900条4号ただし書き前段を違憲とする決定において、「法的安定性」を考慮して、本決定の効力は類似事案における個別の事情に応じて取り扱われるべきであることを示唆している。ここでも参照するに値しよう。

4 拘束力

(1) 拘束力の意義・根拠等　行訴法33条1項は「処分又は裁決を取り消す判決は、その事件について、処分又は裁決をした行政庁その他の関係行政庁を拘束する」と規定する（なお、行審52条参照）。「関係行政庁」とは、取り消された処分等に関係して何らかの処理権限を持つ行政庁（行政機関）を

いい、処分庁の所属する行政主体に属する行政庁、処分庁と同一の行政事務系統をなす上下の行政庁に限られない。

　さて、取消判決は行政処分を処分時に遡って無効にするのみである。そこで、勝訴した原告の権利を判決の趣旨に従って実現・回復させる措置を実際にとるべき実体法上の義務を行政に課すのが**拘束力**である。取り消された処分を前提としてなされた措置などが残っている場合、これらも取り除かなければ権利の実現・原状回復はできない。それゆえ、行政過程の多様性複雑性に応じて拘束力が果たすべき役割も本来、多様かつ複雑でありうる。また、拘束力は専ら行政庁に向けられている点で既判力とは性質が違う。こうして、拘束力は権利救済の実効性を確保するために行訴法が与えた特別な効力だ、と考える**特殊効力説**が一般的に支持されることになる。

　(2)　反復禁止効　　行訴法33条2項・3項を除いて、拘束力の具体的内容として一般に反復禁止効が認められている。**反復禁止効**とは、取消判決において裁判所が違法だとしたのと同一事情の下で、同一理由に基づく同一内容の処分の繰り返しが禁じられることである。逆に、別の理由に基づいて同一の処分をすること、手続の瑕疵を理由に取り消された場合に改めて適法な手続を経て同一内容の処分をすること、そして、実体上の理由で取り消された場合でも別個の根拠法規に基づいて同一内容の処分をすることは許される。

　確かに、行政の一般的な職務誠実執行義務（自治138条の2参照）を背景として、また、紛争の蒸し返しを避けるために、口頭弁論終結時までに提出できたはずの理由による同一処分の繰り返しは禁ずるべきだとする見解は多い。しかし、**取消訴訟の目的**は紛争の1回的終局的解決にあるのか、それとも行政過程のコントロールにあるのかに応じてもまた、拘束力に期待される内容は異なってくるように思われる。

　さて、行訴法33条2項・3項は、特に申請拒否処分・認容処分等の取消判決の拘束力について規定している。

　(3)　**申請拒否処分等の取消判決**（行政事件訴訟法33条2項）　　例えば、許可要件が欠けていることを理由に拒否処分がなされたところ、当該要件は充足されているとして裁判所が拒否処分を取り消した場合、行政庁は当該要件の

欠如を理由に再度拒否することはできず、また取消判決によって申請等がなされた状態に戻っているため、別の拒否理由がない限り、行政庁は許可することになる。例えば、最決平15・1・24集民209号59頁は、本件の産業廃棄物処分場設置不許可処分の本案取消「訴訟において本件不許可処分を取り消す判決がされ、同判決が確定すれば、岡山県知事は、他に不許可事由がない限り、同判決の趣旨に従い、抗告人に対し、本件施設設置許可処分をすることになる（行政事件訴訟法33条2項）」とする。また、手続の瑕疵、例えば、理由の提示の不備を理由に拒否処分が取り消された場合、行政庁は理由の提示を適切に果たしたうえでなければ、再度、拒否処分をすることはできない。

(4) **申請認容処分等の取消判決**（行政事件訴訟法33条3項）　申請認容処分を第三者が争う事案に関する行訴法33条3項は手続的違法を理由とする取消判決についてのみ規定し、実体的違法の場合を規定していない。その理由は、手続を適法にやり直すことができれば、申請を認容する処分がなされる可能性もあるが、申請認容処分が実体的違法を理由に裁判で取り消された場合、再処分は見込まれないからである、とされている。もっとも、要考慮事項・他事考慮に焦点をあてる判断過程統制方式（→111頁）によって裁判所が処分を取り消した場合、要考慮事項を考慮し他事を排除してやり直したなら、再度、申請認容処分がなされる可能性があるのだから拘束力が働くとする見解がある。正当であろう。

>|解決のヒント|
>
>　不許可処分は拒否処分を意味するから、行訴法33条2項が適用される。そこで、不許可処分の取消判決が、①許可要件は欠けていないという実体的理由に基づく場合、処分をした行政庁（知事）は他の実体的理由がない限り、許可をすることになる。また、②手続違反が取消判決の理由である場合、行政庁（知事）は手続を適正にやり直すならば再度不許可にすることもできる。また、拒否処分の取消訴訟は通常、許可処分の義務付け訴訟に併合して提起される（行訴37条の3第1項2号・3項2号）。義務付け判決によって原告は、許可処分を手に入れる可能性を持っている。

第21章　無効確認訴訟

> **設　例**
>
> 事業者Xは、廃棄物処理法に基づいて、2015（平成27）年3月2日に、Y県知事に対し、産業廃棄物最終処分場の設置許可を申請したところ、知事は、2015年6月1日に不許可処分を行った。
> 2016（平成28）年2月3日現在、Xは、許可を得るために、どのような行政事件訴訟を提起することが考えられるか。また、当該訴訟において、Xはどのような主張を行う必要があるか。

第1節　無効確認訴訟の意義

1　取消訴訟による救済の限界

　処分（処分または裁決）が違法であれば、取消訴訟を利用するのが原則であり、取消訴訟による救済が基本となる。他方、取消訴訟には出訴期間の制限があり、また審査請求前置が定められている場合には、審査請求期間を過ぎると審査請求だけではなく、取消訴訟も提起できなくなるという制約がある。

2　処分の無効と無効確認訴訟

　違法な処分に対しては取消訴訟を利用するのが原則であるが、処分の違法の程度が甚だしい場合など、例外的に、取消訴訟の出訴期間の制限や審査請求前置の制約による不利益を、原告に甘受させることは相当でないと考えられる場合がある。そのような場合に備えて、行政事件訴訟法（以下、行訴法という）は、処分の違法の程度が甚だしいなど、処分が無効であると解される場合には、その無効を確認する訴訟を法定している。これが無効確認訴訟である。無効確認訴訟には、出訴期間（行訴14条）および審査請求前置（8条1項ただし書）の規定は準用されておらず（行訴38条1項～3項）、無効確認訴訟には、出訴期間および審査請求前置の制限は及ばないと解されている。この

ような無効確認訴訟の性格から、無効確認訴訟は、出訴期間の制限のない取消訴訟といわれることもある。本章では、無効等確認訴訟（→146頁）のうち、この無効確認訴訟をとりあげる。

第2節　無効確認訴訟の訴訟要件

1　訴訟要件の種類

　無効確認訴訟は、抗告訴訟（→143頁）の一類型であるため、無効確認の対象は処分および裁決である（行訴3条4項）。また、取消訴訟の訴訟要件のうち、被告適格（11条）および裁判管轄（12条）の規定が準用されている（38条1項）。出訴期間や審査請求前置の制限が適用されないのは前述した。原告適格については、次に説明するように、解釈論上の議論がある。

2　無効確認訴訟の原告適格

　行訴法36条は、無効確認訴訟の原告適格について、「無効等確認の訴えは、当該処分又は裁決に続く処分により損害を受けるおそれのある者その他当該処分又は裁決の無効等の確認を求めるにつき法律上の利益を有する者で、当該処分若しくは裁決の存否又はその効力の有無を前提とする現在の法律関係に関する訴えによつて目的を達することができないものに限り、提起することができる」と規定している。この規定については、2つの大きな論点がある。

　(1)　条文の構造　　第1は、条文の構造に関するものである。この条文の読み方については、学説上、2つの立場が対立している。1つの立場は、①「当該処分又は裁決に続く処分により損害を受けるおそれのある者」であれば、それだけで原告適格が認められ、これとは別に、②「その他当該処分又は裁決の無効等の確認を求めるにつき法律上の利益を有する者」で、かつ③「当該処分若しくは裁決の存否又はその効力の有無を前提とする現在の法律関係に関する訴えによつて目的を達することができないもの」であれば、無効確認訴訟の原告適格を認められると解するものである。①の場合（予防訴訟としての無効確認訴訟と呼ばれる）と②③の場合（補充訴訟としての無効確認訴訟と呼ばれる）に原告適格が認められるとする、立案関係者がとっていたとされ

る立場で、**二元説**と呼ばれる。

　もう1つの立場は、無効確認訴訟の原告適格が認められるためには、①の場合であっても③であることが必要であるとする立場である。すなわち、①と②のいずれにも③がかかり、①③の場合および②③の場合に原告適格が認められるとする条文の文言に忠実な考え方である。この立場は**一元説**と呼ばれている。

　最判昭51・4・27民集30巻3号384頁は、納税者が「課税処分を受け、当該課税処分にかかる税金をいまだ納付していないため滞納処分を受けるおそれがある場合」において、「右課税処分の無効を主張してこれを争おうとするときは、納税者は、行政事件訴訟法36条により、右課税処分の無効確認を求める訴えを提起することができるものと解するのが、相当である」と判示している。本判決は、課税処分に続く滞納処分によって損害を受けるおそれのある者（上記①の場合）については、上記③の要件に言及することなく、無効確認訴訟の原告適格を肯定しており、二元説を採用していると理解することも可能である。もっとも、本判決が一元説をとっている可能性が全くないというわけではない。本件では、現在の法律関係に関する訴えとして、(当事者訴訟としての) 租税債務不存在確認の訴えが想定できるが、最高裁は、この訴訟では、後続処分を予防することができないため「目的を達することができない」と判断している可能性を否定できないからである。したがって、現在、最高裁がどのような立場に立っているかは、必ずしも明確ではないということができる。

　(2)　**補充性の要件**　　第2は、「当該処分若しくは裁決の存否又はその効力の有無を前提とする現在の法律関係に関する訴えによつて目的を達することができないもの」（補充性の要件）の解釈である。処分または裁決が無効であれば、その効力は当初から存在しないのであるから、無効を前提とした現在の法律関係に関する当事者訴訟または民事訴訟を提起すれば、通常、権利救済としては十分であると考えられる。例えば、土地収用法に基づく収用裁決が無効だと考えられる場合、従前の土地所有者は、収用裁決の無効を争うのではなく、当該裁決が無効であることを前提に、所有者であることを主張

第21章 無効確認訴訟

する者を被告にして、収用された土地の所有権が現在もなお自己に帰属することの確認を求める訴訟を提起することで十分である。そこで、行訴法は、抗告訴訟の一類型として無効確認訴訟を法定したうえで、現在の法律関係に関する訴え（当事者訴訟または民事訴訟）によって目的を達することができない者に限って、無効確認訴訟の原告適格を認めることにしたのである。

　この補充性の要件に関して様々な説があるが、2つの考え方が代表的だといえよう。1つは、処分の無効を前提とする現在の法律関係に関する訴えに還元することができない場合に限り、「補充性の要件」が満たされるとする**還元不能説**である。例えば、土地改良法に基づく換地処分の無効確認を求める場合、これは換地処分の無効を前提とする従前の土地の所有権を確認する民事訴訟に還元する（つまり、現在の法律関係に関する民事訴訟を想定する）ことができるため、無効確認訴訟の原告適格は認められない、とするものである。この考え方は、「現在の法律関係に関する訴えによつて」という文言を重視するものである。もう1つは、「目的を達することができないもの」という部分に重点を置き、現在の法律関係に関する訴えに還元可能な場合であっても、その訴えによっては目的を達成できない場合に原告適格が認められる、という**目的達成不能説**である。

　最判昭62・4・17民集41巻3号286頁は、土地改良法に基づく換地処分の無効確認訴訟が提起された事案で、「換地処分の無効を前提とする従前の土地の所有権確認訴訟等の現在の法律関係に関する訴えは右紛争を解決するための争訟形態としては適切なものといえず、むしろ当該換地処分の無効確認を求める訴えのほうがより直截的で適切な争訟形態というべき」であるとして、無効確認訴訟の適法性を認めている。本判決の考え方は、当該処分の効力を前提とする現在の法律関係に関する訴えによって「目的を達することができない」場合とは、当該処分に起因する紛争を解決するための争訟形態として、当該処分の無効を前提とする当事者訴訟または民事訴訟との比較において、無効確認訴訟の方がより直截的で適切な争訟形態である場合も含む、とするものである。この考え方は、**直截・適切基準説**と呼ばれることがある。

　また、住民らが原子炉設置許可処分の無効確認を請求した訴訟で、当該住

民らが同時に原子炉の設置者に対して建設・運転の差止めを求める民事訴訟を提起している場合について、最判平4・9・22民集46巻6号1090頁〔もんじゅ訴訟〕は、「右民事訴訟は、行政事件訴訟法36条にいう当該処分の効力の有無を前提とする現在の法律関係に関する訴えに該当するものとみることはできず、また、本件無効確認訴訟と比較して、本件設置許可処分に起因する本件紛争を解決するための争訟形態としてより直截的で適切なものであるともいえないから」、住民らにおいて右民事訴訟の提起が可能であって現にこれを提起していることは、本件無効確認訴訟が不適法となることの根拠とはなりえない、としている。

3 無効確認訴訟と争点訴訟・当事者訴訟

(1) **無効の処分と訴訟形式** 無効の処分を争う場合には、まずは処分の無効を確認する無効確認訴訟を提起することが考えられる。しかし、処分の無効を前提とする現在の法律関係に関する訴えによって目的を達することができる場合は、現在の法律関係に関する訴えである当事者訴訟または民事訴訟によることになる。

(2) **争点訴訟** 現在の法律関係に関する訴えである民事訴訟は、行訴法45条が定める「私法上の法律関係に関する訴訟において、処分若しくは裁決の存否又はその効力の有無が争われている場合」の訴訟であり、**争点訴訟**と呼ばれている。例えば、収用裁決の無効を理由として、被収用者が起業者(収用8条1項)を被告にして土地所有権の確認を求める訴訟などが、これにあたる。争点訴訟は民事訴訟ではあるが、処分の存否・効力が争われる訴訟であるため、行政庁も利害関心を有する。争点訴訟には、行政庁の訴訟参加(行訴23条1項・2項)、出訴の通知(39条)、釈明処分の特則(23条の2)、職権証拠調べ(24条)等の規定が準用されているのはそのためである(45条)。

なお、当事者訴訟については、第23章で説明する。

第3節 本案勝訴要件

1 無効確認訴訟の本案勝訴要件

無効確認訴訟においては、原告は被告に対し処分が無効であることを主張

し、裁判所に対しそれを確認すべきことを求めることになる。そして、裁判所の本案審理の結果、処分が無効であれば、無効を確認する旨の判決がなされ、原告が勝訴する。したがって、無効確認訴訟の本案勝訴要件は、処分が無効であること、ということになる。

2 取り消しうべき処分と無効の処分

　取り消しうべき処分は、取消訴訟によって取り消されることによってはじめて無効として取り扱われるのが相当な違法を有する処分、言い換えると、当該処分が取り消されるまでは有効と扱うことが相当な処分である。これに対して、無効の処分は、取消訴訟を経由しないでも無効と扱われるのが相当なタイプの違法性を有する処分である。この処分の無効をもたらす特別の違法事由について、従来の通説・判例は、重大・明白な違法がそれに該当するとしてきた。**重大明白説**と呼ばれる考え方である。

　(1)　無効原因となる重大・明白な違法　　最高裁は、自作農創設特別措置法によって農地買収処分を受けた者が、当該買収処分および売渡し処分の無効の確認を求めた事件で、「無効原因となる重大・明白な違法とは、処分要件の存在を肯定する処分庁の認定に重大・明白な誤認があると認められる場合を指すもの」と解すべきであり、「たとえば、農地でないものを農地として買収することは違法であり、取消事由となるが、それだけで、当然に、無効原因があるといい得るものではなく、無効原因があるというためには、農地と認定したことに重大・明白な誤認がある場合」でなければならない、としている（最判昭34・9・22民集13巻11号1426頁）。すなわち、最高裁は、無効原因は処分庁の処分要件の認定に重大・明白な違法があることとしている。

　(2)　明白性の意義　　処分庁の処分要件の認定に重大な誤認があるとは、重要な処分要件を欠く処分を行うことと解されるが、もう1つの明白性について、最高裁は、次のように判示している。「行政処分の瑕疵が明白であるというためには、処分要件の存在を肯定する処分庁の認定の誤りであることが、処分成立の当初から客観的に明白であることを必要とする」。そして、客観的に明白ということは、「特に権限ある国家機関の判断をまつまでもなく、何人の判断によつても、ほぼ同一の結論に到達し得る程度に明らかであ

ることを指す」(最判昭37・7・5民集16巻7号1437頁) としている。この考え方は、**外観上一見明白説**と呼ばれている。しかし、明白性に関するこのような考え方を採用した場合には、処分が無効となる場合は、ごく稀な場合ということになるであろう。

(3) **明白性要件が不要な場合**　最高裁は、原則、重大・明白説を採用しているが、それを機械的に適用しているわけではなく、明白性の要件が欠けている場合でも、処分が無効となる場合があることを認めている。本人が全く不知の間に、第三者が不正に登記の操作をし、その結果突如として譲渡所得による課税処分を受けた者が無効確認訴訟を提起した事件で、最高裁は、このような場合は、課税処分に対する通常の救済制度につき定められた審査請求期間の徒過による不可争的効果を理由として、何ら責むべき事情のない者に当該「処分による不利益を甘受させることが著しく不当と認められるような例外的事情のある場合に該当する」ため、本件課税処分を当然無効ならしめるものと解するのが相当である、と述べている (最判昭48・4・26民集27巻3号629頁〔譲渡所得課税無効事件〕)。

このような考えを発展させ、処分の違法については取消訴訟で争うべきであるという制度趣旨を尊重しながらも、事案に応じて利益衡量を行い例外的に処分を無効として救済を与える要件を設定すべきであり、その意味で、明白性の要件は補充的要件の1つと考えるのが適切であるとする考え方も提唱されている。**明白性補充要件説**と呼ばれる。

第4節　審理・判決・仮の救済

1　審　理

無効確認訴訟の審理に関しては、行訴法38条3項により、取消訴訟に関する規定のうち、関連請求にかかる訴訟の移送 (行訴13条)、請求の併合 (16条〜19条)、訴えの変更 (21条)、第三者の訴訟参加 (22条)、行政庁の訴訟参加 (23条)、職権証拠調べ (24条) および釈明処分の特則 (23条の2) が準用されている。

2 判　　決

　無効確認訴訟の判決に関しては、取消訴訟に関する規定のうち、判決の拘束力（行訴33条）および訴訟費用の裁判の効力（35条）の規定が準用される（38条1項）。

3 仮の救済

　無効確認訴訟の仮の救済には、取消訴訟に関する規定のうち、執行停止に関する規定（行訴25条～29条）および執行停止決定等に関する第三者効の規定（32条2項）が準用されている（38条3項）。無効確認訴訟で執行停止制度が利用可能なことには大きな実益がある。処分・裁決の無効を前提として現在の法律関係を争う当事者訴訟および争点訴訟においては、仮処分が排除されると解される余地があるためである（44条参照）。

　　|解決のヒント|
　2016（平成28）年2月3日現在、知事の不許可処分の日（2015年6月1日）を基準とすると、事業者Xが処分を知った日から6カ月の出訴期間を経過しているため、「正当な理由」がなければ、処分の取消訴訟は不適法である。また、本件では、不許可処分の無効を前提とする現在の法律関係に関する適切な訴えを想定することは困難である。したがって、本件の場合、無効確認訴訟を利用することになる。

　本件無効確認訴訟において、Xは、処分場の許可要件に関する知事の認定に重大・明白な誤認があるため、不許可処分が無効である旨を具体的な事実に基づいて主張する必要がある。

第22章　不作為の違法確認訴訟・義務付け訴訟

設例1
　事業者 X_1 は、廃棄物処理法に基づいて、産業廃棄物最終処分場設置の許可申請を行ったが、Y県知事は、申請から半年たった今も、未だ許可・不許可の決定をしないで、申請を放置している。Y県では、処分場の設置許可の標準処理期間としては108日の期間を設定している。この場合において、事業者 X_1 は、どのような行政事件訴訟を提起すべきか。また、裁判所はどのような判決をすべきか。

設例2
　事業者 X_2 は、2015（平成27）年8月3日に、産業廃棄物最終処分場設置の許可申請を行ったが、Y県知事は、2015年10月15日、当該申請は、廃棄物処理法上の許可要件は充足していることは認められるが、指導要綱に定める許可の条件に該当しないとして不許可処分をした。2015年12月1日現在、事業者 X_2 は、許可を得るために、義務付け訴訟を提起することを考えている。事業者 X_2 は、義務付け訴訟を提起できるか。また、裁判所は、どのような判決をすべきか。

第1節　不作為の違法確認訴訟

1　不作為の違法確認訴訟の意義

　不作為の違法確認訴訟は、法令に基づく申請に対し、行政庁が相当の期間内に何らかの処分または裁決をすべきにもかかわらず、これをしないことについての違法の確認を求める訴訟である（行訴3条5項）。不作為の違法確認訴訟は、行政事件訴訟法（以下、行訴法という）の制定当時における、①司法審査の事後性を強調する立場（行政庁の第一次的判断権を尊重する立場）と、②当時の西ドイツでは認められていた義務付け訴訟を導入しようとする立場との妥協の産物として創設されたものであるが、この訴訟ではじめて、「行政庁

の不作為」に対する救済手段が法定されたという意義がある。

2 訴訟要件

(1) 原告適格　不作為の違法確認訴訟の原告適格を有する者は、処分または裁決について法令に基づく申請をした者である（行訴3条5項・37条参照）。本訴訟は、実際に申請をした者だけが、提起できる。もっとも、現実に申請をした者であればよく、申請の適法・違法は問わない。申請が不適法であったとしても、行政庁には応答（却下）する法的義務があるからである。

　法令に基づく申請をしたというためには、当該申請に対して行政庁が審査しその諾否をする法的義務があることが必要である。行政手続法上は、申請（行手2条3号）の概念が、この法令に基づく申請の概念に相当する。そして、法令に基づく申請は、法令上明文の規定で定められている必要はなく、法令の解釈上、原告の申請権が認められることで足りる。下級審判決には、ある市の助成金支給要綱に基づく受給申請について、「申請制度を含めた本件給付制度の総体について、その制度の趣旨、目的を探り」、そこから申請に対し、「行政庁として応答をなすべきことが一般法理上義務付けられると認められる場合」も「法令に基づく申請」に該当するとしたものがある（大阪高判昭54・7・30行集30巻7号1352頁）。

(2) その他の訴訟要件　不作為の違法確認訴訟は、抗告訴訟の一類型であるため、訴えの対象である不作為は、処分または裁決についての不作為という意味での「処分性」が必要である。また、本訴訟を提起した後、行政庁がその処分・裁決をした場合には、不作為状態が解消されるため、訴えの利益が消滅して訴えは却下される。その他、取消訴訟に関する被告適格（行訴11条）、裁判管轄（12条）の規定が準用される（38条1項）。審査請求との関係では、不作為の違法確認訴訟には、自由選択主義（8条1項）の規定も準用されている（38条4項）。これは行政庁の不作為を争う場合には、審査請求を利用することも可能であるため、手続的な整理をしたものである。なお、不作為の違法確認訴訟では、出訴期間の制限はなく、処分・裁決の不作為が継続している間は、訴えを提起できる。

③ 本案勝訴要件——「相当の期間」の経過

不作為の違法確認訴訟では、行政庁の不作為が相当の期間を経過していて違法であるかどうかが審理され、不作為が相当の期間を経過していれば、不作為の違法が確認され、原告が勝訴することになる。したがって、不作為の違法確認訴訟では、行政庁の不作為が相当の期間を経過しており違法であることが、本案勝訴要件ということになる。

「相当の期間」の経過の有無について、「その処分をなすに通常必要とする期間を基準」として判断し、通常の所要期間を経過した場合には原則として「不作為は違法となり、ただ右期間を経過したことを正当とするような特段の事情がある場合には違法たることを免れる」と定式化する下級審判決がある（東京地判昭39・11・4行集15巻11号2168頁）。一般的には、このような定式に従って、相当な期間の経過の有無を判定するのが妥当と解されよう。行手法6条により、申請に対する処分に関する標準処理期間が設定されている場合に、その経過が直ちに「相当の期間」の経過であると判断することにはならないが、この期間は、「その処分をなすに通常必要とする期間」を判断する場合の重要な要素になるとするのが通説的な考え方である。

④ 審理・判決・仮の救済

(1) 審理　不作為の違法確認の審理について、行訴法38条1項は、取消訴訟にかかる規定のうち、関連請求にかかる訴訟の移送（行訴13条）、請求の併合（16条～19条）、訴えの変更（21条）、第三者の訴訟参加（22条）、行政庁の訴訟参加（23条）、および職権証拠調べ（24条）の規定を準用している。

(2) 判決　また、行訴法38条1項は、不作為の違法確認訴訟の判決に関し、拘束力（33条）および訴訟費用の裁判の効力（35条）の規定を準用している。

(3) 仮の救済　不作為の違法確認訴訟について、取消訴訟の執行停止に関する規定の準用はない。行政庁の不作為を争うという訴えの性質上、執行停止制度は機能しないからである。

第22章　不作為の違法確認訴訟・義務付け訴訟

第2節　義務付け訴訟

1　義務付け訴訟の意義

　不作為の違法確認訴訟に関しては、2点の救済法上の課題を指摘することができる。第1に、行政庁の不作為には、許認可などへの法令に基づく申請に対する不応答と②営業許可の取消しなど職権によりとるべき措置の不作為があるが、不作為の違法確認訴訟は、②のタイプの不作為には対応していないことである。また、第2に、不作為の違法確認訴訟は、行政庁の不作為について違法の判断をするにとどまるため、拒否処分があった場合は、改めてそれに対して取消訴訟などを提起しなければならないという迂遠さがあることである。そこで、従来、法定外抗告訴訟として、一定の措置を求める訴訟(義務付け訴訟または義務確認訴訟)が主張され、一定の場合には認容されるものとされていたが、2004（平成16）年の行訴法の改正で、この義務付け訴訟が法定された。

　行訴法が定める義務付け訴訟には、2種類のものがある (→147頁)。1つは、**申請型義務付け訴訟**（行訴3条6項2号）であり、例えば、廃棄物処分場の設置許可の申請に対して応答しない、または拒否処分がなされた場合に、義務付け訴訟を提起して救済（許可処分）を求めるものである。保育園の入園許可を義務付けたものとして、東京地判平18・10・25判時1956号62頁がある。もう1つは、**非申請型義務付け訴訟**であり（同1号）、例えば、処分場からの汚染によって損害を被る可能性があるが、行政庁が措置命令（廃棄物19条の4・19条の4の2・19条の5・19条の6）をしない場合に、義務付け訴訟を提起して救済（措置命令の発給）を求めるものである。この措置命令の発給が認められた例として、福岡高判平23・2・7判時2122号45頁〔産廃処分場措置命令義務付け事件〕がある。

2　申請型義務付け訴訟

　(1)　**訴訟要件**　申請型義務付け訴訟の訴訟要件として、第1に、行政庁の不作為または拒否処分が存在することが必要である。行訴法37条の3第1項では、「当該法令に基づく申請又は審査請求に対し相当の期間内に何

らの処分又は裁決がされないこと」(1号。以下、不作為型という)、または「当該法令に基づく申請又は審査請求を却下し又は棄却する旨の処分又は裁決がされた場合において、当該処分又は裁決が取り消されるべきものであり、又は無効若しくは不存在であること」(2号。以下、拒否処分型という)が訴訟要件として規定されている。第2に、申請型義務付け訴訟の原告適格を有する者は、不作為型・拒否処分型を通じて「法令に基づく申請又は審査請求をした者」である (37条の3第2項)。第3に、他の抗告訴訟との併合要件であり、申請型義務付け訴訟の場合は、不作為型については、当該処分・裁決にかかる不作為の違法確認訴訟、拒否処分型の場合には、当該処分・裁決にかかる取消訴訟または無効等確認訴訟をそれぞれ併合して提起しなければならない (同3項)。

　そして、申請型義務付け訴訟のうち、裁決の義務付け訴訟を利用できるのは、処分に対する取消訴訟または無効等確認訴訟を提起することができない場合に限るものとされている (同7項)。これは、裁決主義が定められている場合以外は、原処分の取消訴訟等で十分であるという理由に基づくものである。

　(2) **本案勝訴要件**　　行訴法37条の3第5項は、裁判所が行政庁に対し一定の処分・裁決をすべき旨を命ずべき場合の要件 (本案勝訴要件) として、第1に、併合提起された訴えの請求に理由があると認められること、第2に、行政庁がその処分・裁決をすべきであることがその処分・裁決の根拠となる法令の規定から明らかであると認められること、または行政庁がその処分・裁決をしないことがその裁量権の範囲を超えまたはその濫用となると認められること、を規定している。

　第1の要件は、併合提起された不作為の違法確認訴訟または取消訴訟等の請求に理由があり、請求が認容されることを要求するものである。また第2の要件は、①当該行政庁が当該処分・裁決を「すべきであること」がその根拠法令上「明らか」と認められるか、または②当該処分または裁決を「しないこと」が裁量権の逸脱・濫用と認められること、を要求するものである。②は、取消訴訟において、裁量処分については、それが違法とされ取り消さ

れるのは、裁量権の逸脱・濫用となる場合とされているが（行訴30条）、それと整合性を保つためのものであり、①は、覊束処分の場合の本案勝訴要件と解される。

3 非申請型義務付け訴訟

(1) 訴訟要件　非申請型義務付け訴訟の訴訟要件の第1は、一定の処分がされないことにより重大な損害を生ずるおそれがあること（重大な損害要件）である（行訴37条の2第1項）。この重大な損害要件の判断にあたっては、「損害の回復の困難の程度」を考慮し、その際には、「損害の性質及び程度」ならびに「処分の内容及び性質」をも勘案するものとされている（同2項）。第2の要件は、その損害を避けるために他に適当な方法がないこと（同1項）である。補充性の要件と呼ばれている。第3は、原告適格の要件であり、「法律上の利益を有する者」であることが必要である（同3項）。この「法律上の利益」の有無の判断については、9条2項の規定を準用することとされている（同4項）。

(2) 本案勝訴要件　行訴法37条の2第5項は、非申請型義務付け訴訟の本案勝訴要件として、①行政庁がその処分をすべきであることがその処分の根拠となる法令の規定から明らかであると認められること、または②行政庁がその処分をしないことがその裁量権の範囲を超えまたはその濫用となると認められること、を規定している。この条文の解釈については、前述の申請型義務付け訴訟の本案勝訴要件についての解釈が妥当する。

4 審理・判決・仮の救済

(1) 審　理　義務付け訴訟の審理に関しては、取消訴訟に関する規定のうち、行訴法38条1項により、関連請求にかかる訴訟の移送（13条）、請求の併合（16条〜19条）、訴えの変更（21条）、第三者の訴訟参加（22条）、行政庁の訴訟参加（23条）、および職権証拠調べ（24条）が準用されている。

(2) 判　決　また、義務付け訴訟の判決に関しては、判決の拘束力（33条）および訴訟費用の裁判の効力（35条）の規定が準用される（38条1項）。

(3) 仮の救済　仮の救済は、仮の義務付けによる（37条の5第1項）。

解決のヒント：設例1

事業者 X_1 は、廃棄物処理法に基づいて許可申請を行っており、これは、法令に基づく申請に該当する。そして、Y県知事は、申請から半年たった今も、未だ許可・不許可の決定をしないで、申請を放置しているというのであるから、行政庁が法令に基づく申請に対し、相当の期間内に何らかの処分をすべきにもかかわらず、これをしないことについての違法の確認を求める不作為の違法確認訴訟を提起することが考えられる。義務付け訴訟の提起も考えられるが、義務付け訴訟については、設例2でとりあげる。

Y県では、処分場の設置許可の標準処理期間は、108日とされているため、すでに申請から半年を経過している本件の場合、この標準処理期間を2カ月以上も超過している。したがって、本件で、裁判所は、通常の所要期間の経過を正当とするような特段の事情がなければ、本件不作為は違法であると判断すべきことになる。

解決のヒント：設例2

本件では、事業者 X_2 が廃棄物処理法に基づいて、産業廃棄物最終処分場設置の許可申請を行ったことに対して、知事が不許可としているため、法令に基づく申請に対する拒否処分が存在する。また、事業者 X_2 は、「法令に基づく申請をした者」として、申請型義務付け訴訟の原告適格を有する。そこで、事業者 X_2 は、本件で、申請型義務付け訴訟を提起することができる。そして、本件では、不許可処分に対して、取消訴訟の提起が可能であるため、申請型義務付け訴訟には、この取消訴訟を併合提起する必要がある。

処分場の設置許可の要件としては、「その産業廃棄物処理施設の設置に関する計画及び維持管理に関する計画が当該産業廃棄物処理施設に係る周辺地域の生活環境の保全及び環境省令で定める周辺の施設について適正な配慮がなされたものであること」（廃棄物15条の2第1項2号）などが定められており、これらの要件の認定には、知事の専門的ないし政策的見地からの判断の余地があり、施設設置の不許可は、裁量処分であると解される。他方、処分場の設置許可は、生活環境および公衆衛生の向上を図るという公共の福祉の見地から、財産権ないし営業の自由を制限するものであって、許可要件を充足した場合には、知事は許可をする義務を負っていると解される。すなわち、処分場の設置許可処分に際して、知事には、要件裁量（→109頁）は認められるが、効果裁量（→109頁）は認められない。本件の場合は、申請が許可要件を充足することは知事も認めているのであるから、許可をしないことは裁量権の逸脱・濫用になる。したがって、併合提起された取消訴訟には理由があると認められること、また、知事が許可しないことはその裁量権の逸脱・濫用になると認められることから、裁判所は、知事に対し許可をすべき旨を命ずる判決を下すべきである。

第23章　差止訴訟・当事者訴訟

設例1

事業者Aは、産業廃棄物中間処理施設（焼却施設）を設置し、その後、Y県知事に産業廃棄物処分業の許可を申請して、施設操業の準備を行っている。近隣住民Xは、施設からの煤煙によって健康被害を受けるおそれがあるとして、処分業の許可を争い操業を差し止めたいと考えている。近隣住民Xは、どのような行政事件訴訟を提起することが考えられるか。

設例2

Y市は、地方自治法227条が、「普通地方公共団体は、当該普通地方公共団体の事務で特定の者のためにするものにつき、手数料を徴収することができる」と定めていることを根拠として、ごみ（一般廃棄物）を排出しようとする場合には、有料の指定収集袋を使用することを義務付ける条例を制定した。住民Xは、有料の指定収集袋を使用することを義務付けた本件条例は、地方自治法227条に規定する「特定の者」に対する手数料を定めるものとはいえず違法であり、従来どおり、Y市は無料でごみを収集すべきであると考えている。住民Xは、どのような訴訟を提起することが考えられるか。

第1節　差止訴訟

1　差止訴訟の意義

行政庁による公権力発動の差止めを求める訴訟は、2004（平成16）年改正前の行政事件訴訟法（以下、行訴法という）の下で、予防訴訟あるいは予防的不作為訴訟などと呼ばれ、**法定外抗告訴訟**（→143頁）の中で論じられていた。しかし、行訴法の2004年改正で、抗告訴訟の一類型として、処分・裁決の差止訴訟が新たに法定された。行訴法3条7項は、差止訴訟とは、「行政庁が一定の処分又は裁決をすべきでないにかかわらずこれがされようとしている場合において、行政庁がその処分又は裁決をしてはならない旨を命ずることを求める訴訟をいう」と定義している。最高裁は、公務員に対する懲

戒処分の差止めが求められた訴訟で、当該差止訴訟の適法性を認めている（最判平24・2・9民集66巻2号183頁〔東京都教職員国旗国歌訴訟〕）。

2 訴訟要件

(1) **処分・裁決の特定性** 差止訴訟は、「一定の処分又は裁決」がなされることにより重大な損害が生ずる場合に限り提起できるとされている（行訴37条の4第1項）。この「一定の」という文言は、処分・裁決の特定性を要求するものである。もっとも、これは、処分または裁決の内容の一義性を要請するものではなく、裁判所の判断が可能な程度に特定されていることで足りる。例えば、懲戒事由がないのに公務員を懲戒しようとしている場合は、懲戒処分の種類を特定することなく、懲戒処分自体の差止めを請求することができると解される。

(2) **処分・裁決の蓋然性** 差止訴訟は、一定の処分・裁決が「されようとしている場合」に、その処分または裁決をしてはならない旨を命ずることを求める訴訟をいう（行訴3条7項）。したがって、差止訴訟を提起するためには、当該処分・裁決がなされる蓋然性（高度の可能性）の存在が必要である。

(3) **重大な損害の発生可能性と当該損害回避のための適当な方法の不存在**
行訴法37条の4第1項は、差止訴訟は、「一定の処分又は裁決がされることにより重大な損害を生ずるおそれがある場合に限り、提起することができる。ただし、その損害を避けるため他に適当な方法があるときは、この限りでない」と規定している。

そこで、第1に、「重大な損害」の発生可能性の存在（積極要件）が必要である。そして、「重大な損害」を生ずるか否かを判断するにあたっては、「損害の回復の困難の程度」を考慮するものとし、「損害の性質及び程度並びに処分又は裁決の内容及び性質」をも勘案するとされている（37条の4第2項）。最高裁によると、「重大な損害を生ずるおそれ」があると認められるためには、処分がされることにより生ずるおそれのある損害が、処分がされた後に取消訴訟等を提起して執行停止の決定を受けることなどにより容易に救済を受けることができるものではなく、処分がされる前に差止めを命ずる方法によるのでなければ救済を受けることが困難なものであることを要するとされ

ている（前掲最判平24・2・9）。

　第2に、差止訴訟は、「損害を避けるため他に適当な方法」がある場合（消極要件）は提起できない。もっとも、この消極要件はただし書として定められており、これは積極要件が満たされる場合は、差止訴訟の提起が認められるのが原則であるということを表現するものである、とされている。この消極要件に該当する場合としては、第2次納税義務者が滞納処分の取消訴訟を提起したときは、その訴訟が係属する間は、当該滞納処分による財産の換価はできないとされているため（税徴90条3項）、換価処分の差止訴訟を提起する必要がないような特別の場合があげられる。単に民事訴訟の提起が可能であるということだけでは「損害を避けるため他に適当な方法がある」ということにはならないと解されている。

　(4)　原告適格　　差止訴訟は、行政庁が一定の処分または裁決をしてはならない旨を命ずることを求めるにつき「法律上の利益を有する者」に限り、提起することができる（行訴37条の4第3項）。そして、当該「法律上の利益」の有無の判断については、行訴法9条2項の取消訴訟の原告適格に関する「法律上の利益」の判断指針の規定を準用することとされている（同4項）。そこで、差止訴訟の原告適格については、取消訴訟の原告適格と同様の判断基準で判定することとなる。

③　本案勝訴要件

　行訴法37条の4第5項は、処分または裁決につき、①行政庁がその処分・裁決をすべきでないことがその処分の根拠となる法令の規定から明らかであると認められ、または②行政庁がその処分・裁決をすることが、その裁量権の範囲を超えまたはその濫用となると認められるときは、裁判所は、行政庁がその処分・裁決をすべきでない旨を命ずる判決をするものと規定している。

　①は、行政庁が当該処分・裁決を「すべきでないこと」がその根拠法令上「明らか」と認められること、②は、当該処分・裁決を「すること」が裁量権の逸脱・濫用と認められること、を要求するものである。その意義は、義務付け訴訟の本案勝訴要件で説明したところと同義である（→196頁）。

4 審理・判決・仮の救済

(1) **審理** 差止訴訟の審理については、行訴法38条1項により、取消訴訟に関する規定のうち、関連請求にかかる訴訟の移送 (13条)、請求の併合 (16条～19条)、訴えの変更 (21条)、第三者の訴訟参加 (22条)、行政庁の訴訟参加 (23条)、職権証拠調べ (24条) の規定が準用されている。

(2) **判決** また、差止訴訟の判決については、拘束力 (33条) および訴訟費用の裁判の効力 (35条) の規定が準用される (38条1項)。

(3) **仮の救済** 差止訴訟の仮の救済については、仮の差止めによる (37条の5)。

第2節　当事者訴訟

1 当事者訴訟の意義

当事者訴訟には、2種類のものがあることについては、第16章で紹介した (→144頁)。ここでは、「公法上の法律関係に関する確認の訴えその他の公法上の法律関係に関する訴訟」(4条) である実質的当事者訴訟について、説明する。実質的当事者訴訟は、2004 (平成16) 年の行訴法の改正前においても、国に対する日本国籍確認訴訟 (最判平9・10・17民集51巻9号3925頁) や公務員の退職手当支払請求訴訟 (最判昭47・7・20民集26巻6号1171頁) などで利用されていたが、積極的には活用されていない状況であった。

しかし、2004年の行訴法の改正では、「公法上の法律関係に関する確認の訴え」が実質的当事者訴訟の例として示され、処分以外の行政活動に対する救済方法として、確認訴訟の活用を促す立法者意思が示された。この改正後、最高裁は、次にあげるような実質的当事者訴訟としての確認訴訟を適法としている。すなわち、①在外邦人が次回の衆議院議員の小選挙区選挙および参議院の選挙区選挙において、在外選挙人名簿に登録されていることに基づいて投票することができる地位にあることの確認を求める訴訟 (最大判平17・9・14民集59巻7号2087頁〔在外邦人選挙権事件〕)、②保険診療と自由診療を併用する混合診療を受けた場合に、当該保険診療について健康保険法の療養の給付を受ける権利を有することの確認を求める訴訟 (最判平23・10・25民集65

巻7号2923頁)、③国に対し日本国籍を有することの確認を求める訴訟 (最判平20・6・4民集62巻6号1367頁)、④改正省令が無効であるとしてその施行後も第1類・第2類医薬品の郵便等販売をすることができる地位の確認を求める訴訟 (最判平25・1・11民集67巻1号1頁)、および⑤都立学校における校長の職務命令に基づく公的義務の不存在の確認を求める訴訟 (前掲最判平24・2・9) などである。こうして、行訴法の改正後は、実質的当事者訴訟が徐々に活用されてきている状況にある。

2 訴訟要件

当事者訴訟について、「この法律に定めがない事項については、民事訴訟の例による」(行訴7条) こととなる。特に問題となるのは、確認訴訟としての実質的当事者訴訟の**確認の利益**である。民事訴訟における確認の利益に関しては、一般に、①当事者間の紛争解決にとって確認訴訟という手段が有効・適切であること (方法選択の適切性)、②確認の対象が当事者間の紛争解決にとって有効・適切であること (対象選択の適切性)、および③当事者間の紛争が即時の解決が必要な程度に切迫した成熟したものであること (即時解決の必要性) が必要である。実質的当事者訴訟でも原則同様に考えることができよう。

最高裁は、教育委員会から発出された通達を踏まえて校長から発せられた職務命令に基づく公的義務、すなわち、卒業式や入学式等の式典に際して教職員は起立して国歌を斉唱しなければならないという義務の不存在の確認を求める訴訟について、大要、次のように述べて、確認の利益を肯定している (前掲最判平24・2・9)。

毎年度2回以上、卒業式や入学式等の式典に際し、多数の教職員に対し職務命令が繰り返し発せられており、これに基づく公的義務の存在は、その違反およびその累積が懲戒処分の処分事由および加重事由との評価を受けることに伴い、「勤務成績の評価を通じた昇給等に係る不利益という行政処分以外の処遇上の不利益が発生し拡大する危険」の観点からも、教職員の「法的地位に現実の危険を及ぼすもの」ということができ、このように「本件通達を踏まえて処遇上の不利益が反復継続的かつ累積加重的に発生し拡大する危

険が現に存在する」状況の下では、毎年度2回以上の各式典を契機として上記のように処遇上の不利益が反復継続的かつ累積加重的に発生し拡大していくと「事後的な損害の回復が著しく困難になる」ことを考慮すると、「本件職務命令に基づく公的義務の不存在の確認を求める本件確認の訴え」は、「行政処分以外の処遇上の不利益の予防を目的とする公法上の法律関係に関する確認の訴え」としては、「その目的に即した有効適切な争訟方法である」ということができ、「確認の利益を肯定することができる」。

3 **本案勝訴要件**

　実質的当事者訴訟の本案勝訴要件も原則民事訴訟と同様に考えることになる。すなわち、本案勝訴要件は、給付訴訟においては、原告の被告に対する給付請求権 (被告の給付義務) の存在であり、確認訴訟では、特定の法律関係 (権利義務関係) の存在または不存在である。前掲最判平24・2・9では、当該確認訴訟の請求の当否について、「その確認請求の対象は本件職務命令に基づく公的義務の存否である」ところ、本件職務命令が違憲無効であってこれに基づく公的義務が不存在であるとはいえないから、本件訴えにかかる請求は理由がない、とされている。

4 **審理・判決・仮の救済**

　(1) 審　理　　当事者訴訟の審理については、抗告訴訟に関する規定のうち、行訴法41条1項によって、訴訟の移送 (行訴13条)、請求の併合 (16条～19条)、行政庁の訴訟参加 (23条)、釈明処分の特則 (23条の2)、および職権証拠調べ (24条) の規定が準用されている。

　(2) 判　決　　また、当事者訴訟の判決については、判決の拘束力 (行訴33条) および訴訟費用の裁判の効力 (35条) が準用されている (41条1項)。

　(3) 仮の救済　　当事者訴訟には、執行停止の規定 (行訴25条) の準用はされていない。他方、「行政庁の処分その他公権力の行使に当たる行為」については、民事保全法が規定する仮処分をすることはできない (44条)。そのため、公務員の免職処分の無効を前提とする給料支払請求の場合のような、処分の無効を前提とする当事者訴訟の場合、仮の救済がなくなるのではないかという問題がある。2004 (平成16) 年の行訴法改正では、仮の義務付けや

仮の差止めの制度を新たに設けて仮の救済の立法的整備が図られたが、仮処分排除規定（44条）についての改正は行われなかった。そこで、学説では、当事者訴訟において、無効確認訴訟における仮の救済制度としての執行停止制度と同程度の仮処分は排除されていないと見るべきであるという提案などがなされている。

> 解決のヒント：設例1

　本件の場合、事業者Aに対して、Y県知事により産業廃棄物処分業の許可処分がなされ、本件施設で産廃処理が開始されたとしても、それによって直ちに近隣住民Xに対し、生命、健康または生活環境にかかる著しい被害が生じることは通常は想定し難いものであろう。したがって、近隣住民Xに生ずるおそれのある損害は、通常は、本件許可処分の取消訴訟を提起して行訴法25条2項に基づく執行停止を受けることにより避けることができるような性質、程度のものと考えられる。
　そのため、本件では差止訴訟の訴訟要件である「重大な損害」要件を欠き、差止訴訟を利用することはできないと解される。そこで、本件の場合、近隣住民Xは産業廃棄物処分業の許可の取消訴訟ないし無効確認訴訟を提起すべきものと考えられる。

> 解決のヒント：設例2

　本件の場合は、行政庁の処分に該当する行為が存在しないため、抗告訴訟を利用することはできない。
　しかし、本件では、住民XはY市が指定する有料の指定収集袋に入れない限り、ごみを収集されない立場に置かれており、この不利益を即時に解決する必要性が認められる。そして、その場合には、個別の収集日ごとに、収集しないというY市の措置を特定して争うことも考えられないではないが、このような訴訟を提起することは現実的合理的な対応とはいえないであろう。むしろ、住民Xとしては、以前のとおり、Y市には、有料の指定収集袋を使用しなくてもごみの収集義務という公法上の義務が存在することを確認すること（または住民Xは有料指定収集袋を使用することなくY市からごみの収集を受ける地位があることを確認すること）が、本件の紛争解決にとって有効適切であると考えられる。
　そこで、本件の場合は、確認訴訟としての実質的当事者訴訟を提起することが考えられる。

第24章　国家賠償（1）

設例
　不許可処分の取消判決が確定し、新たに許可処分が出たので産業廃棄物処分業を始めることができた。過去の営業損失を取り戻すため、国家賠償訴訟を起こす場合、何が争点になるのか。また、協議中、こちらの言い分を無視した専決権者（→41頁）である県庁の部長にも損害賠償請求をすることは可能か。

第1節　国家賠償法

1　国家賠償法の沿革

　明治憲法下において、大審院は、権力的活動には民法は適用されないという立場をとってきた（**主権無答責の法理**）。他方、私経済活動や非権力的な行政作用に該当する活動には、民法を適用し国などの不法行為責任を認めていた。徳島市立小学校の校庭に設置されていた遊動円棒が腐食していたため、児童が転落して死亡した事故で、大判大 5・6・1 民録 22 輯 1088 頁〔徳島小学校遊動円棒事件〕は、民法 717 条の工作物責任を適用して、市の賠償責任を認めている。主権無答責の法理は、戦後、憲法 17 条により否定され、全 6 条の国家賠償法（以下、国賠法という）が 1947（昭和 22）年 10 月 27 日に施行された。

2　国家賠償法の概要

　1条1項は、「国又は公共団体の公権力の行使に当る公務員が、その職務を行うについて、故意又は過失によつて違法に他人に損害を加えたときは、国又は公共団体が、これを賠償する責に任ずる」と規定する。これは、民法 709 条・715 条に対応するとされるが、①国賠法には、民法 715 条 1 項ただし書のような使用者免責規定がない。また、②1 条 2 項は、「前項の場合において、公務員に故意又は重大な過失があつたときは、国又は公共団体は、

その公務員に対して求償権を有する」と規定するが、民法715条3項には、求償権行使の要件を故意または重過失に限定するような制限はない。

以上のように、国賠法と民法では条文上の相違点があるが、学説判例上、民法715条の使用者免責はほとんど認められず、求償権の行使も制限されている。このため、①・②にかかわらず、両者にはほとんど差異はないといってよいが、最判昭30・4・19民集9巻5号534頁は、③加害公務員個人は被害者に対して直接、損害賠償責任を負わないとしているので、この点に民事不法行為法との相違がある。

3 国家賠償責任の性質・根拠

1条の公権力の行使責任は、公務員個人の不法行為であるにもかかわらず、なぜ、国または公共団体が賠償責任を負うのか。この点について、学説は代位責任説と自己責任説に分かれているが、最高裁は立場を明らかにしていない。**自己責任説**は、公務員個人の責任とは関係なく、公務員を手足のように用いて国家が作り出した危険の責任を国家が負うものと解する。しかし、1条1項が公務員個人の故意・過失という主観的要件を賠償責任の成立要件としていること、また、同条2項が公務員に対する求償権を定めていることから、公務員が本来負う責任を国・公共団体が代わって負担するとする**代位責任説**が通説である。

第2節 1条の責任の要件

1 公権力の行使

(1) 狭義説・広義説・最広義説　国賠法1条が適用されるのか、民法が適用されるのかは、加害行為が**公権力の行使**に該当するのか否かで決まる。公権力の行使という概念は、行政事件訴訟法3条、行政不服審査法1条、行政手続法2条2号でも用いられているが、一般に「一方的に命令・強制しあるいは法律関係・事実関係などを形成し変更する行政活動（権力的行政活動）」と考えられている。かつては、国賠法の解釈においてもそのように解されていた（**狭義説**）。**広義説**は、おおむね、私経済作用（財産権の主体としての行為で、国有・公有財産の管理、物品の購入、地下鉄や市営バス事業など）および国賠法2条

の対象となるものを除く全ての活動が該当するとする。学校の教育活動、行政指導、事前相談、情報提供、公表なども含まれることになる。判例・通説のとるところである。**最広義説**は、国賠法2条の対象となるものを除き、国・公共団体の全ての活動に国賠法を適用する。

(2) 判例の考え方　判例は広義説をとっているものと考えられる。判例は、公立学校の教育活動を公権力の行使に含めているので(最判昭62・2・6判時1232号100頁)、同じ学校事故でも、国公立学校の場合は国賠法が、私立学校の場合は民法が適用になる。このため、国公立学校の場合は、国賠法が排他的に適用され、教師個人はその責任を負わない(最判昭52・10・25判タ335号260頁)。他方、国公立病院での医療過誤事故の場合は、最判昭36・2・16民集15巻2号244頁〔東大病院輸血梅毒事件〕以降、民間の病院と同様、民法を適用しており、担当医師を民法709条に基づき、使用者である国または公共団体を715条に基づき損害賠償請求をすることになる。医療行為であっても、強制接種や勧奨接種は「公権力の行使」に含まれる。

今日、国賠法1条と民法709条・715条の法効果は近似化しており、違いは公務員個人が被害者との関係で責任を負うのか否かに尽きるといえよう。

(3) 司法行為と立法行為　判例は、「公権力の行使」には、警察官による逮捕、検察官による起訴、裁判官による裁判、国会議員による立法など、一般の行政活動とは異なる特殊な分野も含むとしている。この分野において、国賠法1条の違法性は抗告訴訟における違法性とは異なるのか、また、国賠法上の違法性と過失は別個の要件として別々に判断されるのか、それとも一元的に判断されるのかが、一般の行政行為に先行して問題となった(→3節)。

2　公務員・国または公共団体

(1) 公務員　国賠法1条の「公務員」とは、国公法や地公法が適用になる身分上の公務員に限られず、公権力の行使にあたる行為を委ねられた民間人も含まれる。例えば、厚生労働大臣の「精神保健指定医」の指定(精神保健福祉法18条1項)を受けた指定医(19条の4)などがそうである。

ところで、代位責任説に立つと、加害公務員の加害行為を被害者側が特定して主張・立証しなければならないのかという問題がある。最判昭57・4・

1民集36巻4号519頁〔岡山税務署健康診断事件〕は、一連の行為が全て同一の行政主体の公務員の職務上の行為である場合、「具体的にどの公務員のどのような違法行為によるものであるかを特定することができなくても、右の一連の行為のうちのいずれかに行為者の故意又は過失による違法行為があつたのでなければ右の被害が生ずることはなかつたであろうと認められ、かつ、それがどの行為であるにせよこれによる被害につき行為者の属する国又は公共団体が法律上賠償の責任を負うべき関係が存在するときは、国又は公共団体は、加害行為不特定の故をもつて国家賠償法又は民法上の損害賠償責任を免れることができない」と判示し、加害公務員と加害行為の特定を緩和する一般法理を示している。

(2) 国または公共団体　　国賠責任を負う「公共団体」とは、地方公共団体のみならず、「公権力の行使」にあたる行為をする団体も含まれる。所属弁護士に対する懲戒権の行使は、「公権力の行使」に該当するから、これを行使した弁護士会は「公共団体」になり、国賠法1条1項の責任主体となる。

建築基準法に基づく建築確認の権限を、株式会社などの指定確認検査機関（建基77条の18以下）に認める制度が導入されているが、私人に委託された行政権限が違法に行使され、国民が損害を受けた場合、誰に対して責任を追及できるのであろうか。行訴法21条1項（訴えの変更　→169頁）の解釈を争点とする事案において、最決平17・6・24判時1904号69頁〔東京建築検査機構事件〕は、指定確認検査機関による建築確認事務は、当該確認にかかる建築物について確認権限を有する建築主事が置かれた地方公共団体の事務であり、当該地方公共団体は、指定確認検査機関の当該確認につき、行訴法21条1項所定の「当該処分又は裁決に係る事務の帰属する国又は公共団体」にあたる旨判示したが、学説の批判が強い。

また、児童福祉法27条1項3号に基づき県知事が社会福祉法人設置の児童養護施設に入所させた児童が、同施設に入所していた他の児童から暴行を受け、重大な傷害を負った事案で、最判平19・1・25民集61巻1号1頁〔積善会児童養護施設事件〕は、当該児童に対する当該施設の職員らによる養育監護行為は、児童福祉法上、都道府県の公権力の行使であると判示し、県の

国賠法上の責任を肯定したほか、社会福祉法人の民法715条の使用者責任を否定している。

3 職務を行うについて

1条1項は公務員が「その職務を行うについて」と規定し、加害行為と職務との間に一定の関連性（**職務行為関連性**）があることを要求している。民法715条1項の「その事業の執行について」と同じ趣旨であると解され、判例上、公務員に主観的には公務遂行の意思がなくても職務の外形を有していれば責任を認める**外形標準説**（**外形主義**）が形成されている。収税官吏が差押処分をなす際に滞納者の財産を窃取する行為のように、職務の執行に際してなされる行為ではあるが、形式内容ともに職務と無関係な行為を含まない。一方、警察官がパトカーで犯人追跡中に起こした交通事故のように、職務執行中になされた行為は該当する。

最判昭31・11・30民集10巻11号1502頁〔川崎駅警察官強盗殺人事件〕は、警視庁巡査（東京都の公務員）が非番の日に制服制帽を着用し、同僚の警察官から盗んだ拳銃を携帯したうえ、神奈川県川崎市で通行人に職務質問をするふりをして所持品を奪おうとしたが、気づかれたので、相手を射殺したという非番警察官の管轄外強盗殺人事件で、外形標準説を適用し、東京都に国賠法1条の責任を認めた。この判決は、被害者保護の観点から警察官の犯罪行為に職務執行性を認めたものであり、高く評価する向きもある。しかし、相手方の信頼保護に基礎を置く外形理論は、取引的不法行為では妥当するが、事実的不法行為では論拠となりにくい。本件では、職務質問を信用して所持品を預けたという特殊事情があるにしても、盗まれた拳銃の管理責任を問題にすべきではなかったか。拳銃の管理責任について、大阪地判昭61・9・26判時1226号89頁は1条の責任を、その控訴審の大阪高判昭62・11・27判時1275号62頁は2条の責任（→219頁）を認めている。

白バイに乗って警察官を装った者が、現金輸送車を止めて、現金を奪って逃げた3億円事件（1968〔昭和43〕年）では、現金輸送車の運転手は、警察官の指示だと信じてそれに従っている。東京都は国賠法1条の責任を負うのであろうか。外形標準説が適用されるのは、加害公務員が事物管轄を有する正

規の公務員であることが前提となっており、一般国民や警察官以外の一般の公務員が警察官に扮して同様の加害行為を行った場合には、国賠法 1 条は適用されないと解されている。

第 3 節　違法性、故意・過失

　広義説により公権力概念が拡大したことにより、客観的要素である違法性と主観的要素である故意・過失をめぐって、理解が多様化し、相互の関連性を含めて複雑な議論が展開されている。

1　違　法　性

　(1)　結果不法説と行為不法説　　一般に「違法」とは客観的な法令違反をいうが、**違法性**のとらえ方には 2 つある。①行政活動によって生ずる被害（結果）に着目し、被侵害法益の側から違法性を判断する**結果不法説**と、②公務員の違法な行為に着目し、侵害行為の態様の側から違法性を判断する**行為不法説**である。結果不法説は権利侵害＝違法性という民事的発想に近いが、判例は行為不法説をとり、法律による行政の原理の下で法規範に適合しているのかを問題としている。例えば、交通法規等に違反して車両で逃走する者をパトカーで追跡中に、逃走車両が交通事故を起こし第三者が傷害を負った事件で、最判昭 61・2・27 民集 40 巻 1 号 124 頁〔富山パトカー追跡事件〕は、「右追跡行為が違法であるというためには、右追跡が当該職務目的を遂行する上で不必要であるか、又は逃走車両の逃走の態様及び道路交通状況等から予測される被害発生の具体的危険性の有無及び内容に照らし、追跡の開始・継続若しくは追跡の方法が不相当であることを要する」と述べ、追跡行為の必要性および相当性を具体的に検討し、その違法性を否定した。

　(2)　職務行為基準説　　判例は行為不法説を前提に、1 条 1 項の違法性判断において、公務員の行為が結果として根拠法令に違反することがあったとしても（取消訴訟では違法と認定される）、行為当時の状況を基準として、**職務上通常尽くすべき注意義務**を尽くしたか否かという観点から違法性が否定される場合がありうるとする（**職務行為基準説**）。この説では、抗告訴訟における違法と国賠訴訟における違法が一致しない（**違法性相対説**）。また、職務上

の注意義務違反が国賠法上の違法性の要件とされているため、違法性と過失が一元的に審査されることになる（**違法性一元説**）。

① 検察官の公訴提起・裁判官の裁判　職務行為基準説の嚆矢は、無罪判決が確定した場合の検察官の公訴提起の違法性に関する最判昭53・10・20民集32巻7号1367頁〔芦別国家賠償事件〕である。判決は、「逮捕・勾留はその時点において犯罪の嫌疑について相当な理由があり、かつ、必要性が認められるかぎりは適法であり」、起訴時・公訴追行時の心証も「各種の証拠資料を総合勘案して合理的な判断過程により有罪と認められる嫌疑があれば足りる」と判示し、結果不法説を採用していない。

また、最判昭57・3・12民集36巻3号329頁は、裁判官の「責任が肯定されるためには、当該裁判官が違法又は不当な目的をもって裁判をしたなど、裁判官がその付与された権限の趣旨に明らかに背いてこれを行使したものと認めうるような特別の事情があることを必要とする」と判示している。

② 国会の立法行為　最判昭60・11・21民集39巻7号1512頁〔在宅投票制度廃止事件〕は、国会議員の立法行為（立法不作為を含む）の違法性は、「個別の国民に対して負う職務上の法的義務に違背したかどうかの問題であって」、「仮に当該立法の内容が憲法の規定に違反する廉があるとしても、その故に国会議員の立法行為が直ちに違法の評価を受けるものではない」と判示した。在外邦人の選挙権の行使を制限する立法の違憲性が争点となった事例では、前掲最判昭60・11・21が判示した一般基準に従いつつ、選挙機会を確保する立法措置を相当の期間とらなかった立法不作為を違法としている（最大判平17・9・14民集59巻7号2087頁〔在外邦人選挙権事件〕）。

③ 一般の行政行為　最判平5・3・11民集47巻4号2863頁〔奈良過大更正国家賠償事件〕は、一般の行政行為である税務署長による所得税の更正に誤りがあったとしても、「そのことから直ちに国家賠償法1条1項にいう違法があったとの評価を受けるものではなく、税務署長が資料を収集し、これに基づき課税要件事実を認定、判断する上において、職務上通常尽くすべき注意義務を尽くすことなく漫然と更正をしたと認め得るような事情がある場合に限り」、違法の評価を受けると判示した。そして、「税務署長がその職務

上通常尽くすべき注意義務を尽くすことなく漫然と更正をした事情は認められないから」、国賠法1条1項の違法があったとはいえないと判示した。

(3) **公権力発動要件欠如説**　これに対し、学説上有力な**公権力発動要件欠如説**は、一般の行政処分について、抗告訴訟における違法性と国賠訴訟における違法性を同一のものととらえ (**違法性同一説**)、根拠法令違反という公権力発動要件の欠如をもって国賠法上の違法と解したうえで、公務員の注意義務違反については違法性ではなく、過失の問題として処理すべきである (違法性と過失の二元的審査) と主張する (**違法性二元説**)。

2　故意・過失

(1) **過失の客観化**　加害公務員の故意・過失は主観的要件である。**故意**とは、違法性の認識のある行為をいう。**過失**とは、結果が予見可能であり (予見可能性)、かつ、結果を回避することが可能であった (回避可能性) にもかかわらず、こうした行動をとらなかったこと、つまり、注意義務違反をいう。過失の認定においては、加害者の主観的心理状態ではなく、通常人の能力を標準として、注意義務違反があったか否かという客観的なものとして理解されるようになった (**過失の客観化**)。

(2) **組織的過失**　代位責任説の法律構成をそのままあてはめると、当該加害公務員に過失が認められない場合には、被害者が救済されないおそれがある。しかし、公務員個人の過失ではなく、組織としての行政主体の公務運営上の欠陥をもって過失とする**組織的過失**により過失を認定するなど、事案に即した柔軟な処理をしている。例えば、東京高判平4・12・18判時1445号3頁〔東京予防接種禍事件〕は、「予防接種を国の施策として全体として遂行する立場にある厚生大臣としては、予防接種の副反応、禁忌事項及び予診の重要性等について、この個別接種を実施する一般の医師及びこれを受ける国民にも周知徹底させ、予防接種事故の発生を未然に防ぐ義務があった」と判示し、組織の長としての厚生大臣 (当時) の過失 (組織的過失) を認めた。

ここでも代位責任説と自己責任説との間に大きな違いはないことになる。

3　具体的検討

(1) **行政処分の場合 (違法過失二元的判断)**　課税処分や許認可の取消処分

の場合は、その根拠法令により要件・効果という行為規範が明確に定められており（**法律による行政の原理** →12頁以下）、これに違反すれば違法といえる。すなわち、設例のような行政行為によって生じた損害賠償請求事件では、行政行為の適法・違法を判断し、そのうえで、違法性の認識があったのか（故意）、結果の予見可能性・回避可能性を内容とする注意義務違反があったのか（過失）という2段階審査を行うのが通例である。この場合、違法性について職務行為基準説に立つと、違法性と過失の二元性が失われ、両者の判断内容が実質的には重複し、違法性判断が過失の判断に左右されることになる。

(2) 法令の解釈適用の誤り　最判平16・1・15民集58巻1号226頁〔不法滞在外国人国民健康保険被保険者証不交付事件〕は、在留資格を有しない外国人には国民健康保険被保険者資格がないという法解釈を前提とした処分について、その処分は違法であるとしたが、「法律解釈につき異なる見解が対立し、実務上の取扱いも分かれていて、そのいずれについても相当の根拠が認められる場合」には、公務員がとった解釈に基づく「執行が違法と判断されたからといって、直ちに上記公務員に過失があったとものとすることは相当ではない」と述べている。この判決は、不許可事例において、違法と過失の二元的判断をし、「違法だが過失がない」との結論を導いていることになる（最判平3・7・9民集45巻6号1049頁〔幼児接見不許可事件〕参照）。

(3) 学校事故の場合（過失一元的判断）　国公立の学校事故のケースでは、学校教育法などの個別の法令の規定に違反するからではなく、事故の発生を未然に防止すべき一般的な注意義務、すなわち、予見可能な結果に対する結果回避義務違反としての過失が判断されることになる。前掲最判昭62・2・6もまず違法性の有無を判断し、次いで過失の有無を判断するという二元的思考ではなく、教師の注意義務違反の有無による一元的審査を行っている。

　解決のヒント
　　違法な公権力の行使により損害を受けた者は、国賠法1条1項により損害賠償を請求することができる。判例が立つ職務行為基準説では、不許可処分当時の状況を基準として当該公務員がなすべきことをしていたかという観点から違法性が否定される場合がある。法令解釈の誤りのような二元的審査がなされる

第24章 国家賠償 (1)

場合は、「違法だが過失がない」という判断になることもある。県庁の担当局長は求償の対象となりうるが原告との関係で直接責任を負うことはない。

第25章　国家賠償（2）

設例1
　産業廃棄物処分場から流れ出た廃液が川に流れ込み、住民の健康や漁業に被害が出た。業者と賠償について交渉していたが、業者が倒産してしまった。今後は、誰を相手に損害賠償を求めればよいのか。

設例2
　業者が産業廃棄物を運搬中、廃棄物が市道に落下し、原動機付き自転車がその落下物を避けきれず転倒した。負傷したドライバーは誰を相手にどのような請求をすればよいのか。廃棄物が落下した時点と事故の時点の長短は賠償責任に影響があるのか。業者は責任を負わないのか。

第1節　行政権限の不行使

　今日では、「公権力の行使」には行政権限の不行使も含まれ、これに起因する損害については、国家賠償法1条に基づく不作為責任が問題となる。これには2つのタイプがある。1つは、許認可などを求める申請に対する不応答により生じた損害の賠償責任で、申請者と行政庁という二面関係を想定している。もう1つは、国民の生命、身体、財産などに対する危険防止のために認められている、許認可の相手方である事業者に対する規制権限の行使の懈怠により生じた損害の賠償責任である。これは、規制権限の行使により利益を受ける者が存在するという三面関係を想定している。

1　申請に対する不作為

　(1)　事　例　申請に対する不作為の例として、最判昭60・7・16民集39巻5号989頁〔品川マンション事件〕がある。これは、建築確認申請に対して応答を留保したうえで行政指導をした事例において、建築確認の遅延による財産的損害の賠償を認めたものである。他方、最判平3・4・26民集45巻

4号653頁〔熊本水俣病認定遅延事件〕は、公害健康被害の補償等に関する法律に基づく水俣病に罹患していることの認定の遅れという知事の不作為による精神的苦痛に対する慰謝料請求を一部認容した原審判決を破棄差戻しした。

(2) 抗告訴訟の違法性との異同　申請に対する不作為の違法確認訴訟(行訴3条5項)と不作為の違法を理由とする国賠請求訴訟の違法性は同一なのであろうか。知事の不作為の違法を確認する判決の確定にもかかわらず、前掲最判平3・4・26は、申請に対する認定を迅速、適正にすべき行政手続上の作為義務は申請者の静穏な感情を害されないという私的利益の保護に直接向けられたものではないことから、条理上の作為義務違反があるといえるためには、「客観的に処分庁がその処分のために手続上必要と考えられる期間内に処分できなかったことだけでは足りず、その期間に比して更に長期間にわたり遅延が続き、かつ、その間、処分庁として通常期待される努力によって遅延を解消できたのに、これを回避するための努力を尽くさなかったことが必要である」と判示し、両者は異なるものと解している。

2　規制権限の不作為

　許認可等の取消し(撤回)などの規制権限の行使については、伝統的に**行政便宜主義**という考え方がとられてきた。根拠法令上「取り消すことができる」と規定されていることが多く、仮に権限発動の要件を満たしていたとしても、何時、どのような措置をとるのか、あるいはとらないのかについて**効果裁量**(→109頁)を認め、違法性を否定してきたのである。行政便宜主義を克服して**作為義務**を導くために、ある種の状況下では効果裁量がゼロに収縮して作為義務が生ずるとする裁量権(零)収縮の理論が提唱され、下級審で採用されたこともある(東京スモン訴訟に関する東京地判昭53・8・3判時899号48頁)。

3　違法性の判断基準

　(1)　一般論　下級審では、規制権限不行使の違法性判断の考慮要素として、①生命・身体・財産などの被侵害法益、②危険発生の予見可能性、③その結果回避可能性、④権限行使に対する期待可能性などをあげ、総合的に判断してきた。

(2) 裁量権消極的濫用論　　最判平元・11・24民集43巻10号1169頁〔京都宅建業者事件〕は、宅建「業者の不正な行為により個々の取引関係者が損害を被った場合であっても、具体的事情の下において、知事等に監督処分権限が付与された趣旨・目的に照らし、その不行使が著しく不合理と認められるときでない限り、右権限の不行使は、当該取引関係者に対する関係で国家賠償法1条1項の適用上違法の評価を受けるものではない」と判示し、京都府の責任を否定した。この判断枠組みは、作為の裁量処分に関する考え方を不作為に対しても及ぼし、効果裁量が認められている場合にも不作為が裁量権の逸脱濫用にあたるときは違法となるとするもので、**裁量権消極的濫用論**と呼ばれている。クロロキン薬害訴訟にかかる最判平7・6・23民集49巻6号1600頁も同様の判断枠組みをとる。

(3) 違法性一元説的判断　　規制権限の不作為の違法に関し、最判平16・4・27民集58巻4号1032頁〔筑豊じん肺訴訟〕は、鉱山保安法に基づく省令制定・改正権限につき、「鉱山労働者の労働環境を整備し、その生命、身体に対する危害を防止し、その健康を確保することをその主要な目的として、できる限り速やかに、技術の進歩や最新の医学的知見等に適合したものに改正すべく、適時にかつ適切に行使されるべきものである」と述べ、本件における省令改正権限の不行使は「その趣旨、目的に照らし、著しく合理性を欠くものであって、国家賠償法1条1項の適用上違法というべきである」と判示した。

また、最判平16・10・15民集58巻7号1802頁〔熊本水俣病関西訴訟〕は、水俣病の発生および拡大の防止のために、関連法律に基づく規制権限を行使しなかった国の賠償責任を認めるとともに、県が国賠法1条1項による損害賠償責任を負うとした原審の判断は、県漁業調整「規則が、水産動植物の繁殖保護等を直接の目的とするものではあるが、それを摂取する者の健康の保持等をもその究極の目的とするものであると解されることからすれば、是認することができる」と判示し、規制権限の保護範囲を拡張的に解釈し、その賠償責任を認めた。この判例も、国賠法上の違法判断の一般論について、「著しく合理性を欠く」か否かで判断しており、規制権限不行使の違法の判

断の中に、結果の予見可能性・回避可能性という過失の判断要素を取り込むという、違法性一元説的判断がなされ、過失が独立の存在意義を失っている。

第2節　公の営造物の設置管理の瑕疵（2条）

1　公の営造物の設置または管理

(1)　公の営造物　　国賠法2条は、公の営造物の設置または管理の瑕疵に起因する損害賠償責任を定める。民法717条（土地工作物責任）と比較すると、①同条1項ただし書のような占有者の免責を認めておらず、②「公の営造物」概念は、テニスの審判台・警察の公用車・警察官の拳銃（→210頁）・警察犬などの動産のほか、河川・海岸などの自然公物などを含み「土地の工作物」よりも広い点で相違がある。2条の適用は、公の営造物に該当するか否かによるが、国または公共団体によって実際に公の目的に供されているかが決め手となる。

(2)　設置または管理　　「設置または管理」については、国または公共団体が当該営造物につき所有権などの権原または法令上の管理権を有する必要はなく、事実上管理していれば足りる。最判昭59・11・29民集38巻11号1260頁は、河川法の適用がない普通河川で幼児が溺死した事故について、その敷地は国または府の所有であったが、改修工事を行うなど事実上当該河川を管理していた市の賠償責任を認めた。

2　設置または管理の瑕疵

(1)　通常の用法　　「設置または管理の瑕疵」とは、営造物が**通常有すべき安全性を欠いていること**」をいうが（最判昭45・8・20民集24巻9号1268頁〔高知落石事件〕）、営造物の通常の用法に即しない用法により損害が生じた場合はどう考えるべきか。

市が管理する道路の防護柵に乗ったり腰かけたりして遊んでいた児童が転落し、後遺障害を負った事案で、最判昭53・7・4民集32巻5号809頁〔夢野台高校グラウンド転落事件〕は、通常有すべき安全性の有無は、「当該営造物の構造、用法、場所的環境及び利用状況等諸般の事情を総合考慮して具体的個別的に判断」することになると述べ、「通常の用法に即しない行動の結果

生じた事故につき、……その設置管理者として責任を負うべき理由はない」と判示した。また、町立中学校の開放された校庭内のテニスコートで、近くに住む住民らがテニスをしていたが、住民の5歳の子がその横の審判台に登って遊んでいたところ、審判台が倒れ、その下敷きになって死亡した事案で、最判平5・3・30民集47巻4号3226頁〔校庭開放中の審判台転倒事件〕は、「本来の用法に従えば安全である営造物について、これを設置管理者の通常予測し得ない異常な方法で使用しないという注意義務は、利用者である一般市民の側が負うのが当然であり、幼児について、異常な行動に出ることがないようにさせる注意義務は、もとより、第一次的にその保護者にある」と判示し、賠償責任を否定した。

他方、児童公園で遊んでいた当時3歳の幼児が、隣接したプールの周囲に張られた高さ約1.8メートルの金網フェンスを越えて、プール内に立ち入り溺死した事件において、最判昭56・7・16判時1016号59頁は、「児童公園で遊ぶ幼児にとって本件プールは一個の誘惑的存在であることは容易に看取しうるところ」であると述べ、本件被害児の行動がプールの設置管理者の予測を超えた行動であったとすることはできないと判示した。ここでは、プールが児童公園に隣接しているという場所的環境（前掲最判昭53・7・4）が瑕疵を肯定する要素となっている。

　(2)　**新たに開発された安全施設**　　視力障害者が駅のホームから転落して電車にひかれて重傷を負った事例で、点字ブロックのように新たに開発された安全施設の不設置が瑕疵となるのかが争われた。最判昭61・3・25民集40巻2号472頁〔点字ブロック未設置転落事件〕は、安全設備として相当程度標準化されて全国的ないし当該地域において普及しているかどうかを瑕疵の判断要素に加えるべきことを判示している。

3　道　　　路

　(1)　**無過失責任**　　国道の山側斜面から崩土とともに岩石が落下し、通行中の貨物自動車を直撃し、助手席に乗っていた人が即死した事案で、前掲最判昭45・8・20は、国賠「法2条1項の営造物の設置または管理の瑕疵……に基づく国および公共団体の賠償責任については、その過失の存在を必要と

しない」と判示し、また、防護柵の設置費用などの**予算制約の抗弁**を排した。このように、営造物責任は**無過失責任**と解されているが、客観的な瑕疵の有無を判断するうえで、危険ないし損害発生の予見可能性、回避可能性が問題となりうるので、純粋な(絶対的)無過失責任を問うものではない。

国道を通行中、天候が急激に悪化して激しい豪雨になり、土砂崩れで前後を封鎖されていたところ、土石流に押し流され、バス2台が川に転落し、104名が死亡した事故で、名古屋高判昭49・11・20高民集27巻6号395頁〔飛騨川バス転落事件〕は、道路管理者の**不可抗力**による免責の主張を排斥し、通行止めなどの措置をとりえたことを理由に国の責任を認めた。

(2)　結果回避可能性　　判例は、道路の客観的状態以外に道路管理者による時間的な**結果回避可能性**を考慮している。例えば、最判昭50・6・26民集29巻6号851頁〔奈良県道赤色灯標柱事件〕は、道路工事中であることを示す工事標識板、バリケードおよび赤色灯標柱が、夜間、しかも死亡事故が発生する直前に先行した他車によってその場に倒され、赤色灯も消えていたという事実関係の下では、「時間的に」道路管理者「において遅滞なくこれを原状に復し道路を安全良好な状態に保つことは不可能であつた」と判示し、道路管理の瑕疵を否定した。他方で、最判昭50・7・25民集29巻6号1136頁〔故障トラック放置事件〕は、87時間にわたって路上に放置された故障トラックに通行中の原付バイクが衝突した死亡事故について、「道路を常時巡視して応急の事態に対処しうる監視体制をとつていなかつたために」、放置の事実を知らず、まして、「バリケードを設けるとか、道路の片側部分を一時通行止めにするなど、道路の安全性を保持するために必要とされる措置を全く講じていなかつたことは明らかである」として道路管理の瑕疵を認めた。

これらの判例は、「営造物の瑕疵」ではなく、まさに「営造物の設置又は管理の瑕疵」(国賠法2条1項)を問うているわけである。

4　河　　　川

人工公物である道路とは異なり、自然公物である河川の氾濫に伴う水害は、天災と考えられ、営造物責任が限定される傾向があった。しかし、1970年代には、国賠請求訴訟が増加し、請求を認容する下級審の判決も次々と現れ

るようになった。その後、最判昭59・1・26民集38巻2号53頁〔大東水害訴訟〕は、「未改修河川又は改修の不十分な河川の安全性としては、……一般に施行されてきた治水事業による河川の改修、整備の過程に対応するいわば**過渡的な安全性**をもって足りる」と判示し、河川管理の瑕疵を認めた原審判決を破棄差戻しし、それまでの下級審判決の傾向を覆した。

前掲最判昭59・1・26は、改修中の都市河川からの溢水被害の事案であったため、改修済み河川における破堤型の水害にもその考え方が及ぶか（射程）が問題となった。この点について、最判平2・12・13民集44巻9号1186頁〔多摩川水害訴訟〕は、1974（昭和49）年夏の豪雨により、改修済みである多摩川（一級河川）の堤防が決壊して、周辺の家屋19棟が流出した水害について、河道内の許可工作物（堰）に問題があったために、計画以下の水量で堤防が決壊したものであり、河川管理の瑕疵を認める余地があるとして、原審判決を破棄し、事件を差し戻し、差戻審は、国の責任を認めた。

<u>5</u> **機能的瑕疵（供用関連瑕疵）**

以上のような公の営造物の物理的欠陥にかかわる事例（**物的性状瑕疵**）のほかに、営造物の供用目的に沿った利用の結果として周辺に生じる公害被害などの問題が注目されてきた。この点について、最大判昭56・12・16民集35巻10号1369頁〔大阪空港訴訟〕は、安全性の欠如とは、「営造物を構成する物的施設自体に存する物理的、外形的な欠陥ないし不備」による危害発生の危険性のみならず、「その営造物が供用目的に沿って利用されることとの関連において危害を生ぜしめる危険性がある場合をも含み、また、その危害は、営造物の利用者に対してのみならず、利用者以外の第三者に対するそれをも含む」と判示し、空港での航空機の離発着制限や周辺地域における騒音対策という被害発生の防止措置について、「設置または管理」の瑕疵を認め、過去の損害の賠償責任を認めた。これは**機能的瑕疵**または**供用関連瑕疵**と呼ばれる。

また、最判平7・7・7民集49巻7号1870頁〔国道43号線公害訴訟〕は、沿道住民が道路を走行する自動車がもたらす騒音、振動、大気汚染などにより被害を被っているとの主張に対し、「本件道路の公共性ないし公益上の必要

性のゆえに」、原告らが「受けた被害が社会生活上受忍すべき範囲内のものであるということはできず、本件道路の供用が違法な法益侵害に当たり」、国と阪神高速道路公団の損害賠償責任を認めた原審の判断は正当として是認することができるとした。

第3節　国家賠償法のその他の問題

1　費用負担者の賠償責任（3条）

　国賠法3条は、被害者救済の観点から、1条または2条の責任が認められる場合、費用負担者もまた対外的に責任を負う旨の規定である。最判昭50・11・28民集29巻10号1754頁は、負担金のように法律上負担義務を負う者に限られず、補助金支給者も費用負担者に含まれることがあるとする。最判平元・10・26民集43巻9号999頁は、設置管理に瑕疵ありとされた営造物（国立公園の遊歩道の一部である吊り橋）が複合的施設を構成する個々の施設である場合、「一体として補助金が交付された場合などの特段の事情がない限り、費用負担者に当たるか否かは、当該個別的施設について費用負担の割合等を考慮して判断するのが相当である」と判示している。

　管理者と費用負担者のいずれかが被告となる場合は、被告となる行政主体が全損害の賠償責任を負い、双方が被告となる場合は連帯して損害賠償責任を負う。そして、損害を賠償した者は、内部関係で、究極的な賠償責任者に対して求償権を行使できる。究極の賠償責任者について、学説上、管理者説、費用負担者説、損害発生の寄与度に応じて負担者を定める寄与度説の対立がある。市町村が設置する中学校の教諭が生徒に体罰を加え、生徒が負傷した事案で、最判平21・10・23民集63巻8号1849頁〔福島県求償金請求事件〕は、国賠「法に基づき損害を賠償する責めに任ずる場合における損害を賠償するための費用も国又は公共団体の事務を行うために要する経費に含まれるというべきであるから、上記経費の負担について定める法令は、上記費用の負担についても定めていると解される」。学校教育法5条、地方財政法9条の「各規定によれば、市町村が設置する中学校の経費については、原則として、当該市町村がこれを負担すべきものとされているのであって、当該市町村が

国家賠償法3条2項にいう内部関係でその損害を賠償する責任ある者」であり、市が県からの求償に全額応ずる義務があるとし、費用負担者説を採用した。

2 民法の適用（4条）

4条は、国賠責任については、前3条の規定のほか民法の規定が適用になることを規定している。この規定は、第1に、国賠法の規定と民事不法行為法の規定の振り分けを規定している。1条1項の「公権力の行使」に該当すれば民法709条・715条は適用されない。同様に、2条1項の「公の営造物」に該当すれば民法717条は適用されないのである。

第2に、国賠法が適用される場合でも同法に規定がない事項については、民法の規定による。722条2項の過失相殺や724条の消滅時効などである。最判昭53・7・17民集32巻5号1000頁は、失火責任法は、国賠法4条の「民法」に含まれ、「公権力の行使にあたる公務員の失火による国又は公共団体の損害賠償責任については、国家賠償法4条により失火責任法が適用され、当該公務員に重大な過失のあることを必要とする」と判示している。

3 その他

5条は、国賠法が国または公共団体の賠償責任に関する一般法であることから、民法以外の他の法律に別段の定めがあればその規定が特別法として適用されることを、6条は、外国人が被害者である場合には相互の保証があるときに限り、国賠法を適用するという**相互保証主義**を規定している。ある外国人の本国において日本人が被害を受けたときに国家賠償制度により救済される場合に限って、その外国人に日本の国賠法による救済を認めるという趣旨である。

解決のヒント：設例1

知事には、廃棄物処理法15条の2の7に基づく監督権限（改善命令・業務停止命令）が付与されているところ、判例法理は、具体的事情の下において、監督処分権限が付与された趣旨・目的に照らし、その不行使が著しく不合理であると認められるときでない限り、右権限の不行使は、被害者住民に対する関係で国賠法1条1項の適用上違法の評価を受けるものではないとする。県の賠

第25章　国家賠償 (2)

償責任を追及するためには、監督権限の不行使が著しく不合理であることを主張・立証することが求められる。

|解決のヒント：設例2|

　被害者は、公の営造物である市道の設置または管理に瑕疵があるとして、国賠法2条1項により市道の管理者である市（道16条1項）に対し、損害賠償請求をすることができる。判例の考え方によれば、廃棄物の落下が事故の87時間前であれば、市の賠償責任が認められる余地がある一方、直前であれば結果回避可能性がないと判断される可能性がある。2条2項の求償権は、1条2項と同じく、裁判上問題となることはほとんどないといわれているが、因果関係が明白であれば、適正な債権管理の観点から市は業者に対し、求償権を行使すべきである（財産の管理を怠る事実　→227頁）。

第26章 住民訴訟

> **設 例**
>
> 産業廃棄物の処理業者であるAは、Y県知事から適法に処分場の設置許可を得て処分場の操業を行っていたが、長年、当該処分場から汚泥等を含む汚水が流出し、Y県知事が管理する河川と港湾に蓄積していた。処理業者Aは、すでに当該処分場の操業を停止していたこともあり、Y県知事は、Y県の予算1億2000万円を投じて、処理業者Aに代わって汚泥等を浚渫し、その処理を行った。しかし、本来は処理業者Aが行うべきことに予算を投じた知事の措置に、Y県住民のXは納得ができず、法的手段を講じることを検討している。Xは、どのような訴訟法上の手段を講じることができるか。

第1節　住民訴訟の沿革・目的

1　住民訴訟の沿革

　住民訴訟は、アメリカで判例法上認められていた納税者訴訟（taxpayer's suit）をモデルとして1948（昭和23）年の地方自治法改正で設けられたものである。創設当時は、正式の名称はなかったが、1963（昭和38）年の同法改正で、現在の「住民訴訟」の名称となった。その後、2002（平成14）年に、訴訟類型（自治242条2第1項に定める1号請求および4号請求）の再構成を中心とする改正が行われて現在に至っている。

2　住民訴訟の目的

　住民訴訟の目的は、地方財務行政の適正な運営を確保することにある。最高裁は、住民訴訟は、地方自治の本旨に基づく住民参政の一環として、住民に対して、普通地方公共団体の執行機関・職員による財務会計上の違法な行為または怠る事実を予防しまたは是正を請求する権能を与え、もって「地方財務行政の適正な運営を確保することを目的としたもの」であると判示している（最判昭53・3・30民集32巻2号485頁）。

第26章　住民訴訟

このように住民訴訟の目的は、地方財務行政の適正な運営であるが、自治体の行政活動は、財政支出をもたらすものが多いため、住民訴訟は、実際上、行政活動の適正を図るための手段としても機能している。

第2節　住民訴訟提起の要件

1　住民監査の請求

住民訴訟を提起するためには、住民監査請求を経由する必要がある（自治242条の2第1項）。**住民監査請求前置主義**と呼ばれる。

住民監査請求は、普通地方公共団体の住民が、当該団体の長、委員会、委員または職員について、違法・不当な①公金の支出、②財産の取得・管理・処分、③契約の締結・履行、または④債務その他の義務の負担（これらを**財務会計上の行為**という）がある場合、ならびに違法・不当な①公金の賦課・徴収、または②財産の管理を怠る事実（これらを**怠る事実**という）がある場合に、監査委員に対し、監査を求め、当該行為を防止し、是正し、当該怠る事実を改め、または当該行為あるいは怠る事実によって当該普通地方公共団体が被った損害を補填するために必要な措置を講ずべきことを請求するものである（242条1項）。

2　住民訴訟の対象

住民訴訟の対象は、上記の住民監査請求にかかる財務会計上の行為または怠る事実である（242条の2第1項・242条1項）。これらの財務会計上の行為または怠る事実（以下、両者を含めて「財務会計行為」という場合がある）以外の行為は、住民訴訟の対象とはならない。

3　出訴資格

住民訴訟は、当該普通地方公共団体の住民が提起できる（242条の2第1項）。市町村の区域内に住所を有する者が市町村およびこれを包括する都道府県の住民であるため（自治10条）、住民訴訟を提起できる者は、個人であるか法人であるかを問わない。また、住民であれば、外国人も出訴できる。

住民訴訟は、民衆訴訟（したがって客観訴訟）の一種であり、その原告は、自己の権利利益を守るためではなく、「原告を含む住民全体の利益のために、

いわば公益の代表者として」(前掲最判昭53・3・30) 訴訟を提起・遂行するものである。

4 出訴期間

住民訴訟は、①監査委員の監査の結果または勧告に不服がある場合は、当該監査の結果または当該勧告の内容の通知があった日から30日以内、②監査委員の勧告を受けた議会、長その他の執行機関または職員の措置に不服がある場合は、当該措置にかかる監査委員の通知があった日から30日以内、③監査委員が請求をした日から60日を経過しても監査または勧告を行わない場合は、当該60日を経過した日から30日以内、④監査委員の勧告を受けた議会、長その他の執行機関または職員が措置を講じない場合は、当該勧告に示された期間を経過した日から30日以内に提起しなければならない（自治242条の2第2項）。

このような訴え提起のための要件を欠く住民訴訟は、却下されることとなる。

第3節　住民訴訟の種類

1 住民訴訟の4種類

住民訴訟には、4種類がある（自治242条の2第1項）。

第1は、当該執行機関または職員に対する当該行為の全部または一部の差止めの請求をするものである（1号請求）。例えば、公有水面の埋立てに関する工事費用の支出の差止めを求める請求をする訴訟がこれに該当する。

第2は、行政処分たる当該行為の取消しまたは無効確認の請求をするものである（2号請求）。例えば、行政処分である補助金の交付決定の取消しを求める訴訟がこれに該当する。

第3は、執行機関または職員に対する当該怠る事実の違法確認の請求である（3号請求）。例えば、税の賦課徴収を怠っている場合に、その違法を確認する訴訟がこれに該当する。

第4は、当該職員または当該行為もしくは怠る事実にかかる相手方に損害賠償または不当利得返還の請求をすることを当該地方公共団体の執行機関ま

たは職員に対して求める請求である (4号請求)。例えば、元市長Ａがヤミ給与を支給していた場合に、当該市の執行機関である市長Ｙに対し元市長Ａに損害賠償を請求しあるいはヤミ給与を受けていた職員に不当利得返還請求をすることを請求する訴訟がこれに該当する。ただし、当該職員または当該行為もしくは怠る事実にかかる相手方が243条の2第3項の規定による賠償の命令の対象となる者である場合にあっては、住民は、当該賠償の命令をすることを求める請求をすることになる (242条の2第1項4号ただし書)。

これらの各請求について、2002 (平成14) 年の地方自治法改正前から、3号請求と4号請求については、両者の併合の可否が問題となっていた。これについて、最高裁は、2002年改正前の地方自治法242条の2第1項が「両請求の間に優先順位を定めていないことや両請求の当事者、効果の相違等にかんがみると、4号請求との関係において3号請求を補充的なものと解する根拠はない」として、両請求の併合を適法としていた (最判平13・12・13民集55巻7号1500頁)。この最高裁判決によると、4号請求ができる場合でも、3号請求だけの住民訴訟の提起も可能であると解される。そして、3号請求と4号請求の関係に関するこのような解釈は、2002年の地方自治法改正後も同様に妥当すると思われる。

2 4号請求

住民訴訟の種類のうち、利用頻度が高いのは、4号請求である。4号請求は、2002年の地方自治法改正前は、原告住民が地方公共団体に代位して、当該職員または当該行為もしくは怠る事実にかかる相手方に損害賠償または不当利得返還の請求をする訴訟であった (代位訴訟)。

しかし、2002年の地方自治法改正後は、執行機関等を被告として、長、職員、相手方への損害賠償等の請求を行うことを求める義務付け訴訟に再構成された。すなわち、4号請求は、住民が地方公共団体の執行機関等 (通常は機関としての長) を被告として、自治体に損害・損失を与えた職員らに対し、損害賠償または不当利得返還を請求することを求める義務付けを内容とするものとなった。

この訴訟は、2段階に分かれている。第1段階は、原告たる住民側が勝訴

する判決（執行機関等に損害賠償・不当利得返還の請求を命ずる義務付け判決）が確定した場合、執行機関等は、当該判決が確定した日から 60 日以内の日を期限として当該職員らに対して支払請求をしなければならない段階である（自治 242 条の 3 第 1 項）。第 2 段階は、この支払いがなされない場合に、当該地方公共団体が、当該損害賠償・不当利得返還の請求を目的とする訴えを提起しなければならない段階である（242 条の 3 第 2 項）。

第 4 節　住民訴訟の審理

1 財務会計行為の違法性

住民訴訟では、財務会計上の行為または怠る事実（財務会計行為）の違法性が審理される。

財務会計行為の違法性の判断は、各号請求に即してなされる。4 号請求の当該職員に対する損害賠償請求訴訟の場合は、当該職員の財務会計上の行為自体が「財務会計法規上の義務に違反する」ことが当該行為の違法性を構成することとなる（最判平 4・12・15 民集 46 巻 9 号 2753 頁〔1 日校長事件〕）。ただし、この「財務会計法規」は、狭義の財務会計法規に限られず、財務会計法上の行為を行う場合に当該職員が職務上負担する行為規範一般を意味するものであり、これには最小経費最大効果原則（自治 2 条 14 項、地財 4 条 1 項）等も含まれると解される（最判平 20・1・18 民集 62 巻 1 号 1 頁参照）。

2 先行行為の違法とそれを原因とする財務会計上の行為の違法

住民訴訟においては、財務会計上の行為それ自体は適法に行われていたとしても、財務会計上の行為に先行する非財務会計行為に違法性がある場合に、それを原因として財務会計上の行為も違法となるかという問題がある。これは、**住民訴訟における違法性の承継**の問題として議論されてきた。

従来は、財務会計上の行為が違法となるのは、単にそれ自体が直接法令に違反する場合だけではなく、その原因となる行為が法令に違反し許されない場合の財務会計上の行為もまた、違法となるとされていた（最判昭 52・7・13 民集 31 巻 4 号 533 頁〔津地鎮祭事件〕参照）。そして、例えば、収賄罪を理由として懲戒免職処分ではなく分限免職処分に付され公務員に退職手当が支給され

たことが争われた事案において、最高裁は、公務員の分限免職処分がなされれば当然に所定額の退職手当が支給されることとなっており、収賄罪で逮捕された職員に対する「本件分限処分は本件退職手当の支給の直接の原因をなすもの」であるから、「前者が違法であれば後者も当然に違法となる」としていた（最判昭60・9・12判時1171号62頁）。

その後、最高裁は、教育委員会が退職勧奨に応じた教頭職にある者に対し、1日だけ校長に任命する昇格処分をして退職承認処分をした後、知事が昇給後の校長職の給与に基づき退職手当の支出決定を行った事案において、先行行為と財務会計上の行為を行う者が異なり、かつ、先行行為が知事から独立性を有する教育委員会によってなされたことから、知事は、「右処分が著しく合理性を欠きそのためこれに予算執行の適正確保の見地から看過し得ない瑕疵の存する場合でない限り、右処分を尊重しその内容に応じた財務会計上の措置を採るべき義務があり、これを拒むことは許されない」としたうえで、「本件昇格処分及び本件退職承認処分が著しく合理性を欠きそのためこれに予算執行の適正確保の見地から看過し得ない瑕疵が存するものとは解し得ないから」、知事としては、「教育委員会が行った本件昇格処分及び本件退職承認処分を前提として、これに伴う所要の財務会計上の措置を採るべき義務があるものというべきであり」、したがって、知事のした本件支出決定が、「その職務上負担する財務会計法規上の義務に違反してされた違法なものということはできない」としており、先行行為の違法が直接財務会計上の行為の違法をもたらすとする解釈は採用していない（前掲最判平4・12・15）。そのため、本件最高裁は、その原因となる行為が法令に違反し許されない場合の財務会計上の行為もまた、違法となるとした従来の最高裁の立場を変更したようにも見える。しかし、本件は先行行為と後行行為の行為者が独立の関係にあるという特殊性のある事案であることに注意が必要である。

他方、先行行為と後行行為である財務会計上の行為を行う者が同一であり、先行行為である契約が違法であったとしても、財務会計上の行為を行う者が損害賠償責任を負わない場合があるとされている。すなわち、最判平25・3・21民集67巻3号375頁は、普通地方公共団体が締結した支出負担行為

たる契約が違法に締結されたものであるとしても、それが私法上無効ではない場合には、当該普通地方公共団体が当該契約の取消権または解除権を有しているときや、当該契約が著しく合理性を欠きそのためその締結に予算執行の適正確保の見地から看過しえない瑕疵が存し、かつ、当該普通地方公共団体が当該契約の相手方に事実上の働きかけを真摯に行えば相手方において当該契約の解消に応ずる蓋然性が大きかったというような、客観的に見て当該普通地方公共団体が当該契約を解消することができる特殊な事情があるときでない限り、当該契約に基づく債務の履行として支出命令を行う権限を有する職員は、当該契約の是正を行う職務上の権限を有していても、違法な契約に基づいて支出命令を行ってはならないという財務会計法規上の義務を負うものとはいえず、当該職員が上記債務の履行として行う支出命令がこのような財務会計法規上の義務に違反する違法なものとなることはないと解するのが相当である、としている。

　財務会計上の行為の違法性は、結局のところ、先行する原因行為自体の違法性の程度、原因行為と首長とのかかわり合い、原因行為と財務会計上の行為の関係等を総合考慮して判断されるべきとする見解があり、そのように解するのが妥当と考えられよう。

> 解決のヒント
> 　本件では、Y県知事が、Y県の予算1億2000万円を投じて産業廃棄物の処理業者Aに代わって汚泥等を除去し、その処理を行ったことが問題となっている。しかし、これによって住民Xの権利利益が侵害されまたはそのおそれがあるということはできないため、主観訴訟である抗告訴訟および当事者訴訟を利用することはできない。したがって、この場合は、住民訴訟が利用できるか問題となる。
> 　Xが不服であるのは、本来はAが負担すべき汚泥等の処理費用をY県が負担していることである。したがって、Xの要求は、Y県が負担した汚泥等の処理費用を補填することにあると解される。そこで、Xは、①浚渫費用等の支出が違法であるとしてY県知事に費用を負担させるか、または②河川および港湾を汚染してY県に浚渫費用等を支出させるという損害を与えたとしてAに対して費用を負担させる請求を行うことが考えられる。これらの請求は、いずれの場合も、不当利得返還請求ではなく、損害賠償請求ということになる。そして、

第26章　住民訴訟

①の訴訟は、住民訴訟の4号請求のうち「当該職員……に損害賠償……の請求をすることを当該地方公共団体の執行機関又は職員に対して求める訴訟」、②の訴訟は、「怠る事実に係る相手方に損害賠償……の請求をすることを当該地方公共団体の執行機関又は職員に対して求める請求」となる。また、②に関しては、Y県知事がAに対して損害賠償をすることを怠っていることの違法の確認を求める訴訟である3号請求、すなわち、「当該執行機関又は職員に対する当該怠る事実の違法確認の請求」をすることも可能であり、これを4号請求と併合提起することも可能であると解される。

Xとしては、これらの訴訟の中から、適切なものを選択しあるいは併合して住民訴訟を提起することができることとなる。

第27章　損失補償

> **設 例**
> 　知事が産業廃棄物最終処分場の設置を許可した直後、処分場予定地の周辺に地震の原因となる活断層があるらしいとの情報提供があった。担当部局が直ちに本格的な調査を実施したところ、かなりの規模の活断層の存在が判明した。知事は設置許可を取り消すことにしたが、産廃業者は許可の取消しによって生じる損失の補償を要求するらしい。業者は損失補償金を獲得できるだろうか。そもそも損失補償とは何か、また補償の要否はどのようにして決まるのか。

第1節　損失補償とは

1　損失補償の概念

　例えば、道路・港湾や廃棄物処理施設のように、地域住民の生活に欠かせない施設を建設するには土地が必要である。また、都市計画を実現するには、土地所有者による自由な土地利用を制限しなければならない。そこで、必要な土地を強制的に取得し、また権利行使を制限できる仕組みが必要となる。憲法29条3項は、財産権を公共のために用いることを、**正当な補償**を条件に認めている。この正当な補償が損失補償である。一般に、「損失補償は、適法な公権力の行使によって加えられた財産上の特別の犠牲に対し、全体的な公平負担の見地からこれを調整するためにする財産的補償をいう」、と定義されている。

　ポイントは、①適法な、②公権力の行使による、③財産上の特別な犠牲、にある。これらは、①違法な侵害は賠償の問題であり、②任意の買収は（理論的にはともかく）損失補償とは直接の関係はなく、③財産権への侵害以外は損失補償の対象にならないことをそれぞれ意味する。

2 損失補償の根拠と対象

(1) **複数の根拠** 損失補償の実定法上の根拠として、財産権保障（憲29条）と負担の公平・平等原則（14条）が指摘され、他に生存権（25条）を指摘する見解（生活権保障説）もある。判例上、財産権だけが考慮されているように思える。

(2) **財産権だけを考慮する裁判例** 例えば、最判昭63・1・21判時1270号67頁〔福原輪中堤補償請求事件〕は、本件輪中堤は「歴史的、社会的、学術的価値を内包しているが、それ以上に本件堤防の不動産として市場価格を形成する要素となり得るような価値を有するというわけでないことは明らかであるから」、こうした文化財的価値は補償の対象となりえない、としている。この判決は、**損失補償の対象**は財産権に限られるとしている、といえよう。しかし、例えば、ダムのため村落の大半が水没するような事案で、精神的損失に対する補償が当然に否定されるのか、疑問も寄せられている。

3 憲法に直接基づく損失補償請求権

(1) **憲法に直接基づく請求権** 本来必要と考えられる損失補償が法律上、規定されていない場合、当該法律は違憲・無効（**違憲無効説**）か、それとも、憲法に基づき直接、損失補償請求をすることができるから、当該法律に基づく収用・制限は有効（**直接請求権発生説**）か、という問題がある。例えば、最判昭43・11・27刑集22巻12号1402頁〔河川付近地制限令刑事事件〕は、本件では「直接憲法29条3項を根拠にして、補償請求をする余地が全くないわけではないから」、本件の罰則規定を直ちに違憲無効と解すべきではない、として、直接請求権発生説の立場をとるかのような見解を述べている。

(2) **合憲法律による財産権の形成** 内容が合憲の補償法律が存在するなら、憲法に直接基づく損失補償請求は排除される。例えば、最判昭62・9・22集民151号685頁は、「自然公園法17条3項の工作物建築等の許可を得ることができなかつたことによる損失に対する補償については、同法35条、36条〔当時（筆者補足）〕に、憲法29条3項の趣旨に基づく特別の規定が設けられている以上、その補償請求は、もつぱら右規定所定の手続によつてすべきであつて、それによらずに直接国に対し補償を求める訴えは不適法とい

うべきである」としている。合憲の補償規定があるなら、直接憲法29条に基づく損失補償請求権に出る幕はない、ということであろう（さらに、最判昭56・3・19訟月27巻6号1105頁〔減歩損失補償請求事件〕参照）。

第2節　損失補償請求権の成立要件

　憲法29条3項は、私有財産を「公共のために用ひる」ときには「正当な補償」をしなければならないとしている。まず「公共のために」「用ひる」の意味を検討し、第3節で「正当な補償」の意味を検討しよう。

1　「公共のために」「用ひる」

　「公共のために」は、道路・公園などの公共施設のための典型的な**公用収用**の場合だけでなく、住宅団地造成等のための土地収用（収用3条30号、都計12条1項2号・3号・69条）のような公共的「私用」収用にまで拡がっている。また、「用ひる」とは、公共の目的でなされる財産権の取得・剥奪（公用収用）だけでなく、制限する場合（**公用制限**）も含めて理解されている。

2　「特別の犠牲」と考慮要素

　損失補償とは、「財産上の**特別の犠牲**」に対する補償をいう。したがって、損失補償の要否は「特別の犠牲」の存否で判断される。そこで、「特別の犠牲」の存否を判断する方法が問われる。「特別の犠牲」の存否は、一般的には、①侵害行為の個別性・一般性、②侵害内容の程度の強・弱、③侵害目的の積極性・消極性、④侵害目的の偶然性・必然性、⑤既得権侵害・現状維持などの諸要素を総合的に考慮して判断される。例えば、考慮要素①④は公平・平等原則の視点に基づくが、国民や地域住民全体に対する一般的で必然性のある侵害は「特別の犠牲」とはいいにくい。②⑤はまさしく財産権保障の観点から要求される。③については、災害などの危険の防止・排除を目的（消極目的）とする財産権への侵害の場合、皆が等しく負担すべきだと考えられるから「特別の犠牲」とはいいにくい。

3　判例に見る考慮要素

　以上の考慮要素を判例が適用している様子を紹介しよう。まず、最大判昭38・6・26刑集17巻5号521頁〔奈良県ため池条例事件〕は、「本条例は、災害

を防止し公共の福祉を保持するためのものであり、その4条2号は、ため池の堤とうを使用する財産上の権利の行使を著しく制限するものではあるが」、「そのような制約は、ため池の堤とうを使用し得る財産権を有する者が当然受忍しなければならない責務というべきものであつて、憲法29条3項の損失補償はこれを必要としない」としている。本判決では考慮要素③が強調されて補償が否定されている。なお、本判決の少数（反対）意見は、考慮要素②⑤を強調して損失補償は必要だとしている。

　また、前掲最判昭43・11・27は、本件制限が災害発生の事前防止を目的としており、誰もが受忍すべきものだとしつつ、しかし、本件被告人は「従来、賃借料を支払い、労務者を雇い入れ、相当の資本を投入して営んできた事業が営み得なくなるために相当の損失を被る筋合であるというのである。そうだとすれば、その財産上の犠牲は」、「特別の犠牲を課したものとみる余地が全くないわけではな」いとする。本判決においては、考慮要素①③のほか、考慮要素②⑤への言及もなされている。

　最判平17・11・1判時1928号25頁〔盛岡市広域都市計画道路事件〕は興味深い論点を提供している。本件上告人らは、1938（昭和13）年に内務大臣（当時）が決定した都市計画にかかる道路の区域内にその一部が含まれる土地について、60年以上の長きにわたって、都市計画法53条に基づく建築物の建築の制限を課せられることによって損失を受けているとして、憲法29条3項に基づき補償請求をした。判決は、「特別の犠牲を課せられたものということがいまだ困難である」として補償を否定している。なるほど、都市計画の実現のために計画区域内の土地に課される公用制限は一般的で（考慮要素①）、制限の程度はそれほど強くないとも考えられ（考慮要素②）、現状維持的（考慮要素⑤）だから受忍すべきだとしても、しかし、そうした制限が60年以上継続していることをどう評価するかは別だ、ともいえよう。

　と畜場法施行令改正による衛生基準の強化に伴って公共施設の食肉解体場が廃止され、利用不能となっていた間になされた解体場利用業者への金銭支払いが違法だとして提起された住民訴訟において、最判平22・2・23判時2076号40頁〔八代市と畜場廃止支援金支出事件〕は、次のように述べる。と畜

場の「利用業者等は、市と継続的契約関係になく、本件と畜場を事実上独占的に使用していたにとどまるのであるから、利用業者等がこれにより享受してきた利益は、基本的には本件と畜場が公共の用に供されたことの**反射的利益**にとどまるものと考えられる」。本件と畜場の廃止「による不利益は住民が等しく受忍すべきものであるから、利用業者等が本件と畜場を利用し得なくなったという不利益は、憲法29条3項による損失補償を要する特別の犠牲には当たらない」。判決の後半で述べられているのは、考慮要素①であろう。また、「反射的利益」が登場する前半部分は、そもそも補償の対象となるべき財産上の損失がない、ということであろう。

第3節　損失補償の内容

「正当な補償」の内容をめぐって、**相当補償説**と**完全補償説**がある。

一般に、相当補償説をとる判決だと理解されているのは、農地改革における農地買収価格に関する最大判昭28・12・23民集7巻13号1523頁〔農地改革事件〕である。本判決は、「正当な補償とは、その当時の経済状態において成立することを考えられる価格に基き、合理的に算出された相当な額をいうのであつて、必しも常にかかる価格と完全に一致することを要するものでない」と述べている。

これに対して、最判昭48・10・18民集27巻9号1210頁〔都市計画街路事業用地収用事件〕は、土地収用法上の損失補償について完全補償説をとっている、と理解されている。本判決は、都市計画により街路用地と決定された結果、建築基準法44条2項（当時）に基づく都市計画道路内の建築制限を受けている土地の収用に関する事案で、「土地収用法における損失の補償は、特定の公益上必要な事業のために土地が収用される場合、その収用によつて当該土地の所有者等が被る特別な犠牲の回復をはかることを目的とするものであるから、完全な補償、すなわち、収用の前後を通じて被収用者の財産価値を等しくならしめるような補償をなすべきであり、金銭をもつて補償する場合には、被収用者が近傍において被収用地と同等の代替地等を取得することをうるに足りる金額の補償を要する」としたうえで、建築制限のない場合の

価格を補償すべきだ、としている。

最判平 14・6・11 民集 56 巻 5 号 958 頁〔関西電力変電所予定地収用事件〕は、前掲最判昭 28・12・23 を引用しているため、相当補償説をとる判決だとする理解もある。しかし、本判決は、補償金の額は権利取得裁決（収用 48 条 1 項）の時を基準にして算定されるべきで、その具体的方法として、土地収用法 71 条が、「事業の認定の告示の時における相当な価格を近傍類地の取引価格等を考慮して算定した上で、権利取得裁決の時までの物価の変動に応ずる修正率を乗じて、権利取得裁決の時における補償金の額を決定することと」「規定したことには、十分な合理性があり、これにより、被収用者は、収用の前後を通じて被収用者の有する財産価値を等しくさせるような補償を受けられる」と述べており、これは前掲最判昭 48・10・18 の立場、つまり完全補償説であろう。したがって、現在の判例は、少なくとも土地収用法上の損失補償に関しては完全補償説をとるといって差し支えないように思われる。

なお、完全補償説、補償金額算定について行政裁量を認めない判例（最判平 9・1・28 民集 51 巻 1 号 147 頁　→108 頁）、憲法に直接基づく損失補償を認めること、以上の三者は、互いに連動しているように思われる。相当補償説をとる場合、裁判所は憲法に直接基づいて補償金額を決定できるのか、疑問である。

ところで、財産的価値のないものについて憲法上の補償は否定されるが、例えば、伝染病に罹患しているか、その疑いのある家畜の殺処分に関して支払われる「手当金」（家畜伝染病予防法 58 条）のように、損失補償か、疫病の円滑な蔓延防止を目的としてなされる政策的な**災害補償**の一種かをめぐって議論のある制度もある。

第 4 節　国家賠償と損失補償の谷間

1　問　　題

損害・損失の原因行為が違法と評価されれば損失補償は成立せず、無過失なら国家賠償責任（→214 頁）は成立しない。また、公の営造物が被害の原因ではあるが無瑕疵の場合（→219 頁）や、適法な行為によって生命・身体

の安全など、財産権以外の法益に損失が発生した場合（予防接種禍など）も救済されない。これらの問題領域は**国家補償の谷間**などと呼ばれている。多くの問題群があるが、ここでは**予防接種禍訴訟**を取り上げる。

2 予防接種禍訴訟

(1) 問　題　　予防接種は風しん、麻しん（はしか）、結核、インフルエンザのような伝染性のある病気から個人、社会全体を守るために実施される。例えば、インフルエンザの流行によって、毎年、特に多くの高齢者が亡くなっている。これを予防接種で防ごうとしている。さて、予防接種の結果、死亡例や重篤な後遺症が少数とはいえ発生しているが、実施体制に不備なく、接種した担当医らに過失がなければ、賠償請求権は成立しない。

(2) 損失補償による救済　　東京地判昭59・5・18判時1118号28頁〔東京予防接種禍事件〕は、このような「損失は、本件各被害児らの特別犠牲によつて、一方では利益を受けている国民全体、即ちそれを代表する被告国が負担すべきものと解するのが相当である」としたうえで、「憲法13条後段、25条1項の規定の趣旨に照らせば、財産上特別の犠牲が課せられた場合と生命、身体に対し特別の犠牲が課せられた場合とで、後者の方を不利に扱うことが許されるとする合理的理由は全くない」として、「生命、身体に対して特別の犠牲が課せられた」者においても、直接憲法29条3項に基づく損失補償請求権が成立することを認めている。しかし、生命・身体の安全に関して損失補償を認めることは、論理的には、補償と引き替えになら生命等の法益を公共の福祉のために用いることができることを意味し、不適切でないかとの疑問が生じる。

(3) 国家賠償による救済（判例の立場）　　そこで、最判平3・4・19民集45巻4号367頁〔小樽種痘禍訴訟〕は、予防接種によって右後遺障害が発生した場合には、禁忌者（接種してはいけない者）「を識別するために必要とされる予診が尽くされたが禁忌者に該当すると認められる事由を発見することができなかったこと」、または、被接種者が「個人的素因を有していたこと等の特段の事情が認められない限り、被接種者は禁忌者に該当していたと推定するのが相当である」との、被告行政に厳しい判断枠組みを示した。

第27章　損失補償

　この枠組みの下では、後遺障害が発生すれば実際上、過失の存在が推定されよう。つまり、判例は過失の認定を緩和し、予防接種禍の被害者を国家賠償で救済することにしたのだ、と理解される。このように、国家補償の谷間の1つである予防接種禍は、判例上、国家賠償によって救済されている（さらに、東京高判平4・12・18判時1445号3頁〔東京予防接種禍事件〕参照　→211頁）。

第5節　職権取消し・撤回と損失補償

　職権取消し・撤回（→115頁）、いずれにおいても損失補償が問題になりうる。例えば、許認可等が当初から適法に拒否されていれば投資をしなかったのに、誤って違法な許認可等がなされたために投資したところ、投資を回収できない時点で職権取消しがなされた場合や、公益上の理由から撤回がなされる場合である。

　卸売市場の予定地だったところ、市場建設が実現する運びとなったためになされた当該土地の使用許可の撤回に際して、借地人から損失補償請求がなされた事案で、最判昭49・2・5民集28巻1号1頁〔東京都中央卸売市場事件〕は、「本件のような都有行政財産たる土地につき使用許可によって与えられた使用権は、それが期間の定めのない場合であれば、当該行政財産本来の用途または目的上の必要を生じたときはその時点において原則として消滅すべきものであり、また、権利自体に右のような制約が内在している」として、特別の事情がない限り、損失補償は不要としている（→118頁）。

　　解決のヒント

　　地震による処分場の損壊・環境汚染の回避はもともと設置許可要件に含まれていたと考えると、本件取消しは職権取消しと理解されるが、地震は要件外で、公益上の理由による取消しだと考えるなら撤回になろう。
　　特別の犠牲の考慮要素に関して、「設例」では、①侵害は個別的だが、②施設の建設は未着手か、あるいは施設は未完成だろうから、建設中止による侵害の程度は小さく、③目的は消極的な災害防止で、④活断層の周辺上に設置できないのは当然だと考えることができるなら、補償は不要でないか。

エピローグ

　本書を通じて行政法の基礎を学ばれたみなさんであれば、プロローグで提示した問題意識――なぜ、法律以外に「指導指針（要綱）」が必要となるのか――の意味を理解し、自分なりの考えをすでにお持ちだろうと思う。簡単に解説し、本書を結ぶことにしよう。

1　本書の構成

　本書は、基本原理と行政組織法・地方自治（I部）、行政作用法（Ⅱ部）、行政救済法（Ⅲ部）という順番で構成されていた。すなわち、まず、「法律による行政の原理」や行政組織・地方自治が説明され、続いて、申請に関連した行政手続や行政調査、行政基準、行政指導、行政契約、行政行為、実効性確保などがとりあげられ、そして、行政事件訴訟法や国家賠償法などが解説された。

2　行政過程のイメージ

　こうした構成をとるのは、行政過程に関する次のようなイメージを持っているからである。つまり、まず、憲法と法律による規制の下、適切に編成された行政組織が存在すること、次に、行政組織・行政庁（行政機関）が、個別の事件において、事実調査を踏まえた個別法の解釈に基づいて、裁量権を行使しつつ、要件事実を認定し、個別法を適用する、その結果が行政行為を含む行政決定であること、そして、当該行政決定によって、国民の権利利益への侵害が生じた場合、裁判所は――法の一般原則をも考慮し、また、行政の裁量権に配慮しつつ――行政決定の手続実体の両面にわたって適法違法を審査し、違法が認められる場合には、国家賠償責任を認めたり、当該行政決定を取り消すなどすることで、権利利益侵害等から被害者国民を救済する、というイメージである。このイメージの中心には国民の権利利益（法律関係）と法律がある。

3 行政法における権利利益

　行政法は、行政組織法の中核部分 (内閣法など) を除くと、権利利益 (法律関係) と深いかかわりがある。本書ではほとんど触れていないが、いわゆる給付行政分野では、国民の生存権 (憲25条参照) の確保・実現を主要な目的として、多くの社会保障に関連する予算措置や各種制度とともに、法制度が整備され、そこでは権力的手段も用意されている。他方、公益 (公共の福祉) 実現にとって障害となる国民の権利利益 (私益) は法律によって制約され、義務付けられ、必要とあれば剥奪される。行政法学の主要な対象は、国民の権利利益 (の実現過程) に対する、公益実現を目的とする法律によって正統化された行政権力 (公権力) のかかわり方である。例えば、設置許可申請に対して不許可がなされた釧路市産業廃棄物処分場事件では、申請者の財産権や経済活動の自由の行使が行政 (行政庁たる知事) によって阻止され、不許可処分の取消訴訟に至っている。

　さて、対立するのは公共の福祉 (公益) と権利利益 (私益) だけではない。国民相互で権利利益 (私益) が対立する (例えば、隣人間紛争や競業者訴訟) のはもちろん、公益 (公共の福祉) も相互に対立することがある (例えば、道路建設と環境保護)。建築基準法や都市計画法が街づくりの観点から、隣人相互の利害調整の仕組みを用意し、環境影響評価制度が開発と環境保護の対立を緩和 (あるいは、より高次の公共の福祉を実現) しようとしている。また、廃棄物処分場をめぐって、処分場経営者と周辺住民が対立する。経営者の利害は個人的利益 (私益) のように見えながら、処分場は生活環境の保全という公共の福祉 (公益) の実現にとって、なくてはならない。しかし、処分場は生活環境の保全のために必要でありながら、処分場の存在自体が周辺の生活環境の保全にダメージを与える原因ともなる。そもそも、生活環境の保全は (周辺住民みんなに共通不可分の) 公共の福祉 (公益) か、(住民個々人の可分の) 権利利益 (私益) か、具体的事案を前にしてもなお、明確に判定することが困難な場合があろう。周辺住民とは誰かも難問である。このように、行政法上の利害対立の構造は複雑極まりない。

　ところで、不許可 (拒否) 処分において、不許可の相手方 (名あて人) に当

該処分の取消しを求めて争う原告適格が認められることに結論として異論はないといってよい（→152頁）。相手方（名あて人）国民の権利行使が阻止されていることが明白だからであり、いわば被害者が加害者を訴える構造だからであろう。しかし、処分の相手方以外の者（参照、行訴法9条2項）、つまり、いわゆる第三者が当該処分の取消しを求める原告適格の存否をめぐって、議論は錯綜している。一般的な判例理解によれば、①不利益要件、②保護範囲要件、③個別保護要件、という三要件を満たすときに、原告適格は認められる（→163頁）。②は、侵害されると原告が主張する利益が法律によって、少なくとも公益として保護されているか否かの論証であり、③は、当該利益が、法律によって、原告の個人的利益としてもまた保護されているか否かの論証である。個別法上の処分をめぐって、裁判によって救済されるべき権利利益か否かを判別するための、こうした論証は果てしなく続く。

こうして、行政法で問題になる権利利益は、実体的な財産権や手続的な申請権など以外にも、より複雑な形で登場しているものも多いことがわかるであろう。

4 行政法における法律の特徴

次に法律である。一般的な法律である行政事件訴訟法や情報公開法などを除くと、行政法に登場する法（法律）は、多様な行政分野ごとに個性的な公益（公共の福祉）の実現を目的として、国会（立法者）が、憲法による制約を受けながら、対立する利害を政治的に調整しつつ、人工的に考え出した膨大な数の制定法（個別法）である。個別法は、対立利害が妥協した結果である。しかし、立法者が、対立する利害を円満に調和させ、均衡させている保証はない。反対意見は、予算を背景とする多様な公的事業や金融的財政的措置によって押さえ込まれているだけかもしれない。環境の変化によって、想定外の対立や利害が登場することもあろう。利害調整が不十分な場合などには、その調整は、個別法の執行過程（憲73条1号参照）でもある行政過程に持ち越されざるを得ない。

例えば、プロローグで紹介した釧路市産業廃棄物処分場事件に適用された廃棄物処理法は、産業廃棄物処分場の設置について、それまでの届出制を許

可制（→2頁）に改めることなどを内容とした1991（平成3）年改正法であった。従前、処分場に対する規制が許可制よりも一般に緩やかだと考えられる届出制にとどめられていたのは、財産権や経済活動の自由に対する制約の程度をめぐって争いがあり、許可制の導入について合意が得られなかった（得られないと考えられた）からである。その後、ダイオキシン問題などを契機として、マスコミなどの努力によって危機的な環境問題への世論の関心が高まり、これを受けて、1997（平成9）年に大幅な改正がなされている。これら2つの法の内容を、処分場の設置許可手続について比較すると、平成9年改正法には、新たに、（ミニ）環境アセスメント、申請書等の住民による縦覧、市町村長からの意見聴取、利害関係者からの意見書提出（以上、平成9年改正法15条3項ないし6項）、周辺地域の生活環境の保全に関する適正な配慮（同法15条の2第1項2号）、専門家からの意見聴取（同条2項。現行法同条3項）などの規定が追加され、処分場設置手続における規制が強化されたことがわかる。この意味では、釧路市産業廃棄物処分場事件当時の設置許可手続は、不備不完全な内容だったといえよう。

　ここで、釧路市産業廃棄物処分場事件で北海道が用いた「指導指針（要綱）」をもう一度、見てみよう。その内容は、説明会、釧路市との公害防止協定の締結、住民の同意書、住宅地等から距離を置くこと、周辺景観への配慮である。これらは、アセスメントと専門家の関与を除いて、1997年改正内容と重なっている。こうして、北海道の担当部局は、当時の法制度の不備不完全さを補うために「指導指針（要綱）」を策定し、処分場の設置許可申請者と交渉していたことがわかるのである。

　複雑極まりない権利利益の構造と利害対立に、暫定的にせよ、形を与えるのはまずは立法者（制定法）であろう。そして、利害対立の調整・解消が立法過程（国会）で果たされないまま、行政過程に持ち越される可能性は常にある。行政組織は、法や権限がなく、財政に余裕がなくても、「指導指針（要綱）」の策定などによって国民や社会の要請に応えるために活動せざるを得ない場合がある。北海道が釧路市産業廃棄物処分場事件で努力したように、行政組織による様々な試みが、新法の制定や法改正につながってゆく。その

回路は——実際にはもっと複雑であろうが——、おおよそ、法律の制定→行政実務→紛争→世論→法改正というもので、法律制定過程と行政過程とが連動する様子の一端がここに示されているように思われる。

　以上が、プロローグで述べた問題意識に対する本書の考えである。

　なお、さらにいえば、このことは同時に、権利利益や法律だけが行政統制の手掛り・手段ではない、という当然のことも示している。マスコミや世論などの影響を受けて、行政自らが動いたり、国会（立法府）が変わることも普通の現象である。法律や世論のほかにも、予算や人事が行政統制の手段として古くから知られている。行政統制の手掛り・手段という観点から見るとき、権利利益・法律以外にも視野を広げる必要がある。しかしこれは本書を超える課題である。

参考文献

　阿部泰隆『行政法解釈学Ⅰ・Ⅱ』（有斐閣、2008年・2009年）
　石川敏行・藤原静雄・大貫裕之・大久保規子・下井康史『はじめての行政法
　　［第3版補訂版］』（有斐閣、2015年）
　礒崎初仁『自治体政策法務講義』（第一法規、2012年）
　磯部力・小早川光郎・芝池義一編『行政法の新構想Ⅰ・Ⅱ・Ⅲ』（有斐閣、
　　2011年・2008年・2008年）
　市橋克哉・榊原秀訓・本多滝夫・平田和一『アクチュアル行政法［第2版］』
　　（法律文化社、2015年）
　伊藤眞『民事訴訟法［第4版補訂版］』（有斐閣、2014年）
＊稲葉馨・下井康史・中原茂樹・野呂充編『ケースブック行政法［第5版］』（弘
　　文堂、2014年）
　稲葉馨・人見剛・村上裕章・前田雅子『行政法［第3版］』（有斐閣、2015年）
　今村成和・畠山武道補訂『行政法入門［第9版］』（有斐閣、2012年）
　宇賀克也『行政法』（有斐閣、2012年）
　宇賀克也編『ブリッジブック行政法［第2版］』（有斐閣、2012年）
　宇賀克也『行政法概説Ⅰ・Ⅱ［第5版］』（有斐閣、2013年・2015年）
　宇賀克也『地方自治法概説［第6版］』（有斐閣、2015年）
＊宇賀克也・交告尚史・山本隆司編『行政判例百選Ⅰ・Ⅱ』（有斐閣、2012年）
　碓井光明『行政契約精義』（信山社、2011年）
　遠藤博也『実定行政法』（有斐閣、1989年）
　遠藤博也『行政法スケッチ』（有斐閣、1987年）
　大塚直『環境法［第3版］』（有斐閣、2010年）
　大橋洋一『行政法Ⅰ・Ⅱ［第2版］』（有斐閣、2013年・2015年）
＊大橋洋一・斎藤誠・山本隆司編『行政法判例集Ⅰ・Ⅱ』（有斐閣、2013年・
　　2012年）
　兼子仁『行政法学』（岩波書店、1997年）
　川崎政司『地方自治法基本解説［第6版］』（法学書院、2015年）
　北村喜宣『環境法［第3版］』（弘文堂、2015年）
　北村喜宣『行政法の実効性確保』（有斐閣、2008年）
　北村喜宣『産業廃棄物への法政策対応』（第一法規、1998年）
　北村喜宣『自治体環境行政法［第7版］』（第一法規、2015年）
　北村喜宣『分権改革と条例』（弘文堂、2004年）
　行政管理研究センター編集『逐条解説行政手続法［27年改訂版］』（ぎょうせ
　　い、2015年）

参考文献

小早川光郎『行政法　上・下Ⅰ・下Ⅱ・下Ⅲ』（弘文堂、1999年・2002年・2005年・2007年）
櫻井敬子・橋本博之『行政法［第5版］』（弘文堂、2016年）
塩野宏『行政法Ⅰ［第6版］・Ⅱ［第5版補訂版］』（有斐閣、2015年・2013年）
芝池義一『行政法読本［第3版］』（有斐閣、2013年）
芝池義一『行政法総論講義［第4版補訂版］』（有斐閣、2006年）
芝池義一『行政救済法講義［第3版］』（有斐閣、2006年）
新堂幸司『新民事訴訟法［第5版］』（弘文堂、2011年）
曽和俊文・山田洋・亘理格『現代行政法入門［第3版］』（有斐閣、2015年）
曽和俊文『行政法総論を学ぶ』（有斐閣、2014年）
曽和俊文・金子正史編著『事例研究行政法［第2版］』（日本評論社、2011年）
高田敏編著『新版行政法—法治主義具体化法としての』（有斐閣、2009年）
高橋宏志『重点講義　民事訴訟法　上・下［第2版補訂版］』（有斐閣、2013年・2014年）
中原茂樹『基本行政法［第2版］』（日本評論社、2015年）
＊橋本博之『行政判例ノート［第3版］』（弘文堂、2013年）
原田尚彦『新版地方自治の法としくみ［改訂版］』（学陽書房、2005年）
藤田宙靖『行政法入門［第7版］』（有斐閣、2016年）
松本英昭『新版逐条地方自治法［第8次改訂版］』（学陽書房、2015年）
見上崇洋・小山正善・久保茂樹・米丸恒治『レクチャー行政法［第3版］』（法律文化社、2012年）
宮田三郎『現代行政法入門［第2版］』（信山社、2012年）
村上順・白藤博行・人見剛編『新基本法コンメンタール地方自治法』（日本評論社、2011年）

＊がついているものは学習用の判例集

法令を調べるには、各種六法の他、法令データ提供システムがある。
http://law.e-gov.go.jp/cgi-bin/idxsearch.cgi

判例索引

大判大 5・6・1 民録 22 輯 1088 頁〔徳島小学校遊動円棒事件〕……………………206
最判昭 27・3・28 刑集 6 巻 3 号 546 頁………………………………………………78
最判昭 27・11・20 民集 6 巻 10 号 1038 頁…………………………………………133
最大判昭 28・2・18 民集 7 巻 2 号 157 頁…………………………………………22-3
最判昭 28・3・3 民集 7 巻 3 号 218 頁………………………………………………170
最大判昭 28・12・23 民集 7 巻 13 号 1523 頁〔農地改革事件〕……………238-9
最判昭 28・12・24 民集 7 巻 13 号 1604 頁…………………………………………171
最判昭 29・1・21 民集 8 巻 1 号 102 頁………………………………………………104
最判昭 29・8・24 刑集 8 巻 8 号 1372 頁……………………………………………101
最判昭 29・10・14 民集 8 巻 10 号 1858 頁…………………………………………135
最判昭 30・4・19 民集 9 巻 5 号 534 頁………………………………………………207
最判昭 30・9・30 民集 9 巻 10 号 1498 頁……………………………………………25
最判昭 30・12・26 民集 9 巻 14 号 2070 頁…………………………………………102
最判昭 31・4・24 民集 10 巻 4 号 417 頁……………………………………………23
最判昭 31・11・30 民集 10 巻 11 号 1502 頁〔川崎駅警察官強盗殺人事件〕……210
最判昭 33・3・28 民集 12 巻 4 号 624 頁〔パチンコ球遊器課税事件〕…………72
最大判昭 33・4・30 民集 12 巻 6 号 938 頁…………………………………………129
最判昭 33・9・9 民集 12 巻 13 号 1949 頁〔秋田県本荘町農地買収令書職権取消事件〕
………………………………………………………………………………………117
最判昭 34・1・29 民集 13 巻 1 号 32 頁〔東山村消防長同意取消事件〕……42, 151
浦和地決昭 34・3・17 下民集 10 巻 3 号 498 頁……………………………………127
最判昭 34・8・18 民集 13 巻 10 号 1286 頁〔質屋営業事件〕……………………164
最判昭 34・9・22 民集 13 巻 11 号 1426 頁…………………………………………189
最判昭 35・3・18 民集 14 巻 4 号 483 頁………………………………………………25
最判昭 35・7・12 民集 14 巻 9 号 1744 頁〔国有普通財産払下げ取消請求事件〕……150
最判昭 36・2・16 民集 15 巻 2 号 244 頁〔東大病院輸血梅毒事件〕……………208
最判昭 36・7・14 民集 15 巻 7 号 1814 頁……………………………………………67
最判昭 37・1・19 民集 16 巻 1 号 57 頁〔公衆浴場事件〕…………………………165
最判昭 37・7・5 民集 16 巻 7 号 1437 頁……………………………………………190
最判昭和 38・6・4 民集 17 巻 5 号 670 頁……………………………………………150
最大判昭 38・6・26 刑集 17 巻 5 号 521 頁〔奈良県ため池条例事件〕………47, 236
最判昭 39・6・5 刑集 18 巻 5 号 189 頁……………………………………………127
最判昭 39・10・29 民集 18 巻 8 号 1809 頁〔大田区ごみ焼却場設置事件〕…96, 150
東京地判昭 39・11・4 行集 15 巻 11 号 2168 頁……………………………………194
東京地決昭 40・4・22 判時 406 号 25 頁〔健康保険医療費値上げ事件〕………180
最大判昭 40・4・28 民集 19 巻 3 号 721 頁〔名古屋郵政局職員免職処分取消請求事件〕
………………………………………………………………………………………154
東京地判昭 40・5・26 行集 16 巻 6 号 1033 頁〔文化学院非課税通知事件〕……24

251

判例索引

大阪高決昭40・10・5行集16巻10号1756頁〔茨木市職員組合事務所明渡請求事件〕
....123
最判昭41・2・8民集20巻2号196頁〔技術士国家試験不合格事件〕..................141
最大判昭41・2・23民集20巻2号320頁〔下妻市農業共済保険料徴収事件〕..........122
最判昭41・2・23民集20巻2号271頁〔高円寺土地区画整理事業計画事件〕..........152
最判昭42・3・14民集21巻2号312頁〔花巻温泉事件〕..............................180
最判昭42・4・7民集21巻3号572頁..172
最判昭43・11・7民集22巻12号2421頁..116
最判昭43・11・27刑集22巻12号1402頁〔河川付近地制限令刑事事件〕........235, 237
最判昭43・12・24民集22巻13号3147頁〔墓地埋葬通達事件〕..................71, 151
最判昭43・12・24民集22巻13号3254頁〔東京12チャンネル事件〕..............65, 165
最大決昭44・12・3刑集23巻12号1525頁..127
最判昭45・8・20民集24巻9号1268頁〔高知落石事件〕........................219-20
最判昭46・10・28民集25巻7号1037頁〔個人タクシー事件〕......28, 67-68, 72, 114
最判昭47・4・20民集26巻3号507頁..127
最判昭47・7・20民集26巻6号1171頁〔退職手当支払請求訴訟〕..................202
最大判昭47・11・22刑集26巻9号554頁〔川崎民商事件〕..........................77
最判昭47・12・5民集26巻10号1795頁〔大分税務署法人税増額更正事件〕..........68
最判昭47・12・12民集26巻10号1850頁..168
最判昭48・3・27集民108号529頁..179
最判昭48・4・26民集27巻3号629頁〔譲渡所得課税無効事件〕..................190
最決昭48・7・10刑集27巻7号1205頁〔荒川民商事件〕............................75
東京高判昭48・7・13行集24巻6＝7号533頁〔日光太郎杉事件〕..................111
最判昭48・9・14民集27巻8号925頁〔小学校長分限降任事件〕..................112
最判昭48・10・18民集27巻9号1210頁〔都市計画街路事業用地収用事件〕......238-9
最判昭49・2・5民集28巻1号1頁〔東京都中央卸売市場事件〕............118-9, 241
最判昭49・4・18訟月20巻11号175頁..168
最判昭49・5・30民集28巻4号594頁..36
最判昭49・9・2民集28巻6号1033頁..90
名古屋高判昭49・11・20高民集27巻6号395頁〔飛騨川バス転落事件〕..........221
最判昭50・2・25民集29巻2号143頁..22
最大判昭50・4・30民集29巻4号572頁〔薬事法違憲判決〕......................175
最判昭50・5・29民集29巻5号662頁〔群馬中央バス事件〕....................28, 67
最判昭50・6・26民集29巻6号851頁〔奈良県道赤色灯標柱事件〕................221
最判昭50・7・25民集29巻6号1136頁〔故障トラック放置事件〕................221
最大判昭50・9・10刑集29巻8号489頁〔徳島市公安条例判決〕....................47
最判昭50・11・28民集29巻10号1754頁..223
最判昭51・4・27民集30巻3号384頁..186
東京地判昭52・6・27判時854号30頁〔チクロ食品添加物撤回事件〕............119
最判昭52・7・13民集31巻4号533頁〔津地鎮祭事件〕..........................230
最判昭52・10・25判タ335号260頁..208
最判昭52・12・19刑集31巻7号1053頁〔徴税トラの巻事件〕......................81
最判昭52・12・20民集31巻7号1101頁〔神戸全税関事件〕..................109-10

判 例 索 引

最判昭 53・3・14 民集 32 巻 2 号 211 頁〔主婦連ジュース訴訟〕……………133, 160, 164
最判昭 53・3・30 民集 32 巻 2 号 485 頁…………………………………………226, 228
最判昭 53・6・16 刑集 32 巻 4 号 605 頁〔余目町個室付浴場事件〕…………102, 109-10
最判昭 53・6・20 刑集 32 巻 4 号 670 頁〔米子銀行強盗事件〕……………………75
最判昭 53・7・4 民集 32 巻 5 号 809 頁〔夢野台高校グラウンド転落事件〕……219-20
東京地判昭 53・7・17 判時 908 号 62 頁………………………………………………4
最判昭 53・7・17 民集 32 巻 5 号 1000 頁………………………………………224
東京地判昭 53・8・3 判時 899 号 48 頁〔東京スモン訴訟〕………………………217
最判昭 53・9・7 刑集 32 巻 6 号 1672 頁〔所持品検査事件〕………………………75
最判昭 53・9・19 判時 911 号 99 頁……………………………………………………173
最大判昭 53・10・4 民集 32 巻 7 号 1223 頁〔マクリーン事件本案訴訟〕……72, 109-10
最判昭 53・10・20 民集 32 巻 7 号 1367 頁〔芦別国家賠償事件〕……………………212
福岡地判昭 53・11・14 判時 910 号 33 頁〔福岡スモン訴訟〕………………………119
最判昭 53・12・8 民集 32 巻 9 号 1617 頁〔成田新幹線事件〕………………………36
最判昭 53・12・21 民集 32 巻 9 号 1723 頁〔高知県普通河川条例事件〕……………48
札幌地判昭 54・5・10 訟月 25 巻 9 号 2418 頁……………………………………124
大阪高昭 54・7・30 行集 30 巻 7 号 1352 頁……………………………………193
最判昭 54・12・25 民集 33 巻 7 号 753 頁〔横浜税関事件〕…………………………97
最判昭 55・7・10 判タ 434 号 172 頁〔下関市立商業事件〕……………………59
最決昭 55・9・22 刑集 34 巻 5 号 272 頁〔飲酒運転一斉検問事件〕………14, 16, 75
札幌地判昭 55・10・14 判時 988 号 37 頁〔伊達火力発電所事件〕…………………94
最判昭 55・11・25 民集 34 巻 6 号 781 頁〔運転免許停止処分取消請求事件〕……154
最判昭 56・1・27 民集 35 巻 1 号 35 頁〔宜野座村工場誘致政策変更事件〕………24
最判昭 56・3・19 訟月 27 巻 6 号 1105 頁〔減歩損失補償請求事件〕………………236
最判昭 56・7・14 民集 35 巻 5 号 901 頁〔中京税務署法人税増額更正事件〕……174
最判昭 56・7・16 判時 1016 号 59 頁…………………………………………………220
最大判昭 56・12・16 民集 35 巻 10 号 1369 頁〔大阪空港訴訟〕……………………222
大阪地判昭 57・2・19 判時 1035 号 29 頁〔近鉄特急料金変更認可事件第 1 審判決〕……181
最判昭 57・3・12 民集 36 巻 3 号 329 頁…………………………………………212
京都地判昭 57・3・26 訟月 28 巻 11 号 2088 頁…………………………………80
最判昭 57・4・1 民集 36 巻 4 号 519 頁〔岡山税務署健康診断事件〕……………208
最判昭 57・4・22 民集 36 巻 4 号 705 頁〔盛岡用途地域指定事件〕……………151
最判昭 57・4・23 民集 36 巻 4 号 727 頁〔中野区特殊車両通行認定事件〕……59, 100, 109
最判昭 57・7・15 民集 36 巻 6 号 1146 頁…………………………………………101
最判昭 57・7・15 民集 36 巻 6 号 1169 頁〔交通反則金納付通告事件〕……………127
最判昭 57・9・9 民集 36 巻 9 号 1679 頁〔長沼訴訟〕…………………………153, 160
東京地判昭 57・9・22 行集 33 巻 9 号 1846 頁〔豊田訴訟事件〕…………………117
最判昭 59・1・26 民集 38 巻 2 号 53 頁〔大東水害訴訟〕……………………………222
東京高判昭 59・1・31 行集 35 巻 1 号 82 頁……………………………………174
最判昭 59・2・24 刑集 38 巻 4 号 1287 頁〔石油ヤミカルテル事件〕………………56
最判昭 59・3・27 刑集 38 巻 5 号 2037 頁〔尼崎所得税法違反事件〕………………77
福岡高判昭 59・5・16 行集 35 巻 5 号 600 頁……………………………………4
東京地判昭 59・5・18 判時 1118 号 28 頁〔東京予防接種禍事件〕…………………240

判例索引

最判昭 59・10・26 民集 38 巻 10 号 1169 頁〔仙台市建築確認取消請求事件〕……………154
最判昭 59・11・29 民集 38 巻 11 号 1260 頁…………………………………………………219
大阪地判昭 59・11・30 行集 35 巻 11 号 1906 頁………………………………………………77
最判昭 59・12・13 民集 38 巻 12 号 1411 頁……………………………………………………24
最判昭 60・1・22 民集 39 巻 1 号 1 頁〔旅券発給拒否処分理由付記事件〕………64, 67, 72
最判昭 60・7・16 民集 39 巻 5 号 989 頁〔品川マンション事件〕…………………58, 216
最判昭 60・9・12 判時 1171 号 62 頁……………………………………………………………231
最判昭 60・11・21 民集 39 巻 7 号 1512 頁〔在宅投票制度廃止事件〕…………………212
最判昭 60・12・17 判時 1179 号 56 頁〔伊達火発訴訟〕…………………………………160
最判昭 61・2・27 民集 40 巻 1 号 124 頁〔富山パトカー追跡事件〕……………………211
最判昭 61・3・25 民集 40 巻 2 号 472 頁〔点字ブロック未設置転落事件〕……………220
東京地判昭 61・3・31 判時 1190 号 15 頁………………………………………………………78
最判昭 61・6・10 判自 33 号 56 頁………………………………………………………………174
大阪地判昭 61・9・26 判時 1226 号 89 頁……………………………………………………210
最判昭 62・2・6 判時 1232 号 100 頁……………………………………………………208, 214
最判昭 62・3・20 民集 41 巻 2 号 189 頁〔福江市ごみ処理施設建設請負契約事件〕……92
最判昭 62・4・17 民集 41 巻 3 号 286 頁………………………………………………………187
最判昭 62・5・28 判時 1246 号 80 頁……………………………………………………………168
最判昭 62・9・22 集民 151 号 685 頁……………………………………………………………235
最判昭 62・10・30 判時 1262 号 91 頁〔酒屋青色承認申請懈怠事件〕……………………24
大阪高判昭 62・11・27 判時 1275 号 62 頁……………………………………………………210
最判昭 63・1・21 判時 1270 号 67 頁〔福原輪中堤補償請求事件〕……………………235
最判昭 63・3・31 判時 1276 号 39 頁……………………………………………………………76
最判昭 63・6・17 判時 1289 号 39 頁〔菊田医師事件〕……………………………………118
最決昭 63・10・28 刑集 42 巻 8 号 1239 頁〔スピード違反公訴提起事件〕……………102
最判平元・2・17 民集 43 巻 2 号 56 頁〔新潟空港訴訟〕……………………………160, 173
最判平元・4・13 判時 1313 号 121 頁〔近鉄特急事件〕……………………………………164
最判平元・6・20 判時 1334 号 201 頁〔伊場遺跡訴訟〕……………………………………164
最判平元・10・26 民集 43 巻 9 号 999 頁………………………………………………………223
最決平元・11・8 判時 1328 号 16 頁〔武蔵野市水道法違反事件〕………………57, 91, 128
最判平元・11・24 民集 43 巻 10 号 1169 頁〔京都宅建業者事件〕………………………218
最判平 2・2・1 民集 44 巻 2 号 369 頁〔サーベル登録拒否事件〕……………………………70
最判平 2・12・13 民集 44 巻 9 号 1186 頁〔多摩川水害訴訟〕……………………………222
最判平 3・3・8 民集 45 巻 3 号 164 頁〔浦安漁港ヨット係留用鉄杭強制撤去事件〕………16
最判平 3・4・19 民集 45 巻 4 号 367 頁〔小樽種痘禍訴訟〕………………………………240
神戸地判平 3・4・22 判時 1425 号 64 頁〔廃棄物処理業等許可条件取消請求事件〕……120
最判平 3・4・26 民集 45 巻 4 号 653 頁〔熊本水俣病認定遅延事件〕…………………216-7
東京高判平 3・6・6 訟月 38 巻 5 号 878 頁……………………………………………………78
最判平 3・7・9 民集 45 巻 6 号 1049 頁〔幼児接見不許可事件〕…………………71, 214
名古屋地判平 3・11・29 判時 1443 号 38 頁……………………………………………………4
最判平 3・12・20 民集 45 巻 9 号 1455 頁〔大阪府水道部事件〕………………………40-1
最判平 4・1・24 民集 46 巻 1 号 54 頁〔八鹿町土地改良事業施行認可処分取消請求事件〕
………………………………………………………………………………………………154, 178

判例索引

最判平 4・2・18 民集 46 巻 2 号 77 頁……………………………………………168
最大判平 4・7・1 民集 46 巻 5 号 437 頁〔成田新法事件〕……………………29, 77
最判平 4・9・22 民集 46 巻 6 号 571 頁〔もんじゅ訴訟：第三者の原告適格〕………161
―――民集 46 巻 6 号 1090 頁〔もんじゅ訴訟：民事差止訴訟と無効確認訴訟〕……103, 188
最判平 4・10・29 民集 46 巻 7 号 1174 頁〔伊方原発訴訟〕………………112, 172, 175
最判平 4・12・15 民集 46 巻 9 号 2753 頁〔1 日校長事件〕…………………230-1
東京高判平 4・12・18 判時 1445 号 3 頁〔東京予防接種禍事件〕……………213, 241
最判平 5・2・18 民集 47 巻 2 号 574 頁〔武蔵野市教育施設負担金事件〕……57, 62
最判平 5・3・11 民集 47 巻 4 号 2863 頁〔奈良過大更正国家賠償事件〕……179, 212
最判平 5・3・16 民集 47 巻 5 号 3483 頁〔家永教科書訴訟〕…………………109
最判平 5・3・30 民集 47 巻 4 号 3226 頁〔校庭開放中の審判台転倒事件〕……220
最判平 5・9・10 民集 47 巻 7 号 4955 頁〔松戸市開発許可処分等取消請求事件〕………154
福岡地判平 5・12・14 判自 143 号 72 頁……………………………………………123
最判平 6・2・8 民集 48 巻 2 号 255 頁〔大阪府水道部懇談会議費情報公開請求訴訟〕 173
最大判平 7・2・22 刑集 49 巻 2 号 1 頁〔ロッキード事件〕……………………16, 57
最判平 7・6・23 民集 49 巻 6 号 1600 頁〔クロロキン薬害訴訟〕……………118, 218
最判平 7・7・7 民集 49 巻 7 号 1870 頁〔国道 43 号線公害訴訟〕……………222
最判平 8・3・8 民集 50 巻 3 号 469 頁〔「エホバの証人」剣道実技拒否事件〕……113
最判平 8・7・2 判時 1578 号 51 頁〔外国人の在留期間更新不許可処分取消請求事件〕 110
最判平 9・1・28 民集 51 巻 1 号 147 頁……………………………………108, 239
札幌地判平 9・2・13 判タ 936 号 257 頁……………………………………………3
東京高判平 9・8・6 判時 1620 号 81 頁〔日の出町文書提出命令事件（本案）〕………95
最判平 9・8・29 民集 51 巻 7 号 2921 頁〔教科書検定改善意見〕………………57
最判平 9・10・17 民集 51 巻 9 号 3925 頁〔日本国籍確認訴訟〕………………202
最判平 10・10・13 判時 1662 号 83 頁……………………………………………129
奈良地五條支判平 10・10・20 判時 1701 号 128 頁〔西吉野村産廃富士事件〕……94
最判平 10・12・17 民集 52 巻 9 号 1821 頁〔国分寺市パチンコ店営業許可事件〕………165
最判平 11・1・21 民集 53 巻 1 号 13 頁〔志免町給水拒否事件〕………………91
最判平 11・1・21 判時 1675 号 48 頁〔住民票続柄記載国家賠償事件〕………100
最判平 11・11・19 民集 53 巻 8 号 1862 頁〔逗子市住民監査請求記録公開請求事件〕…174
最判平 12・3・17 判時 1708 号 62 頁〔大阪墓地経営許可事件〕………………165
最判平 13・7・13 判自 223 号 22 頁〔那覇市自衛隊基地情報非公開請求事件〕………88
最判平 13・11・27 判時 1771 号 67 頁……………………………………………88
最判平 13・12・13 民集 55 巻 7 号 1500 頁………………………………………229
最判平 14・1・31 民集 56 巻 1 号 246 頁〔児童扶養手当打切事件〕……………71
最判平 14・6・11 民集 56 巻 5 号 958 頁〔関西電力変電所予定地収用事件〕……239
最判平 14・7・9 民集 56 巻 6 号 1134 頁〔宝塚市パチンコ店建築中止命令事件〕
………………………………………………………………………………94, 122, 141
最決平 14・9・30 刑集 56 巻 7 号 395 頁〔新宿ホームレス退去妨害事件〕……124
最判平 14・10・24 民集 56 巻 8 号 1903 頁………………………………………133
最決平 15・1・24 集民 209 号 59 頁……………………………………………171, 183
最判平 15・11・11 民集 57 巻 10 号 1387 頁………………………………………87
最判平 15・11・27 民集 57 巻 10 号 1665 頁〔象のオリ訴訟〕…………………29

判例索引

最判平 16・1・15 民集 58 巻 1 号 226 頁〔不法滞在外国人国民健康保険被保険者証不
　交付事件〕………………………………………………………………………………214
最判平 16・1・20 刑集 58 巻 1 号 26 頁〔今治税務署職員税務調査資料流用事件〕………76
最判平 16・4・27 民集 58 巻 4 号 1032 頁〔筑豊じん肺訴訟〕……………………………218
最判平 16・7・13 民集 58 巻 5 号 1368 頁〔名古屋市世界デザイン博覧会事件〕…………90
最判平 16・10・15 民集 58 巻 7 号 1802 頁〔熊本水俣病関西訴訟〕……………………218
最判平 16・12・24 民集 58 巻 9 号 2536 頁〔紀伊長島町水道水源保護条例事件〕………49
最判平 17・3・29 民集 59 巻 2 号 477 頁………………………………………………168
最決平 17・6・24 判時 1904 号 69 頁〔東京建築検査機構事件〕…………35, 169, 209
最判平 17・7・15 民集 59 巻 6 号 1661 頁〔病院開設中止勧告事件〕……………61, 97, 128, 151
最大判平 17・9・14 民集 59 巻 7 号 2087 頁〔在外邦人選挙権事件〕……………202, 212
最判平 17・11・1 判時 1928 号 25 頁〔盛岡市広域都市計画道路事件〕………………237
最判平 17・11・21 民集 59 巻 9 号 2611 頁……………………………………………22
最大判平 17・12・7 民集 59 巻 10 号 2645 頁〔小田急高架化訴訟〕……………152, 161
最判平 18・2・7 民集 60 巻 2 号 401 頁〔呉市公立学校施設使用不許可事件〕………113
最判平 18・3・10 判時 1932 号 71 頁〔京都市レセプト訂正請求事件〕…………………83
最判平 18・7・14 民集 60 巻 6 号 2369 頁〔高根町簡易水道事業給水条例事件〕……90, 111
最判平 18・9・4 判時 1948 号 26 頁〔林試の森公園訴訟〕……………………………114
東京地判平 18・10・25 判時 1956 号 62 頁………………………………………………195
最判平 19・1・25 民集 61 巻 1 号 1 頁〔積善会児童養護施設事件〕……………………209
最判平 19・2・6 民集 61 巻 1 号 122 頁〔在ブラジル被爆者健康管理手当等請求事件〕…25
最判平 19・5・29 判時 1979 号 52 頁……………………………………………………87
最判平 19・10・19 判時 1993 号 3 頁〔東京西徳州会病院事件〕………………………165
最判平 20・1・18 民集 62 巻 1 号 1 頁……………………………………………………230
最判平 20・6・4 民集 62 巻 6 号 1367 頁…………………………………………………203
最大判平 20・9・10 民集 36 巻 4 号 705 頁〔浜松市土地区画整理事業計画事件〕………152
最決平 21・1・15 民集 63 巻 1 号 46 頁…………………………………………………88
最判平 21・2・27 民集 63 巻 2 号 299 頁〔優良運転免許証交付等請求事件〕……………153
最判平 21・7・10 集民 231 号 273 頁〔福間町公害防止協定事件〕…………………93-4
最判平 21・10・15 民集 63 巻 8 号 1711 頁〔大阪サテライト訴訟〕……………………164
最判平 21・10・23 民集 63 巻 8 号 1849 頁〔福島県求償金請求事件〕…………………223
最大判平 21・11・18 民集 63 巻 9 号 2033 頁〔東洋町・町議会議員リコール署名無効
　事件〕……………………………………………………………………………………71
最判平 21・11・26 民集 63 巻 9 号 2124 頁〔横浜市保育所廃止条例事件〕……151, 181
最判平 21・12・17 民集 63 巻 10 号 2631 頁〔東京都建築安全条例事件〕……………104
最判平 22・2・23 判時 2076 号 40 頁〔八代市と畜場廃止支援金支出事件〕……………237
東京地判平 22・4・16 判時 2079 号 25 頁………………………………………………165
最判平 22・10・15 民集 64 巻 7 号 1764 頁〔相続税更正処分取消請求事件〕…………179
福岡高判平 23・2・7 判時 2122 号 45 頁〔産廃処分場措置命令義務付け事件〕………195
最判平 23・6・7 民集 65 巻 4 号 2081 頁〔一級建築士免許取消事件〕………31, 65, 72
長野地判平 23・9・16 判自 364 号 33 頁〔安曇野市一般廃棄物処理業許可取消請求中
　間判決事件〕……………………………………………………………………………173
最判平 23・10・25 民集 65 巻 7 号 2923 頁………………………………………………202

判 例 索 引

最判平 23・12・16 判時 2139 号 3 頁……………………………………………25
最判平 24・2・9 民集 66 巻 2 号 183 頁〔東京都教職員国旗国歌訴訟〕……111, 200-1, 203-4
最判平 24・2・28 民集 66 巻 3 号 1240 頁 ……………………………………109
最判平 25・1・11 民集 67 巻 1 号 1 頁…………………………………………203
最判平 25・3・21 民集 67 巻 3 号 375 頁………………………………………231
最大決平 25・9・4 民集 67 巻 6 号 1320 頁〔婚外子相続差別違憲事件〕……………181
東京地判平 26・1・15 判時 2215 号 30 頁……………………………………82
最判平 26・1・28 民集 68 巻 1 号 49 頁〔一般廃棄物収集運搬業等許可処分等取消請求事件〕……………………………………………………………………165
最判平 26・7・29 民集 68 巻 6 号 620 頁………………………………………165
最判平 27・4・28 民集 69 巻 3 号 518 頁〔JASRAC 訴訟〕……………………165

事項索引

●ア 行

安全性の欠如　222
意見公募手続（命令等制定手続）　33
意見聴取の必要性　65
違憲無効説　235
一元説（←無効確認訴訟の原告適格）　186
1条の責任　207
一般概括主義　132
一般競争入札　91
一般的教示制度　134
委任　40
委任命令　70
違法　107
　　――な行政作用　130
違法性　211
　　――の承継　104
　　――の判断基準　217
違法性一元説　212
違法性相対説　211
違法性同一説　213
違法性二元説　213
違法判断の基準時　175
インカメラ審理　88, 173
訴えの変更　169
訴えの利益　153
英米型　140
公にする　68
公の営造物　219
怠る事実　227
オンブズマン（オンブズパーソン）　137

●カ 行

外観上一見明白説　190
外形標準説（外形主義）　210
開示決定　86
開示請求　82, 86
解釈基準　68

外部法関係（作用法関係）　21
確認　100
　　――の利益　203
加算税　129
過失　213
　　――の客観化　213
瑕疵の治癒　67
課徴金　129
過渡的な安全性　222
下命　98
仮の救済　157, 194
管轄裁判所　155
環境訴訟　164
還元不能説　187
勧告　128
間接強制調査　74
完全補償説　238
関連請求　168
機関委任事務　43
機関訴訟　144
基準の設定・公表　29
規制規範　14
規制行政　11
規制権限の不作為　217
規制的行政指導　55
羈束　106
羈束行為　108
羈束裁量（法規裁量）　108
機能的瑕疵　222
既判力　178
義務付け訴訟　146, 194
義務履行　121
客観訴訟　145
客観的請求期間　133
客観的必要性の原則　75
救済の限界　184
給付行政　11
給付拒否　128
狭義説　207

事項索引

競業者訴訟　164
教示　134
行政過程のコントロール　182
行政官庁　38
行政機関　37
　——の権限　40
行政機関概念　38
行政機関個人情報保護法　81
行政基準（行政立法）　69
行政規則　70
　——の統制　71
行政救済法　19
行政共助　80
行政強制　121
行政刑罰　126
行政契約　89
行政権限の不行使　216
行政行為　96
行政作用法　6, 19
行政事件訴訟　61, 140
行政事件訴訟特例法　142
行政事件訴訟法　3, 142
強制執行　121
行政指導　1, 54
　——の形式的・手続的統制　60
　——の中止等の求め　60
　——の明確化原則　60
　——の求め　61
行政指導指針（←要綱行政）　60
行政主体　35
行政上の義務　121
行政上の強制執行　122
行政審判　136
行政争訟　130
行政組織　35, 37
行政組織法　19, 35
行政訴訟制度　140
行政代執行　122
行政庁（処分庁）　32, 38
　——以外の機関　39
　——の訴訟参加　171
行政調査　73
　——開始時の統制　75

　——の瑕疵　77
行政的執行　122
行政手続　28
行政手続法　29
　——の内容　30
行政に特有な法　19
行政の分類　11
行政罰　126
行政不服審査会　134
行政不服審査法　5, 132
行政便宜主義　217
行政法の定義　19
行政立法　→行政基準　69
供用関連瑕疵　222
許可　98
許可制　2
許可要件　2, 106
許認可権限に関連する行政指導　58
距離制限規定　164
禁止　98
金銭強制徴収　→滞納処分　125
禁反言の法理　18
苦情処理制度　136
国地方係争処理委員会　45
国等による関与　44
国の安全に関する情報　87
国または公共団体　209
クレーム　136
グローマ拒否　86
警察許可　99
警察目的　→消極目的　99
形式的確定力　→不可争力　103
形式的当事者訴訟　144
形成的行為　98
形成力　179
係争処理　45
契約説　93
結果回避可能性　221
結果不法説　211
権限　37
権限なき行政　54
原告適格　152, 193
原処分主義　148

259

事 項 索 引

権力関係　20
権力行政　11
権力留保説　15
故意　213
行為不法説　211
公営企業　89
公害防止協定　1, 89, 92
　──の実効性確保　94
効果裁量　109, 217
公企業の特許　99
広義説　207
公共の安全に関する情報　87
「公共のために」「用ひる」　236
公共の福祉・公益　2
公権力性　150
公権力の行使　207
公権力発動要件欠如説　213
抗告訴訟　143, 145
公証　100
拘束力　181-2
公定力　101
公定力排除訴訟　148
口頭弁論終結時説（判決時説）　175
公表　58, 68, 128
公文書管理法　83
公法　19
　──と私法の区別　19
公法上の当事者訴訟　→実質的当事者訴訟　144
公務員　208
公用収用　236
公用制限　236
公用負担契約　89
効力（←行政行為の）　101
告知　70
　──・聴聞　29
個人識別情報　81
個人情報　86
個人情報保護法　81
国家賠償請求訴訟　5
国家賠償責任　207
国家賠償訴訟　62
国家賠償法　206

国家補償の谷間　240
個別事情考慮義務　72
個別保護要件　163
根拠規範　14, 56

●サ　行

災害補償　239
裁決　5
　──の取消訴訟　146, 148
裁決主義　148
最広義説　208
再審査請求　131
再調査の請求　131
財務会計行為の違法性　230
財務会計上の行為　227
裁量　106
　──の司法統制　110
裁量基準　68
裁量権　3
　──の逸脱・濫用　107, 109
裁量権消極的濫用論　218
裁量行為　108
作為義務　217
差止訴訟　147, 199
作用法関係　→外部法関係　21
作用法的行政機関概念　38
産業廃棄物処理施設設置　48
指揮監督権　41
自己責任説　207
事実上の利益　160
事情判決　177-8
事前協議（←指導指針／行政指導）　1
事前手続　51
自治事務　44
自治紛争処理委員　46
執行機関　39
　──の多元主義　37
執行停止制度　157
執行罰　125
執行不停止原則　133
執行不停止の制度　157
執行命令　70
実質的証拠主義　136

260

事項索引

実質的当事者訴訟（公法上の当事者訴訟）　144
実体的統制　56
実体の審査　110
実力強制調査　74
指導指針（要綱）（←行政指導）　1
司法的執行　121
司法統制　61
事務配分的行政機関概念　38
事務または事業に関する情報　87
指名競争入札　91
諮問機関　39
社会観念審査　110, 113
社会留保説　15
釈明権　171
釈明処分　171
　──の特則　171
住基ネット　84
自由競争　164
自由裁量（便宜裁量）　108
自由心証主義　171
重大明白説　189
重大かつ明白な瑕疵　102
住民監査請求前置主義　227
住民監査の請求　227
住民自治　43
住民訴訟　226
　──における違法性の承継　230
　──の種類　228
住民（第三者）による取消訴訟　159
住民投票　50
住民の合意形成　50
住民の同意　→同意制　2, 51
重要事項留保説　15
授益的行政（利益行政）　11
主観訴訟　145
主観的請求期間　133
主権無答責の法理　206
主張制限　173
出訴期間　156, 228
出訴資格　227
守秘義務　80
主要事実　167

受理　32, 100
準法律行為的行政行為　97, 100
消極目的（警察目的）　99
条件（附款）　5
消費者訴訟　164
情報公開制度　85
情報公開訴訟　88
情報公開法　85
情報収集　80
情報の管理　83
証明責任（立証責任）　172
　──の緩和　173
将来効（←撤回の）　117
条例制定権　46
職務行為関連性　210
職務行為基準説　211
職務上通常尽くすべき注意義務　211
職務を行うについて　210
助成的行政指導　55
職権主義　135
職権証拠調べ　170
職権探知主義　135, 170
職権取消し　115
　──の制限　116
処分基準　31
処分権主義　169
処分・裁決の蓋然性　200
処分・裁決の特定性　200
処分時説　175
処分性　61, 150
処分庁　→行政庁　32
処分の取消訴訟　146, 148
処分の無効　184
書面審理主義　135
自力救済　122
自力執行力　103
侵益的行政（不利益行政）　11
侵害行政　12
侵害留保説　15
審議・検討または協議に関する情報　87
信義則　18, 23
審査基準　68
審査請求　131

261

事項索引

審査請求の要件　132
審査請求期間　133
審査請求前置主義　146, 155-6
紳士協定説　93
申請　1, 33
申請型義務付け訴訟　147, 195
申請拒否処分　64
申請処分手続　64
申請に対する処分　30
申請に対する不作為　216
信頼保護の原則　18
審理　194
審理員　134
審理員意見書　134
審理手続　169
随意契約　91
水道水源保護条例　49
請求棄却判決　167, 177
請求認容判決　→取消判決　167, 177
正当な補償　234
成立（←行政行為の）　101
絶対効説　180
専決・代決　41
全部留保説　15
相互保証主義　224
争訟取消し　115
相対効説　180
争点訴訟　188
「相当の期間」の経過　194
相当補償説　238
即時強制　73, 125
組織規範　14, 56
組織的過失　213
組織法関係　→内部法関係　21
訴訟参加　171
訴訟判決　177
訴訟物　168
訴訟要件　149, 193
　――の教示　156
ソフトな行政　54
損失補償　234
　――の対象　235
　――の内容　238

損失補償請求権　236

●タ　行

代位責任説　207
第三者効　170, 179
第三者による訴訟　163
第三者の原告適格　159
第三者の訴訟参加　171
滞納処分（金銭強制徴収）　125
ダイバージョン　126
代理　40
大陸型　140
他目的利用禁止原則　76
団体自治　43
団体訴訟　165
秩序罰　127
地方公共団体　43
地方自治　43
地方分権改革　48
調整的行政指導　55
聴聞　31
聴聞主宰者　32
直截・適切基準説　187
直接強制　125
直接請求権発生説　235
通常有すべき安全性　219
通知　100
訂正請求　83
適正手続　28
撤回　115, 117
撤回権者　118
撤回権の制限　118
撤回権の留保　119
手続の瑕疵　66
手続の審査　110
同意制　→住民の同意　51
当事者訴訟　62, 143, 202
統制法規　25
到達主義　33
道路　220
時の裁量　109
特殊効力説　182
特定管轄裁判所　155

事項索引

特別権力関係の理論　21
特別の犠牲　236
特許　99
届出　32
届出制　2
取消し　115
取り消しうべき処分　189
取消権者　116
取消制度の排他性　102
取消訴訟　3, 61, 146, 148
　——の審理　167
　——の流れ　167
　——の排他的管轄　102, 149
　——の目的　182
取消判決（請求認容判決）　3, 167, 178
　——の諸効力　177
取締法規　25

●ナ　行

名あて人以外の第三者　159
名あて人の原告適格　152
内閣総理大臣の異議の制度　158
内部法関係（組織法関係）　21
二元説（←無効確認訴訟の原告適格）
　186
二重効果的処分（複効的処分）　98
任意性の確保　57
任意調査　75
認可　99

●ハ　行

バイパス理論　122
剥権　99
判決　177, 194
判決時説　→口頭弁論終結時説　175
反射の利益　238
判断過程の審査　110, 113
判断代置的審査　107, 110
反復禁止効　182
非権力行政　11
非権力的な事実行為　54
被告適格　154
非申請型義務付け訴訟　147, 195

標準審理期間　135
平等原則　18
費用負担者の賠償責任　223
比例原則　18
不開示情報　86
不開示に対する救済手続　88
不可抗力　221
不可争力（形式的確定力）　103
不可変更力　104
附款　→条件　5, 119
不許可　2
複効的処分　→二重効果的処分　98
不作為の違法確認訴訟　146, 192
物的性状瑕疵　222
不当　107
不当な行政作用　130
不服申立て　130
不服申立前置　155
不利益行政　→侵益の行政　11
不利益処分　30
不利益処分等の名あて人　159
不利益な取扱い　58
　——の禁止　57
紛争の1回的終局的解決　182
併合　168
便宜裁量　→自由裁量　108
弁明の機会の付与　31
弁論主義　169
法規　13, 69
法規裁量　→羈束裁量　108
法規範の種類　14
法規命令　69
　——の統制　70
法源　17
法効果性　150
法効果の直接性　151
法人情報　87
法治主義　12
法定外抗告訴訟（無名抗告訴訟）　143,
　199
法定抗告訴訟　143
法定受託事務　44
法的統制　56

263

法的保護に値する利益説　160
法の一般原則　18
法の支配の原理　12
法の趣旨　5
法律行為的行政行為　97-8
法律上の争訟　141
法律上保護された利益説　160
法律による行政の原理　12, 214
法律の授権　69
法律の法規創造力の原則　13
法律の優位の原則　13
法律の留保の原則　13
法律要件分類説　172
保護範囲要件　163
補助機関　39
補助参加　171
保有個人情報　82
本案　177
本案勝訴要件　149, 188, 193
本案審理　167
本案判決　177
本質性理論　15
本人関与　82

●マ　行

マイナンバー制度　84
民事訴訟の基本原則　169
民衆訴訟　144, 159
民訴応急措置法　142
民法の適用　224
無過失責任　220-1
無効確認訴訟　184
　——の原告適格　185

無効等確認訴訟　146
無効の処分　189
無名抗告訴訟　→法定外抗告訴訟　143
明白性補充要件説　190
命令　17
命令的行為　98
命令等制定手続　→意見公募手続　33
免除　98
目的達成不能説　187
黙秘権　76
モザイク・アプローチ　86

●ヤ　行

要件裁量　108-9
要件事実（要件要素）　167
要綱　→指導指針　1, 54
要綱行政　54
予算制約の抗弁　221
予防接種禍　240
4号請求　229

●ラ　行

利益行政　→授益的行政　11
利害相反する第三者　179
利害関係者の利益の考慮　66
利害を共通にする第三者　180
立証責任　→証明責任　172
理由の追加・差替え　68, 174
理由の提示　31, 64
理由付記　29
留保原則の限界　16
利用停止請求　83
令状主義　76

編著者紹介

大西有二（おおにし・ゆうじ）
現職： 北海学園大学教授（法科大学院）。法学博士。
主要著作：「行政法における正統性に関する一考察―国際行政法論の興隆を契機として」『北海学園大学法学部50周年記念論文集』、「NPMと法・行政法―「成果志向」による行政統制手法の豊富化？」『北海学園大学法学部40周年記念論文集』、「パチンコ店経営者の防衛手段・救済手段？―突如登場する児童遊園等に経営者は対抗できるのか？」北海学園大学学園論集109号、「公法上の建築隣人訴訟（1～4）―西ドイツの行政判例における『権利』『権利毀損』および『違法事由』」北大法学論集41巻1号～41巻4号など。

設例で学ぶ 行政法の基礎

2016年4月15日第1版1刷発行

編著者	大 西 有 二
発行者	森 口 恵美子
印刷所	㈱ 誠 信 社
製本所	グ リ ー ン ㈱
発行所	八千代出版株式会社

〒101-0061　東京都千代田区三崎町 2-2-13
　　TEL　03-3262-0420
　　FAX　03-3237-0723
　　振替　00190-4-168060

＊定価はカバーに表示してあります。
＊落丁・乱丁本はお取替え致します。

ISBN 978-4-8429-1677-4　　Ⓒ 2016 Yuji Onishi, et al.